コトラーの起業家的マーケティング

伝統的手法から脱して創造性とリーダーシップ重視型アプローチへ

Entrepreneurial Marketing

Beyond Professionalism To Creativity, Leadership, And Sustainability

フィリップ・コトラー
ヘルマワン・カルタジャヤ｜ホイ・デンフアン
ジャッキー・マセリー
恩藏直人＝監訳　藤井清美＝訳

朝日新聞出版

序文

本書は次世代のマーケターたちへのタイムリーな贈り物だ。ヘンリー・デイビッド・ソローのいう「良心のある企業……人間に対する良心を持つ企業」のための戦略本といえるかもしれない。21世紀のマーケターが協力的で持続可能な先進的社会を築くための実践的なフレームワークを提示しており、厳密な論理展開がなされている。

この『起業家的マーケティング』は、今では第16版になっているコトラーらによる『マーケティング・マネジメント』の続編として位置付けていただくことをお勧めする。

本書はCEOやCFOやCIOはもちろん、他の上級社員にとっても必読の書である。また、会計・財務分析ツールについても明快に説明しており、いかなる企業にもみられる管理上の緊張に対して、柔軟かつ油断を怠らないでいるにはどうすればよいかに関して深い知見を与えてくれる。

ラス・クライン
広告会社レオ・バーネットおよびフット・コーン&ベルディングの元幹部。インスパイア・ブランズの元CMO

コトラーの起業家的マーケティング◉目次

第11章 機会を見つけてつかむ
事業の見通しからマーケティングの構造まで 211

※本書未収録の「CHAPTER13 Securing Future Trajectory: From Balance Sheet to Market Value」「CHAPTER14 Uniting Marketing and Finance: From Separation to Integration」「CHAPTER15 Technology for Humanity: High Tech, Higher Touch」「CHAPTER16 Technology and Stakeholders: Leveraging Tools to Increase Value」の翻訳版はhttps://publications.asahi.com/kotler_en.pdfで公開しています

コトラーの
起業家的マーケティング

9人の孫たち、ジョーダン、ジェイミー、エリー、アビー、オリビア、サム、サファイア、シャイナ、ダンテへ
――フィリップ・コトラー

ジョコ・ウィドド インドネシア共和国大統領（2014〜24年）へ。同大統領の指揮の下、インドネシアはG20議長国（2022年）およびASEAN議長国（2023年）を務める。これによってインドネシアの英知が世界人類に届けられるだろう。ジョコ大統領を心から誇りに思う。
――ヘルマワン・カルタジャヤ

すばらしい両親、妻、娘たち、そして姉妹たちへ
――ホイ・デンファアン

常にわたしを信じてくれた家族、先生方、および新型コロナウイルス感染症によってあまりにも早く亡くなった人々へ
――ジャッキー・マセリー

ENTREPRENEURIAL MARKETING
by Philip Kotler, Hermawan Kartajaya, Hooi Den Huan, Jacky Mussry

Book Design
遠藤陽一（designworkshopjin,Inc.）

プロローグ

ポスト・ノーマル時代のマーケティング

コミュニケーションの方法を革命的に変える技術進歩から新型コロナウイルス感染症のような世界を揺るがす出来事まで、近年、多くの変化が起こっている。これらの変化には大きな不確実性がつきまとっているが、依然として確かなことが一つある。ビジネスは常に変化するということだ。

その変化にはマーケティングも含まれる。かつては、マーケティングに対する伝統的アプローチ、すなわち段階的アプローチが、望ましい結果を何度も生み出したかもしれない。我々は本書で、この手法を「プロフェッショナル・マーケティング」と呼ぶ。それはセグメンテーション、ターゲティング、ポジショニング、製品管理、ブランド管理などの概念と結び付いている。ゆっくり一歩ずつ進む手法は、今ほど接続されていなかった時代には適していたのかもしれない。

だがもう、そうは言えなくなっている。急速に変化する今日の世界では、どこにでも合わせられ、必要に応じて機敏に動けるマーケティング戦略が必要とされる。起業家的アプローチこそ、組織が互いに繋《つな》がり合い、柔軟で、結果ドリブンになるための手段となっている。

起業家的マーケティングという概念は必ずしも新しいものではないが、それをもっと拡大したバージョンが必要不可欠になっている。この言葉は、もともとマーケティングの要素と起業家精神の要素を組み合わせたものを指していた。だが、近年の世界各地の進展を考えると、起業家的マーケティングはより広い範囲、いわばホリスティックな視点を包含しなければならない。つまり、マーケティング（および他の機能）が過去に往々にして閉じこもっていたサイロ、すなわち縦割り組織から脱した全部門を統合するアプローチでなければならない。それは起業家的な面とプロフェッショナルな面、それぞれのマインドセットを融合させるということでもある。

この新バージョンの起業家的マーケティングは、今日の世界がパンデミックによってどれほど破壊されているかを検討する際に中心的位置を占める。加えて、人と人とを接続してくれるテクノロジーを評価する際にも重要だといえるだろう。

将来に目を向けると、我々は「持続可能な開発目標（ＳＤＧｓ）」といった取り組みの目標期限に近づいている。国連は貧困を終わらせ、地球を守るための枠組みとして、２０１５年にＳＤＧｓを採択し、２０３０年までの達成を目指している。

新バージョンの起業家的マーケティングの基盤は、いくつかの点で整えられている。例えばオンライン技術を考えてみてほしい。顧客は自分の欲しいものを簡単に検索でき、それを扱う企業を見つけて購入することができる。中小企業でも大企業でも等しくこの双方向コミュニケーションに参加できる。この仕組みは、エンゲージメントを強化し、顧客維持率を上昇させ、ロイヤルティを高める方法を生み出す。

起業家的マーケティングは、これらのケイパビリティ（能力）を次のレベルに引き上げ、顧客と繋がるだけでなく、顧客に直接語りかける方法を見つけようとする。より直接的な行動をとろうとするのである。ソリューションが機能しているかどうかを知りたいなら、レポートを作成するのではなく、とにかく顧客に質問しよう、というわけだ。

おまけに、デジタル技術の進歩により、組織の様々な機能の統合がかつてないほど容易になっている。起業家的マーケティングは、財務、テクノロジー、オペレーションなど、他部門と互いに交流する。リーダーシップをサポートし（また、自らリーダーの役割を引き受け）、戦略を練る。イノベーションを推奨し、変化に素早く対応する。事実上、組織とその株主のために価値を付加するのである。

新バージョンの起業家的マーケティングは、起業家そのものに類似していると、あなたが思い始めているとしたら、それは正しい。この方法はリスクをとることを奨励し、結果ドリブンである。[1]生産性を追求し、改善する機会を常に探す。[2]この新バージョンのマーケティングは、あなたが生かせる素晴らしい可能性をたくさん秘めているのである。

第1章

オムニハウス・モデル

起業家的マーケティングの
ホリスティックな視点

急速に変化しているビジネス環境において、とりわけ世界が新型コロナ・パンデミックに見舞われた後は、よりホリスティックなマーケティング・アプローチ――現在、また将来、様々な課題に直面した時に組織の強固な基盤になりうるコンセプト――が必要になっている。本章では、新バージョンの起業家的マーケティングを構成する諸要素について考察する。

新バージョンの起業家的マーケティングのコンセプトをより理解しやすくするために、我々はオムニハウス・モデル［図1-1］という枠組みを用いる。このモデルは、**起業家的マーケティングはどのように実行されるべきかという、我々のビジョンを示すもの**であり、組織全体とどのように統合されるかについても示している。この枠組みは、本書全体の手引きとして使っていく。

ラテン語のオムニスに由来するオムニという言葉は、「結び付けること」を意味しているが、モデルの名称として、場所や施設や企業などを表すハウスという言葉と一緒に使われている。従って、オムニハウスとは複数の要素を結び付ける組織ということになる。各要素が個々の役割を果たすとともに、他の要素と協働することを示している。

オムニハウス・モデルは戦略を実行し、具体的な目標を達成するために使える枠組みである。このモデルについて、本章で簡単に説明しておこう。個々の構成要素については、後の章で詳しく取り上げる。

このモデルの核は二つのクラスターに集約されている。一つのクラスターは起業家精神グループ

図1-1 ／ オムニハウス・モデル

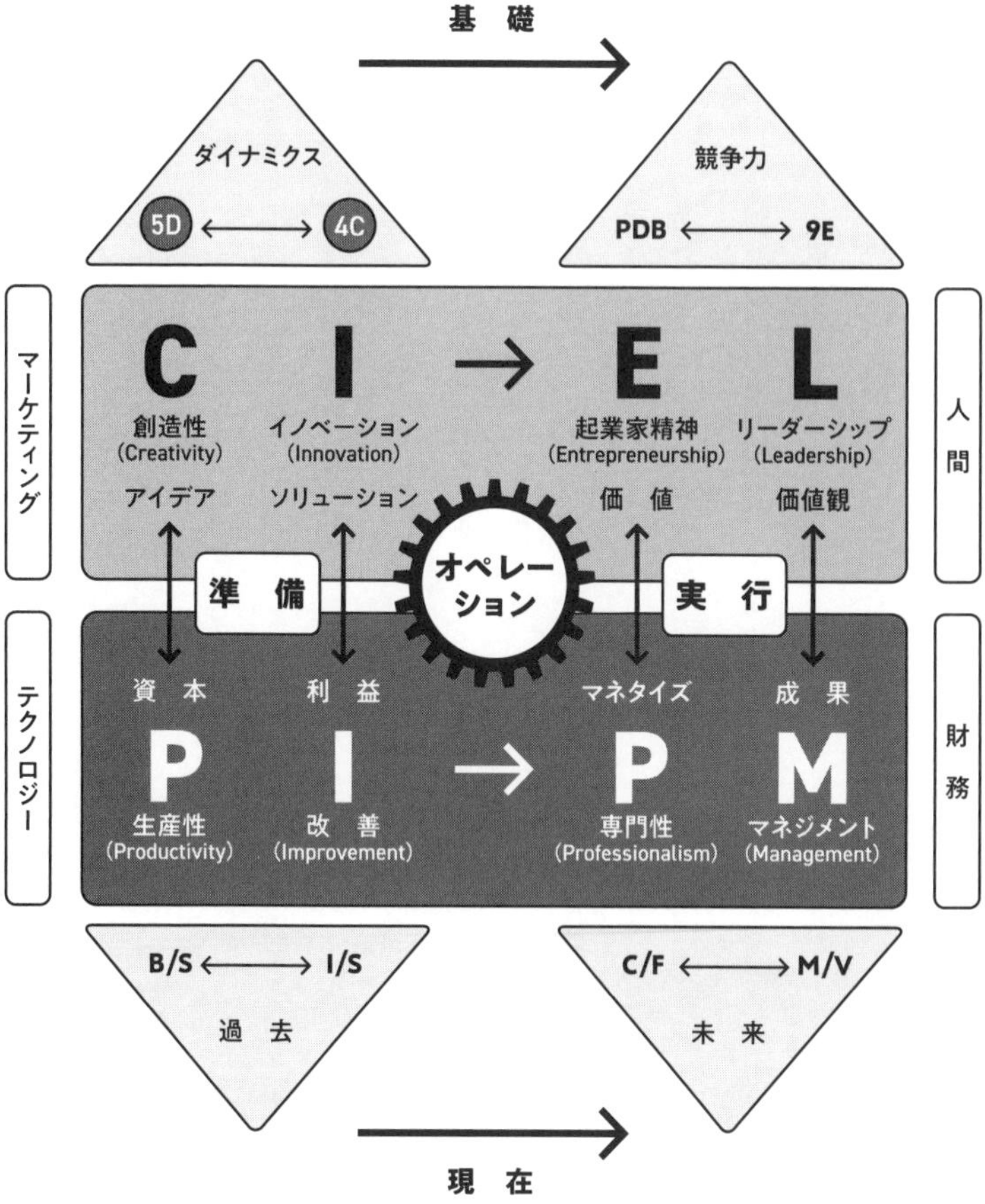

で、これは創造性（Creativity）、イノベーション（Innovation）、起業家精神（Entrepreneurship）、リーダーシップ（Leadership）の4要素（CI—EL）から成る。もう一つのクラスターはプロフェッショナリズム（専門性）グループで、生産性（Productivity）、改善（Improvement）、専門性（Professionalism）、マネジメント（Management）の4要素（PI—PM）で構成される。

二つのクラスターは他の機能に取り囲まれており、それらの機能と互いに影響を及ぼし合っている。そうした機能の一つがモデルの左上にあるダイナミクス（Dynamics）で、ダイナミクスはテクノロジー、（規制を含む）政治・法律、経済、社会・文化、市場という五つのドライバー（5D）で構成される。ひとまとめにして変化（Change）と呼ばれるこれらのドライバーは、他の要素、すなわち競合他社（Competitor）、顧客（Customer）、自社（Company）とともに4Cを形成している。

このダイナミクスの要素は、マーケティングの戦略や戦術を構築するための基礎になる。オムニハウス・モデルの右上には、競争力（Competitiveness）の三角形が示されている。この三角形の中のPDBはポジショニング（Positioning）、差別化（Differentiation）、ブランド（Brand）を表す。これはマーケティングの他の主要要素、すなわちセグメンテーション、ターゲティング、マーケティング・ミックス、販売、サービス、プロセスにとって基盤になる。

ダイナミクスは創造性に繋がるアイデアを生み出すための基礎でもある。生み出されたアイデアは、顧客にとっての具体的なソリューションという形でイノベーションに変換される。これらの創造的アイデアは、自社の様々な資本を生産的に活用できなければならないし、顧客に提供されるソ**リューションは、自社の利益率を上昇させるという改善をもたらすものでなければならない**。従って、「創造性―改善」と「生産性―イノベーション」の融合は、モデル左下の貸借対照表（B／S）や損益計算書（I／S）に反映される。

創造性と改善は、堅固な起業家精神とリーダーシップというマインドセットを併せ持つ人々によってマネジメントされて、初めて競争力へと結び付く。価値創造は起業家の責務であり、リーダーは価値を維持しなければならない。だが、起業家精神とリーダーシップは、強固な専門性とマネジメントで下支えされなければならない。この状態が実現できれば、企業を前進させることができる。

貸借対照表や損益計算書が表すのは過去の結果である。現在行っていること、とりわけ「起業家精神―専門性」と「リーダーシップ―マネジメント」を強固に融合させながら実行していることが、モデル右下のキャッシュフロー（C／F）や市場価値（M／V）を決定する。こうして、我々は組織が将来どのようなパフォーマンスを示すかという全体像を把握するのである。

オムニハウス・モデルが示すように、**マーケティングを財務と、またテクノロジーを人間と融合させることは不可欠である**。ヒューマニティという用語は、従業員、顧客、社会といったステークホルダーを指す。これらの機能が一体となって、財務的結果と非財務的結果に繋がる行動を下支えするのである。

オムニハウス・モデルの中心にオペレーションがあることに注意してほしい。この機能は**マーケティングの目的を引き受けて実行に移し、同時に財務目標も達成できる**ようにする。また、テクノロジーの利用が最終的に人間に強い影響を与える橋渡しもする。オペレーションは他の要素と互いに作用し合って企業を前進させ、業界内における競争力を維持してくれる。さらに、組織がビジネス環境のいかなる変化にも迅速に対応できるようにする。

マーケティングの盲点を克服する

マーケティング近視眼という言葉は、企業が財またはサービスを生み出すことに重点を置きすぎている状態を指す。この状態の企業は、顧客の実際のニーズや欲求を見落としてしまう。この概念は1960年にセオドア・レビットによって唱えられた概念で、その後、広く使われるようになった。このマーケティング近視眼に対処するために、多くの企業が顧客中心のアプローチを採用した。このアプローチは顧客を製品・サービス開発の出発点に置き、様々なタッチポイントにおける顧客体験を重視するというものである。[1]

顧客中心のアプローチは成功したのだろうか。成功した事例もあっただろうが、新しい重点の置き方は、我々がマーケティングの盲点と呼ぶ別の課題をもたらした。そこで、マーケティングの盲点を定義し、どのような課題となるのかを考察し、起業家的マーケティングがこれらをどのように解決できるかを見ていこう。

マーケティングの盲点とは、**企業がマーケティング管理プロセスを適切に実行してきたものの、まだ接続できていない要素を認識していない状態**と定義できる。マーケティングの実行における他の要素のダイナミクスについて、誰も考えていないのである。その結果、これらの盲点は企業の前進を妨げ、最終的には企業の競争力を失わせる。

次の項で、広く見られるマーケティングの盲点について説明する。

盲点1 マクロ環境を無視する

マクロ環境で起こることが、マクロ環境自体に影響を及ぼすことがある。マーケティング・サイエンスには、戦略と戦術の二つの側面がある。マーケティング戦略は、企業戦略を踏まえて策定されなければならない。そもそも企業戦略は、何よりもマクロ経済の現況によって形成される。ところが、実際のマーケティングはマクロ経済的側面に十分な関心を払わないことが多い。例えば、マーケティング担当役員がマクロ環境を自社の戦略方針と結び付けるのは難しいかもしれない。

我々はマーケティングを（*marketing*ではなく）*market-ing*と捉えている。これは極めて動的で絶えず変化しているmarket（市場）に、我々がどのように対応するかを示している。企業内のマーケティングの展開が市場の変化のペースより遅かったら、優位性は失われる。それをマーケティングと呼ぶのは皮肉だが、市場への対応という点では有効ではない。

盲点2 マーケティングと財務部門のずれ

この昔ながらの盲点は往々にして断絶を生む。マーケターは、ブランド認知の向上、具体的な知覚の形成、価値提案の伝達などの非財務的成果に注目するかもしれないが、そうした成果は財務部門にとって意味を持たないかもしれない。彼らはマーケティングが実現しようとしている実際の価値を可視化させるために奮闘しているからである。

財務部門の役員は、割り当てられたマーケティング予算から得られるリターンはいくらで、いつ発生するのかと問うかもしれない。この問いは、マーケティング部門では簡単には答えられないことがある。財務部門が常に言及するリターンという概念に、マーケターのマインドセットが関心を向けていない場合は特に難しい。

盲点3 マーケティングと営業の不調和な関係

マーケティングと営業が十分に連携していない場合、その状態は往々にして漫画「トムとジェリー」の関係のように見える。仲良くやっている時もあれば、対立する時もあるということだ。

盲点4 オンラインとオフラインの統合の弱さ

多くのオフライン企業はオンライン・プラットフォームも持っている。オンライン企業が存在感を高めるために実店舗を開設し、オフラインの慣行を採用する事例も出てきている。それでもオンラインだけで営業する一部の企業は、まだ十分太刀打《たち》ちできている。では、今なおオフライン営業だけの企業はどうだろうか。オフライン企業がいつまでもオフラインのみにこだわるとしたら、その企業はおそらく遠からぬうちに消え去るだろう。それゆえ、我々はショールーミングだけでなく、ウェブルーミングにも注意を払わなければならない。

盲点5 人的資本の見落とし

企業の採用プロセスの冒頭部分に起因する盲点もある。自発性がなく、限られた仕事を命じられたとおりにする人を採用しても役に立たない。強い企業には、仕事に対して強い情熱と愛を持つ人が必要である。採用候補者には、創造的かつイノベーティブで、同時に生産的で大胆な改善に取り組めることが求められる。

平日の9時から5時までしか働く気がなく、職務記述書に厳密で余分な仕事はやりたがらない、

「従業員メンタリティ」の人々の時代は終わりを迎えている。人事部門はもはや単純で平凡な従業員を見つけようとしてはならない。自分の職務に意欲を示し、企業の性格や価値観、ブランドと似通った性質を持ち、有能で情熱のある人々に入れ替える必要がある。

盲点6　マーケティングにおける人間性の欠如

過去には、マーケティングが一部の無責任なマーケターによって悪用されているという話を時おり耳にした。顧客の幸福のためではなく、より広い社会の利益のためでもなく、企業の利益目的にのみ使われていたのである。そのような状況では、企業はマーケティングを儲《もう》けるための手段としかみなさない。従業員の幸福、自然環境、他の重要な考慮事項に十分な関心を払わず、顧客を「説得」して自社の製品を買わせようとしていたのである。

それに対し、今日の一部の企業は自社のビジネスモデルに社会的要素を組み込んで、より人間的になろうとしている。だが、企業の社会的責任（CSR）の取り組みを単に人々の目に映るようにするだけで、マーケティングの悪用を隠蔽《いんぺい》するツールとして使うおそれもある。ごまかしのCSRは持続可能ではない。マーケティング行為をその崇高な価値観に戻す必要がある。

起業家的マーケティングは、これらの盲点に対するソリューションを提供してくれる。様々な機能の統合によって、マクロ経済の進展をより正確に追跡し、自社の全社的目標と整合する戦略を実行できるようになる。また、諸部門との繋がりの維持はもちろん、似通った方法でコミュニケーションをとることもできる。さらに、人事に関連する問題も協働的環境で働く用意のあるプレーヤーを見つけようとすることで解決される。最後に、企業がコミュニティや社会や地球に貢献する存在であるという発信の助けになる。

のちの章で、プロフェッショナル・マーケティングから起業家的マーケティングという新しい時代への移行について詳しく考察する。変化するマーケティング風景と、それが競争や顧客や企業自体にどのような影響を及ぼすのか、また今日の環境で起業家的ケイパビリティと起業家的マーケティング戦略をどのように実行できるのか、さらに将来に向き合うために企業はどのように組織されるのが理想なのかについても論考する。

我々は各章でオムニハウス・モデルについて言及する。このモデルは我々にとって、起業家的マーケティングの解釈をより正しい方向へと導く道案内の役目を果たすだろう。最後のページを読むころには、みなさんは自分自身の組織が持つ潜在力をより深く理解しているはずである。さらに素晴らしいことに、弱点にどのように対処すればよいかを理解し、変化する世界で主導的役割を担う準備もできているに違いない。

第2章

オムニハウス・モデルのコア要素

プロフェッショナル・マーケティングから起業家的マーケティングへ

2010年にInstagram（インスタグラム）が、写真共有に特化したソーシャルメディア・ネットワークのプラットフォームとして立ち上げられた。2カ月後、このプラットフォームは100万ダウンロードを達成していた。

Instagramは基本的に、短時間で消えるコンテンツ（ストーリーズ）やショート動画（リール）など新機能の追加で最新トレンドを巧みに生かす、変化の速いプラットフォームである。ひしめき合うソーシャルメディア・プラットフォーム市場で主導的地位を占めており、現在はクリエーター、動画、ショッピング、メッセージの4要素に重点を置いている。2022年には、Instagramの価値は1億米ドルに達し、投資収益率が100倍を超えて、FaceBook（フェイスブック、現メタ）の最も高パフォーマンスの投資先になっていた。

Instagramの事例から何が学べるだろうか。まず、極めて動的な状況の場合、望ましい結果を得るためには、過度に段階的なアプローチでは不十分だということである。ビジネス環境は急速に変化していて、**高い業績を上げたいと考える企業は頻繁かつ迅速に方針転換が求められる。**Instagramはこの戦略を実行することで、業界を支配する巨人へと発展したのである。

機敏なマインドセットは、マーケティング部門で使われるプロフェッショナル・アプローチとは、どちらかというと相容《あいい》れない。マーケティング部門はかつては計画を立て、従うべき手順を定めてから前進していた。このアプローチは、インターネットやテクノロジーが急速に発展して相互に接続された流動的な空間を生み出す前まで、適切だと思われていたかもしれない。

だが、今日の世界では、**マーケティングのプロフェッショナル・アプローチは、いくつかの重要なリスクに直面する。**何よりもまず、需要の変化とともに動く用意ができていないおそれがあり、急速に変化する市場についていく能力がないかもしれない。潮目が変わった時、同じコースを進み続けているマーケティング部門は目標を達成できない。

マーケティングにおけるこの二項対立、つまり「プロフェッショナル・アプローチ」対「起業家的マインドセット（Instagramが好例となる）」こそ、本章で検討する内容である。二つのマーケティング手法のそれぞれの背後にあるものを探ってみよう。そうする中で、双方に価値があることがわかるはずである。同時に、企業は自社の状況にはどちらの手法が（もしくは二つの手法の組み合わせが）適切か、この先、成長と拡大を促進するためにはどう使うのが最適かを理解しなければならない。

プロフェッショナル・マーケティングを理解する

マーケティングを説明するために「プロフェッショナル」という言葉を使う時、多くの場合、手順や形式を重視することを意味している。責務が明確に定められた組織では、通常、それぞれのチーム・メンバーが特定の機能の範囲内で役割を果たすことが期待される。このシナリオでは、機能を横断する活動のためには、いくつかのルートを通って承認を得る必要がある。[1] それゆえ、マーケティングを含む様々な部門が「手順に従う」マインドセットで仕事をするのは当然かもしれない。部門の垣根を越えた活動がほとんどなく、複数の業務を同時に行う試みもまったくないかもしれない。

このアプローチには、いくつかの注目すべき利点と欠点が伴う。まず、プロフェッショナル・マーケティングの利点を詳しく見ていこう。それから、主な欠点について検討しよう。

◉――プロフェッショナル・マーケティングのメリットとデメリット

マーケティングの歴史には、プロフェッショナルな、すなわち専門性を重視するマインドセットに従って成功を収めた企業がたくさんある。その主なメリットをいくつか挙げてみよう。

- **ビジネスモデルを理解している：** プロフェッショナルなチームは、製品やブランドの価値提案を理解している。会社の収入の流れがどこから来ているかを見極め、発生する様々なコストの計算をこなし、キャッシュフローがスムーズに流れるようにできる。例えばNetflix（ネットフリックス）は効果的なビジネスモデルを開発して、2021年に2億2千万人の有料会員を獲得し、22年には77億米ドルの売上を生み出した。[2]
- **資源を管理できる：** どのような資源やケイパビリティが必要かを判断できる。目的は顧客と価値の交換ができるようにすることである。

- **活動を調整できる：**自社の様々な部門間の相互関係や相互依存を理解している。実行される活動が十分調整され、定められた方向性と一致するように手順を構築する。
- **協働を管理できる：**あらゆる形の協力を、条件が明確に定められた正式のものにする。業務は確立された手順に従って実行され、他の活動との重複や対立が回避される。
- **伝え方を知っている：**インターナル（社内）およびエクスターナル（対外）・マーケティングを効果的かつ効率的に実行できる。市場に浸透させるための重要な出発点として、強い認知と訴求を生み出すことができる。
- **質問に答えられる：**製品について、機能、便益、購入プロセス、納品方法を含めて、細かいレベルまで把握している。また、顧客が製品を最適に使用できるよう、製品の使い方を説明する術《すべ》も心得ている。
- **カスタマー・サポートを提供できる：**顧客の苦情やリピート購入への対応、クロスセル・サービスやアップセル・サービス、コンサルティング、顧客ロイヤルティや顧客アドボカシーの管理、持続可能な関係の維持といったサポート・サービスを提供できる。

これらのスキルに加えて、プロフェッショナル・マーケターが適切な行動をとる際に現れるメリットもある。次に記すのは、そうしたベスト・プラクティスの一部である。

- **バイアスを避ける：**すべての思考や意思決定が、政治的見解、ジェンダー、社会的・文化的背景などの個人的バイアスに左右されず、すべての分析が事実に基づいている。また、偏見や個人的関心が表現されることはない。
- **他者を尊重する：**プロフェッショナル・マーケターは、既存の境界に従って上司や同僚、部下など共に働く人々の意見を尊重する。顧客に対しては人間味のある対応をし、彼らが自社の生業《なりわい》を支えていることを認識している。自社の価値観や規則を大切にする。
- **説明責任を行動に表す：**実行するすべての考え、言葉、行動に対して、与えられた任務の範囲に応じて一貫して責任を負う。個人レベルでもチームレベルでも、下された決定についてはその影響を含めて責任を持つ。
- **誠実さを示す：**自分の責務を正確かつ適切に実行し、社内では同僚に対して、対外的には顧客やビジネス・パートナーに対して誠実さを持ち続ける。
- **業務に集中する：**事前に決められたスケジュールに従って業務を完了するために、規律ある行動をとる。就業時間は生産的目的のために使い、私的な問題を仕事と混同しない。

プロフェッショナルなマインドセットからは重要な利点が生まれるのは確かだが、バランスのとれた論考のためには、いくつかの欠点にも注目しなければならない。

- **変化が遅い**：時代が変化していても、リーダーやリーダーシップ・スタイルを変えない傾向がある。役割に適さない役員がそのまま残っていたら、企業の全体的な前進を妨げてしまうおそれがあり、企業文化や従業員の士気を損なうかもしれない。[3]
- **大がかりな計画を立てる**：手順やプロセスの策定に多くの時間をかけると、往々にして実行が遅くなる。周囲の世界が急速に変化している時は、キャッチアップが難しいことがある。
- **停滞する**：手順重視の組織は、近々訪れる機会に気づかず、必要に応じて方向転換する用意ができていないおそれがある。
- **就業時間内しか働かない**：会社での仕事は決められた就業時間内に行うべきだと認識しているかもしれない。従業員に就業時間を超えて働くよう要請するのは難しい場合がある。
- **優先順位を変えられない**：手順に従い、形式主義的な現状を維持している時、マーケティング・チームが既成概念にとらわれない思考や行動をするのは難しい。機会に気づいたとしても、自分たちの優先順位を変えて別の方向に進むのを躊躇《ちゅうちょ》するかもしれない。こうした躊躇は、戦略を変えて市場の需要に応えようとしている競合他社に後れをとるリスクへと結び付きやすい。[4]
- **受動的である**：先頭に立って新しい市場やセグメントに参入するのではなく、時間の経過とともに気づくことのできる変化に対応し、他社の後追いをするだけかもしれない。

起業家的アプローチをマーケティングに用いる

今度は考えを広げて、Instagram のようなマーケティングに対する別のアプローチについて検討してみよう。起業家という言葉は長年、大きな成功（および失敗の可能性）とともに、スタートアップやディスラプター（破壊的企業）に関連付けられてきたので、この項では「起業家」の定義の見直しから始める。「起業家」という言葉が何を包含するのかを検討した後、それをマーケティングに当てはめることとする。

何十年にもわたり、先見の明のある人々は、どれほど小さな機会だろうとそれを生かしてきた。起業家精神を持つ人は、前進する時、自分が直面するリスクを十分認識している。同時に、自分の計画を試す勇気と楽観主義も備えている。

マーケティングに起業家的アプローチを用いる人々は、**ギャップを見つけ、思い切って決断し、自分の行為の結果に向き合い、様々な人や組織と協働する方法を知っている。**この説明から、起業家精神に結び付いた少なくとも三つの卓越したケイパビリティの存在が浮かび上がってくる。機会を追い求める姿勢と能力（オポチュニティ・シーカー）、思い切ってリスクをとるマインドセット（リスクテイカー）、他の人や組織と協力する能力（ネットワーク・コラボレーター）である。各々《おのおの》について詳しく見ていこう。

- **オポチュニティ・シーカー**：オポチュニティ・シーカーは、与えられた状況に適応し、その状況のプラス面を見る能力を有している。機会の追求からリーダーの関心を逸《そ》らしかねない悲観的な見方についてあれこれ悩まない。
- **リスクテイカー**：新しい構想は不確実性に満ちている。リスクテイカーは目の前の状況、可能な選択肢、および失敗の可能性を評価し、その計算済みのリスクに基づいて決定を下す。
- **ネットワーク・コラボレーター**：ネットワーク・コラボレーターは、独力では活動できないことを認識している。そのため、広範囲に及ぶネットワークを築き、自分では不可能な分野に貢献できる他の専門家たちと協働する。

◉——マーケティングの起業家的モデル

起業家精神の説明を頼りに、それがマーケティングにどのように当てはまるかについて考えてみよう。マーケティングは機会を見つけるにあたって、予測から始まり、創造的でイノベーティブなプロセスを経て顧客に提供できるソリューションを考え出す。**マーケターはブランド化されたソリューションを、適切な顧客セグメントに向けて明確にポジショニングしなければならない。**これには、当該ソリューションの差別化ポイントやいくつかの競争優位による裏付けが必要となる。

マーケターはソリューションを価値に変換できなくてはいけない。価値は様々な形をとりうる。企業にとって、それは一般に利益の増加を意味するが、投資家は配当の増加とともに、企業の市場価値上昇を期待するだろう。顧客にとっての価値は、自分の問題を解決してくれることでなければならない。

思い切ってリスクをとる姿勢、すなわちそれまで誰も試したことがない選択肢は、マーケターが差別化を目指すことを示している。一つ警告しておくと、差別化は不可欠ではあるが、市場がそうした選択肢を正当に評価するようにマーケターは導かなければならない。それはマーケティング・キャンペーンで絶えず喚起され、オンライン、オフライン双方の営業努力によって下支えされなければならない。

営業チームはターゲット・セグメントの特徴と、(ブランドを含む) オファリングを競合と比較してどうポジショニングするべきかを理解しておくべきだ。製品の差別化ポイントや提供されるサポート・サービスを把握することも必要である。また、ブランドの特性を維持する努力を怠らないよう注意しなければならない。

緊密な協働によって、マーケターが課題を克服する可能性は高まる。例えば、米小売大手のターゲットとスターバックスは、完璧なショッピング体験を届けるために連携した。[6]ターゲットはスターバックスの製品を売り始め、スターバックスはターゲットの店舗内に売り場を設けて、顧客がターゲットに出入りする途中でコーヒーを買えるようにした。その結果、ターゲットもスターバックスも、それぞれ相手のロイヤル・カスタマーからのブランド認知度が高まった。

この考察から、マーケティングにおける**起業家精神には、ポジショニング、差別化、ブランドという三つの主な要素がある**といえる。三つの要素は互いに繋がっており、決定の推進要因になる。［図2–1］に示すモデルは、これらの特質と相互関係を理解する助けになる。

起業家的スキルを備えた人々は、特定の関心分野を有している。オポチュニティ・シーカーは、広い意味では顧客管理の一部であるポジショニングに関心がある。リスクテイカーは、差別化とより広い製品管理に関与するだろう。一方、ネットワーク・コラボレーターは、ブランド管理の一部であるブランド開発に焦点を絞るだろう。

プロフェッショナル・マーケティングと起業家的マーケティングの比較

二つのアプローチの主な特徴について考察してきたが、どちらが最適なのかについての答えは単純ではない。**起業家的取り組みが優先されるべき場面もあれば、プロフェッショナリズムが重要な**

図2-1／マーケティングの起業家精神モデル

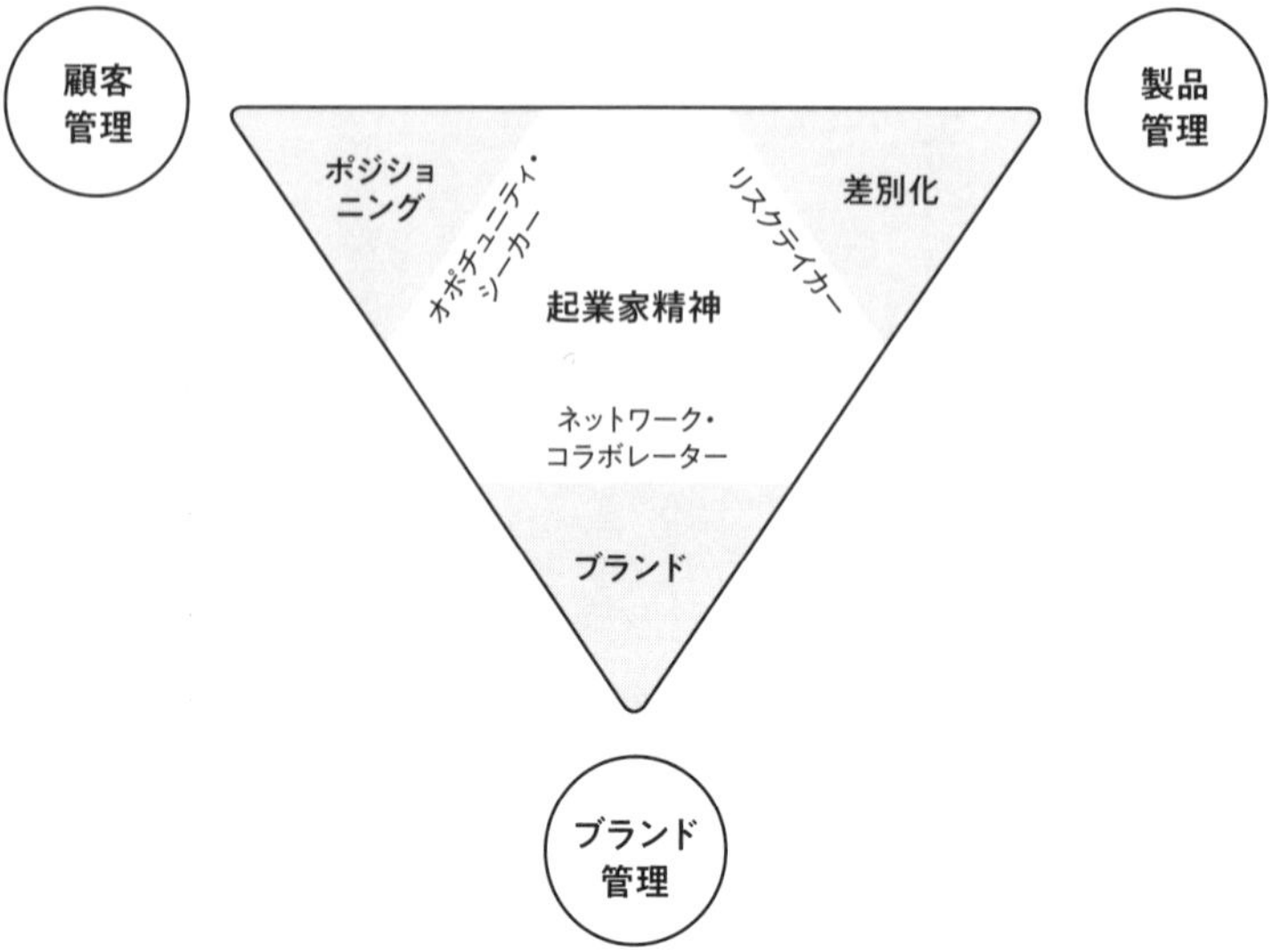

場面もある。これら二つのアプローチの持ち味を生かして、最適な結果を得るにはどのように融合させればよいかについて詳しく見ていこう。

スタートアップ企業は、設立当初は概して強い起業家精神を持っている。しかし、ある時点で成長は難しいと感じることがある。その背景の一つに、スタートアップ企業が専門的能力を築くのは難しい場合があるからだ。スタートアップは専門的能力をなかなか根付かせられないのである。プリティ・ヤング・プロフェッショナルズ（女性起業家が事業運営のための資源を見つける手助けをするというビジョンを共有していた、マッキンゼーの同僚たちによって設立されたスタートアップ企業）のアイデアは、数人の投資家候補を引き付けた。だが、友情は彼女たちが会社経営をする上で確たる専門的役割を引き受ける助けにはならなかった。11カ月後、同社は内部対立によって活動停止した。[7]

起業家精神と専門的能力の二つが欠けているために、短期間しか存続できない企業が存在するのである。この状態は中小企業（SMEs）で見受けられることが多く、失敗するSMEsの割合が高い要因の一つにもなっている。

［図2-2］は、様々な規模の企業がマーケティング能力のレベルによってどのように影響を受けるか、その可能性を理解する助けになる。

起業家的要素をプロフェッショナルな環境と融合させると、大きな可能性が生まれることがある。例えばGoogle（グーグル）は従業員に、Googleにとって最も利益になると思うことに就業時間の20％を使うように促した。この指示は、Gメール、グーグル・マップ、アドセンスなどの成功したアイデアが従業員から生み出される結果に繋がった。[8]

プロフェッショナルな環境における起業家精神の適用は、「社内起業制度」「イントレプレナー制度」と呼ばれることが多い。この仕組みのおかげで、従業員は正しい手順に則《のっと》って柔軟に行動できる。会計コンサルティング会社PwCは、従業員にある程度の自由を与え、彼らが自分の能力開発に重点的に取り組めるようにしている。**職場における柔軟性は、企業が貴重な人材を維持し、引き付け**

図2-2 ／ 移行――よりプロフェッショナルに、より起業家的に

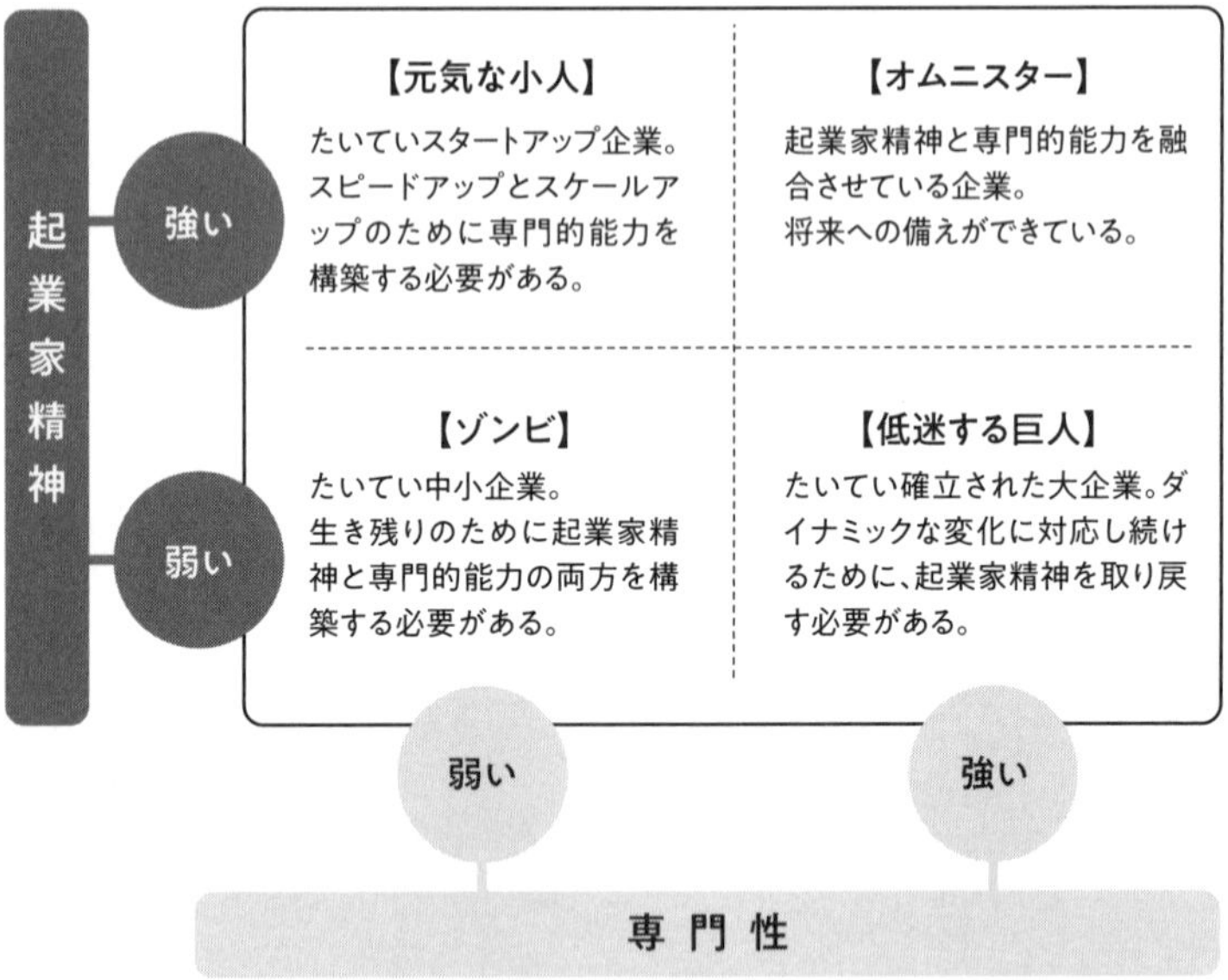

る助けになると気づいたのである。[9]

『ハーバード・ビジネス・レビュー』誌によれば、今日ではほとんどの企業が絶え間ない改善というより、ひとまず信じてやってみるという姿勢で大きなイノベーションを実現している。[10]

我々は財務実績によってのみ成功を測定しがちなので、専門性ばかりに依拠していると、生産性の数字や漸進《ぜんしん》的改善にとらわれてしまうだろう。無難に進めようとするこうした姿勢は、企業の市場価値を長期的に高める後押しにはならない。革新的なブレイクスルーがなければ、企業の将来は暗い。市場価値は、自分の資金を企業に投入する投資家にとっても重要である。

だが、**起業家精神は外部の様々な機会を見つけ、それをどのように生かすべきかを学ぶことと密接に関係している。**創造性とイノベーションは、概して起業家精神と結び付いている。健全な量の形式主義は、日々の職務でガバナンスを利かせるために不可欠であり、リーダーは形式主義の適切な実行に向けて努力している。『ハーバード・ビジネス・レビュー』誌の調査によると、7千人の回答者が2016年に形式主義の増大を経験している。イノベーションの余地をつくるために、リーダーは承認の階層を最小限に抑える必要がある。[11]

従って、我々は二つの極を繋ぎ合わせて、専門性と起業家精神の連続体にしなければならない。定石どおりのアプローチで無難な策をとりがちな専門家は、起業家のように計算済みのリスクをとる勇気を持たなければならない。要するに、**専門家は企業における様々な価値創造プロセスで起業家精神を働かせる必要がある。**社内起業文化によって、従業員は自分の起業家的スキルを訓練し、磨けるようになり、そのことがより効率的なブランド管理へと結び付く。[12]

従って、企業は創造性を下支えできる環境を提供しなければならない。さらに、技術的に実現可能な創造的アイデアを慎重に見極めて最善のものを選び、それを顧客にとって、ひいては企業にとって価値を生み出す革新的なソリューションに変換しなければならない。例えば、イノベーションに重点を置く研究機関SRIインターナショナルの社長を務めていたカーティス・カールソンは、自分のチームにニーズ、アプローチ、費用対効果、および競争力のある価値提案を基本にしたイノベーティブな提案を促すプログラム、「チャンピオン」を生み出した。この仕組みは、HDTV（高精細テレビ）やSiri（シリ）といった素晴らしい成果をもたらしている。[13]

今日の極めて動的なビジネス環境では、プロフェッショナル・アプローチだけに頼っていくことはもはやできなくなっている。**企業内部の戦略的柔軟性が不可欠で、そのための一つの方法が取締役会や経営陣に起業家的アプローチを採用させることである。**経営陣は日々のオペレーションが円滑に遂行されるために必要な様々なルーティン・プロセスを維持する一方で、変化や変革がある場合には迅速に適応し、それらを新しいルーティン・プロセスに組み込まなければならない。そうすることで、企業は長期にわたって持続可能な形で存続できる。

マーケティング・キャンペーンに専門家と起業家、両方の要素を組み込むことは必須ではあるが、生き残りのためには十分ではないことを指摘しておきたい。今日の変化する世界で成功するためには、これらのマーケティング・アプローチを他部門にも組み込む必要がある。**すべての分野が接続された時、可能性はさらに広がっていく。**このようなフェーズについては第3章で検討する。

重要なポイント

▼

●プロフェッショナル・マーケティングは手順と段階的アプローチに重点を置く。

●プロフェッショナル・マーケティングの利点としては、ビジネスモデルを理解している、資源を管理できる、活動を調整できる、協働を管理できる、伝え方を知っている、質問に答えられる、カスタマー・サポートを提供できるなどが挙げられる。

●この手法のベスト・プラクティスは、バイアスを避ける、他者を尊重する、説明責任を行動に表す、誠実さを示す、業務に集中するといった要素で構成される。

●欠点としては、変化が遅い、大がかりな計画を立てる、停滞する、就業時間内しか働かない傾向がある、優先順位を変えられない、能動的ではなく受動的である、なども指摘できる。

●起業家的マーケティングには、ギャップを見つけ、決断し、結果に向き合い、多様な活動と協働する方法を知っていることなどの特徴がある。

●自社のニーズに最も適したプロフェッショナル・マーケティングと起業家的マーケティングのバランスを見つけなければならない。

第3章

競争に関する再考

サステナビリティのために協働せよ

あなたがルノーの電気自動車ゾエでヨーロッパの幹線道路を走っているとしたら、フランスやオランダやドイツの充電ステーションで簡単に充電できるだろう。これらの国は、利用できるステーション数という点でヨーロッパの先頭を走っている。他国はこれら3カ国より少ないステーションしか備えていないが、電気自動車の需要拡大に対応する方法を模索している。EUは全体で30万カ所以上の充電ステーションを備えており、今後、その数を大幅に増やす計画をしている。[1]

適切な充電インフラがある場所では、ステーションまで車を走らせて容易に充電ができる。だが、深く調べてみると、充電設備の設置に多大な努力が払われてきたことがわかる。効率的な充電インフラの構築計画がずいぶん前から始まっていたヨーロッパでは、特にそうである。

我々の考察にとって重要なことだが、これらのステーションの設置を推し進めた力は、単一のプレーヤーから生まれたわけではなかった。超高速で高出力の充電インフラの建設には莫大《ばくだい》な資源が必要なので、単一の企業が引き受けるには負担が大きすぎたのである。

そのため、数年前に世界の様々な地域の自動車メーカーが結集し、ヨーロッパの充電インフラ設置のために協働することにした。BMWグループ、ダイムラーAG（現メルセデス・ベンツ・グループAG）、フォード、フォルクスワーゲン・グループが、アウディやポルシェと一緒に資源を出し合った。[2] そして、将来有望な電気自動車（EV）を支える充電施設の設置を計画した。このプロジェクトの目的は、EVを一般の人々にもっと受け入れてもらうことや、EVを自動車の主流にすることなどだった。この取り組みによって、参加した全メーカーのEV販売が押し上げられた。

この協働は、先端的な企業や先駆的なマーケターの特徴をよく示している。参加したプレーヤーに注目してほしい。「これらの企業は互いに競争しているのでは」と問う人がいるかもしれない。答えは、もちろん明確な「イエス」である。「これらの企業は個々の企業の目的に役立つ資源を築くために協力しているのか？」。この問いについても、答えは「イエス」である。

我々は現在の土俵だけでなく、将来の土俵にも目を向けなければならない。時代は変わっており、進化し続けている。**生き残るためには、企業はある程度、競合他社に頼り、協働しなければならない。**

この戦略にはもちろん限界がある。協力と競争力維持のバランスを十分理解するために、協働トレンドに影響を与えているダイナミクスを検討してみよう［図3-1］。まず、協働のトレンドのドライバーである5Dから始める。

マーケティングの世界を変化させているもの

5Dとはテクノロジー、政治的・法的課題、経済、社会的・文化的課題、そして市場の状態である。それぞれについて簡単に確認する。

図3-1 ／ オムニハウス・モデルの「ダイナミクス」

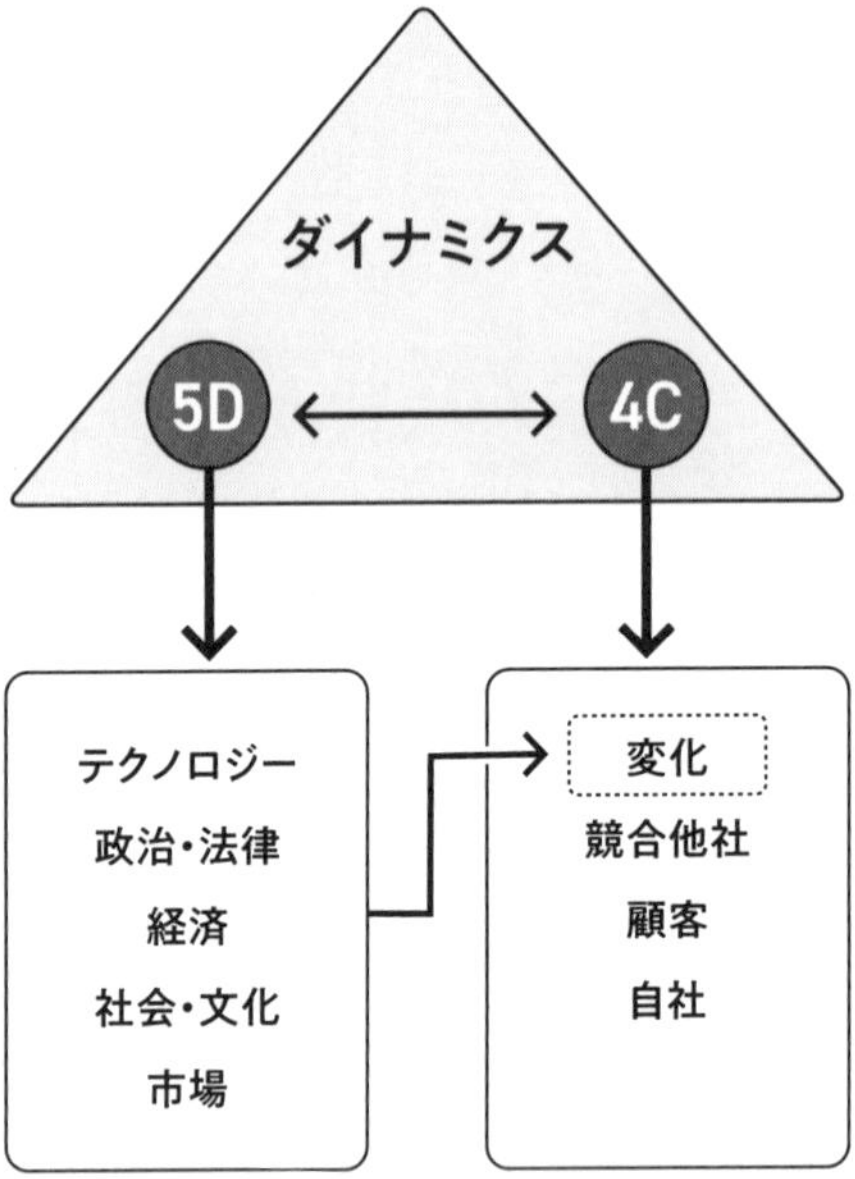

●テクノロジー

ＥＶの開発は、テクノロジーが近年もたらした大きな変化の一例である。自動車産業には他にも開発中のものがある。例えば自動運転車で、こうした前進の多くが企業を新しい形で結び付けている。自動車メーカーは、こうした複雑な部品の多くをサプライヤーやネットワークに頼って調達している。自動車産業における変化は、よりグリーンな機会ももたらしてきた。長年、環境に対する負の影響と関連づけられてきた産業にとって、これは重要な進展だといえる。

テクノロジーが変化をもたらしているのは、自動車産業だけではない。AI、ビッグデータ、自然言語処理(NLP)、複合現実(MR)、それにロボット学習や機械学習といった最新のトレンドは、あらゆる種類の組織で波乱を起こしている。モノのインターネット(IoT)、ブロックチェーン、3D印刷、動画や音楽のストリーミングは、企業活動の仕方を変化させている。新しいテクノロジーは、消費者の暮らし方や働き方も変えている。

●政治的・法的課題

世界の様々な地域の政治家が集まって生み出してきた明文化された政策や暗黙の政策は、コミュニティや組織や個人が従う指針として役立ってきた。[3] こうした政策の中には、気候変動、森林破壊、海洋生態系の保全、生物多様性などの環境問題に対処しようとするものもある。政策は往々にして特定地域における企業活動に影響を及ぼす。

●経済

新型コロナウイルス感染症に伴う経済活動の停止は、明らかに世界経済の成長を鈍化させた。今後に目を向けると、損失を取り戻すペースが速い国もあれば遅い国もある。世界銀行総裁(当時)のデイビッド・マルパスは、回復ペースの国による差異が、気候変動など共通目的のための協働イニシアティブを減速させるかもしれないと語った。[4]

●社会的・文化的課題

労働人口や人口動態の変化は、企業がどのように機能するか、誰を雇用するかに影響を及ぼす。多くの国が高齢化問題を抱えている。国連によれば、世界の60歳以上の人口は1980年には3億8200万人だったが、2017年には2倍以上の9億6200万人になった。高齢者の数は2050年までにさらに倍増し、21億人近くになると予測されている。

他の課題としては、不平等と格差の蔓延《まんえん》がある。多くの国で豊かな者はより豊かに、貧しい者はより貧しくなっている。[5] 医療や教育へのアクセスも、住んでいる場所や社会的地位によって異なっている。

●市場の状態

開かれた市場と貿易が諸国の経済の強化に繋がることを多くの人が期待している。このトレンドは、世界中の労働者や消費者や企業に新しい機会をもたらす。経済動向の改善が貧困を緩和し、より広いコミュニティの安定と安全を促進する助けになると期待される。[6]

参入障壁が低いという市場の性格は、その市場をより公平な土俵にする。市場はもはや地理的に

図3-2 ／ 4Cダイヤモンド・モデル

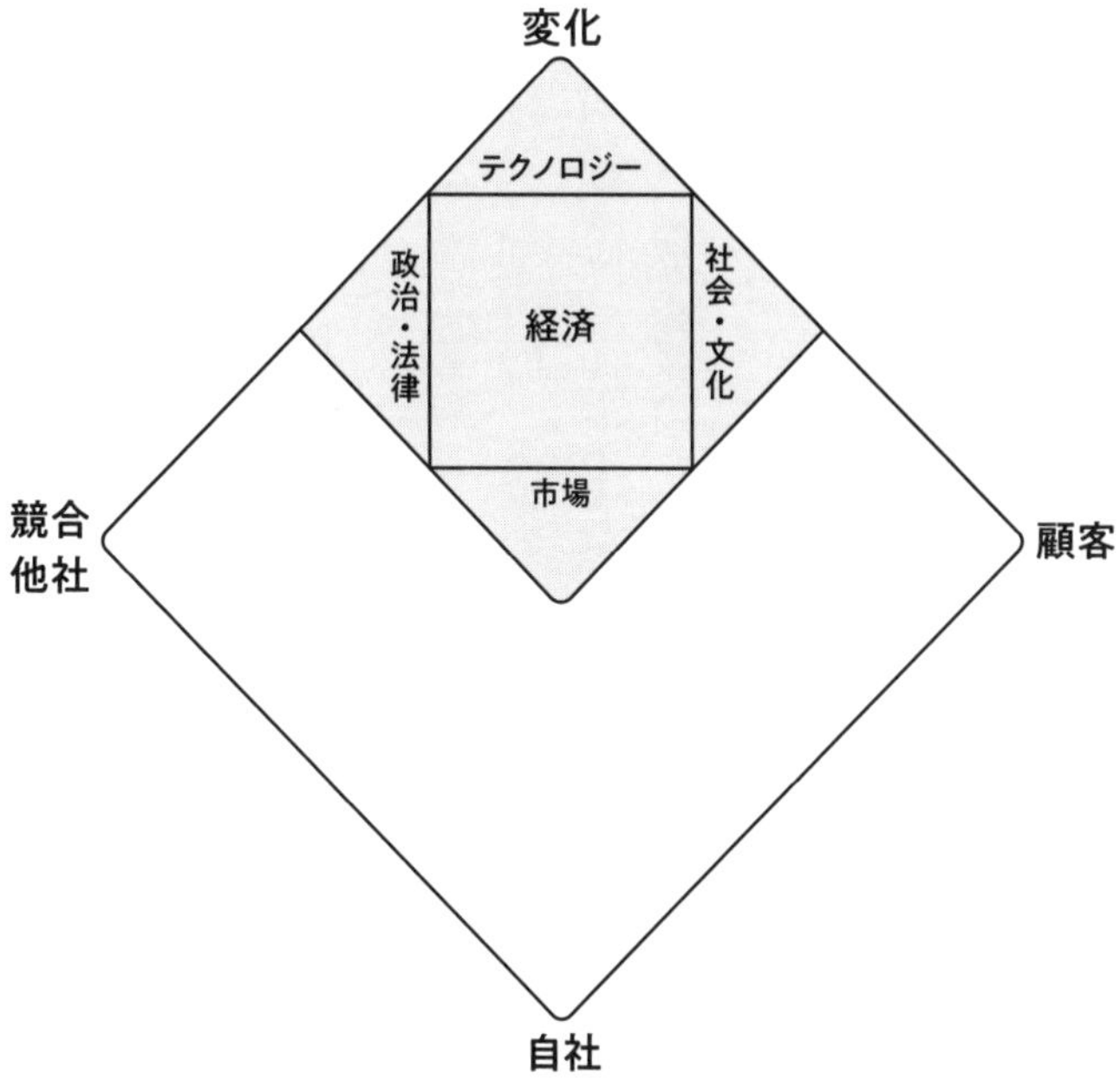

限定されていないが、ローカルの状況はますます重要な考慮事項になってきている。

◉――波及する変化

以上のような力が変化をかき立てており、それはオムニハウス・モデルから見て取れる。［図3-2］には、いわゆる4Cダイヤモンド・モデルの4Cが示されている。変化はさらに企業活動の仕方や競争の仕方、顧客との関わり方に影響を与える。

写真フィルム業界の大手、富士フイルムは、デジタル時代への移行で同業他社に後れをとった際に深刻な打撃を受けた。これは同社の消滅に繋がっていてもおかしくはなかった。だが、チーム・メンバーたちは機敏な組織になってギアを上げる方法を考え出した。その結果、富士フイルムは技術を応用する対象を変えて、医療や化粧品分野に進出した。[7]

一部のプレーヤーは全力で適応しているだけでなく、より積極的に活動するようにもなっている。例えば1984年に設立された中国工商銀行（ICBC）は、成長し規模を拡大するために懸命に努力した。2007年には、当時銀行業界でトップだったシティバンクを総資産で追い抜き、以後、ICBCは世界最大の銀行であり続けている。[8]

富士フイルムとICBCの成功は、成長マインドセットに負うところが大きい。このマインドセットは独自の製品・サービスを提供するだけにとどまらない。アメリカの思想家リチャード・ダベニーによると、**競争優位のための伝統的アプローチは、積極的な市場競争ではもはや意味を持たなくなっている**という。[9]

ドライバーのただ中で競争する

新しい環境における協働について十分理解するために、モデルにおける「競合他社」の部分を詳しく見てみよう。直接競合する企業とも間接的に競合する企業とも、協働することがなぜ重要なのだろうか。まず、協働がどのように機能するかをざっと把握する。それから、企業は現在および将来の競争について何を知るべきであり、協働と競争のバランスをとりながらどのように前進すればよいのかについて論じる。

自動車産業の例のように、競合企業の中で最も相容れそうにない企業同士が協力しているという、我々の主張を裏付ける事例は他にもある。例えばサムスンとApple（アップル）である。この二つの巨大企業は、相互に利益をもたらす協働の形を見つけた。サムスンはAppleにiPhone X用のエッジ・トゥ・エッジのスクリーン、Super Retina OLEDを供給することで合意した。Apple側は、同社のサプライヤーに関する情報をサムスンと共有する。サムスンはこの情報を学習することで、自社製品の質を高める機会を得ている。[10]

組織が今日、協働している三つの主な理由を見ていこう。

- **重要な課題に単独では立ち向かえない。団結によって情報を共有し、より頑健になり、問題を迅速に解決できる。**
- **単独では課題を克服するための資金を手当てできないおそれがある。大きな課題に直面した際に、企業は資源をプールして、必要なコストを共同で負担することができる。**
- **企業は協力によって、ゼロサムゲームではなくウィン・ウィンを実現できる。協力して業界の**

標準なり基盤なりを確立すれば、企業すべてが市場における自社の地位を強化することになる。

協働には長所があるが、企業は自社独自の目標を達成しようとしていることを忘れてはならない。起業家的マーケティングについて考えるにあたり、いくつかの点を心に留めておくことが極めて重要だといえる。コンピテンシー（行動特性）、ケイパビリティ（能力）、無形資源、戦略、実行、競争領域である。

- **独自のコンピテンシーの構築：**競争優位を築くだけではもはや十分ではない。企業は他社とは異なる独自のコンピテンシーを構築しなければならない。[11] これには企業の文化、すなわちオペレーティング・システムも含まれるかもしれない。
- **適切なケイパビリティの開発：**企業には、管理スキルなどの基本的なケイパビリティからイノベーションや強いリーダーシップ、顧客管理などの複雑な能力まで、あらゆるものが必要である。継続的に磨かれ、着実に開発されるケイパビリティは、やがてコンピテンシーを形成するだろう。[12]
- **無形資源：**有形資源は一般的に無形資源より模倣しやすく、一般市場から入手できる。一方、無形資源は形成プロセスが比較的長いので、通常、模倣しにくい。それゆえ、人的資源や個々人の能力といった無形資源への投資が、競争力を築くための必須条件になっている。
- **堅固な戦略と方針の整合：**企業は自社にとって意味を持つ、マクロ環境要因や競争状況、顧客の状況などを踏まえて戦略を立てるべきである。方針を策定するのは次のステップであるが、組織はすべての方針を戦略と整合させたいと思うはずなので、方針は互いに補完し合い、戦略を支えるものでなければならない。

- **生産性に重点を置いた実行：**企業はあらゆるビジネス活動を効率的に実行し、資産を効果的に活用しなければならない。生産性については妥協は許されない。経営陣はいくつかの財務比率を使って生産性のレベルを測定できる。顧客ロイヤルティ、製品の品質向上、従業員の生産性など、パフォーマンスを反映する非財務的指標もある。[13]
- **競争領域の明確化：**企業はどのような競争領域に参加しようと、そこに必ず適合し、必要な競争優位を保持することが求められる。競争領域は、ビジネス環境の変化に合わせて調整することも、ビジネス展開によって定義し直すこともできる。

◉──将来の競争トレンド

マクロ環境がますます動的になる中で、将来はますます不確実性に満ちたものになるため、競争はより困難になるだろう。現在および将来の競争を規定するトレンドに対して、企業は注意を払うべきである。

トレンド1　デジタル化の進展

競争は主としてデジタル技術やデジタル・データに支えられるようになる。この技術によって、企業はビジネス環境、とりわけ競合他社や顧客に関して正確で意味のある情報を迅速に入手できる。データは戦略や戦術を正確に調整するための、示唆に富んだ重要な知見を提供してくれる。

トレンド2　容赦ないプレーヤー

シェアリング経済がビジネスの主流になりつつある。市場が大きく開かれる中で、効率的で熱意ある新しい企業が参入してくるだろう。これらのスタートアップ企業は、確立された従来の企業とは大きく異なるに違いない。頼りになるデジタル能力を持ち、質の良い様々な製品をより低コストで、より迅速に納入し、より良いサポート・サービスを提供する。こうした能力のおかげで、新しいタイプの企業は境界を越えて異なるセグメントや業界に参入できる。[14]

トレンド3　公平な土俵

ソーシャルメディアは注目を浴びるチャンスをすべての人に平等に与える。また、現実感があって、未加工で、あまり編集もされていないビジュアルを使用した、有料プロモーション動画の新しい消費方法を提供する。このトレンドに乗って、従来の概念とは異なる容貌やスタイルや個性を持つ多くのインフルエンサーが登場している。[15]

チャンスが平等であればあるほど、特定の企業が大きな競争優位を築くのは難しくなる。この現象は新たに登場している施策とも一致していて、施策の多くは公正な競争や公正な戦い方に重点を置いている。

トレンド4 差別化がさらに難しくなる

企業が強力な差別化を維持することはますます難しくなっている。企業の意思決定者は、自社の価値提案を構築するにあたり、パーソナライゼーションやカスタマイゼーションを重視する顧客中心のアプローチを使うべきである。製品・サービスは短期間でコモディティ化（一般化）してしまうので、企業に創造性やイノベーション能力がなければ価格競争に陥ることになる。

トレンド5 ペースがさらに速くなる

急速に変化するトレンドは、様々な製品のライフサイクルはもちろん、企業の価値提案のライフサイクルさえ短くするだろう。企業の競争優位を決定する上では、タイム・トゥ・マーケット（TTM）、すなわち製品を市場に投入するまでの時間と参入戦略が極めて重要である。先行企業であっても、市場に受け入れられて主流になる新しい基準を打ち立てられなければ、恩恵には与《あずか》れない。

極めて厳しい競争環境の中で生き残るためには、柔軟性が重要な鍵になるのである。

トレンド6　相互依存がさらに強くなる

バリューチェーン（価値連鎖）のほぼすべての要素が統合され、相互依存はさらに強くなるだろう。より大きなエコシステム、例えば決済プラットフォーム、eコマース、マーケットプレイス、オムニチャネルなどの中の諸要素さえ、互いに強く関連するようになる。従って、価値創造プロセスを効果的かつ効率的にするためには、諸要素を同期させることが極めて重要だ。

航空産業において、航空会社と空港管理者は互いに依存関係にある。その上、この産業にはグランド・ハンドリング、ケータリング、燃料サプライヤーなど、他の相互依存要素もあり、これらすべてが堅牢な同期を必要とする。一部のアジア諸国では、技術面での規制や技術者不足が低コスト・キャリア市場の成長を妨げていた。[16]

競争と協働のバランスをとる

競争と協働にはメリットとデメリットがある［図3-3］。メリットやデメリットが何であれ企業

図3-3 ／ 競争と協働のメリットとデメリット

	メリット	デメリット
競争	企業のビジネスを向上させる[17] 価値またはサービスを高める[18] 顧客にとって選択肢が増える[19] 新しい顧客にアクセスできる[20] 競合他社のミスから学べる[21]	市場シェアが低下する[22] 顧客基盤が縮小する[23] 大きな競争コストがかかる[24]
協働	資源を構築するために行われる[25] コストを軽減し、重複を回避する[26] 資源を共有して競争優位を生み出す[27] 規模の経済と範囲の経済の実現が加速する[28] 企業コストを相互に削減するチャンスを提供する[29]	対立の可能性が高まる[30] ただ乗り行為と制限される合理性が発生する[31] 真剣な持続的努力が必要になる[32] 自律性が失われる[33] 将来の販売が複雑になる[34]

にとっての課題はメリットを最大限に生かすことである。同時に、デメリットの影響を緩和したり、デメリットの原因を取り除いたりする手段を探さなければならない。

協働は企業が直面するビジネス環境の急速な変化に対処する際、企業の柔軟性を高める機会ももたらす。**この柔軟性は、ビジネスモデルの修正や、場合によっては、新しいビジネスモデルの採用さえ必要とする不確実性に満ちた状況に対処するのに欠かせない能力である。**

例えばJD.com（京東《ジンドン》商城）は、2020年にコロナ禍の中で着実に商品を配送した中国唯一のeコマース・ブランドで、アリババを打ち負かした。中国最大級のeコマース・プラットフォームであるJD.comは、業者と協働して予測出荷を行い、商品を確実に届けられるようにした。この柔軟性によって、JD.comはアルコール・ブランドと音楽グループを結び付けてバーチャルなナイト・パーティ体験を提供する先駆け企業の一つになった。[35]

同じ資源を使って、JD.comはより高い売上水準に迅速に到達し、より望ましい規模の経済を容易に実現することができる。さらに、同じ資源およびコアコンピテンシー（訳注　他社が真似《まね》できない得意分野や独自技術）を使って様々な製品を開発し、クロスセリングやアップセリングを行うことができれば、より大きな範囲の経済も実現できる。

例えば、アディティブ・マニュファクチャリング（AM）の発明・開発は、企業がより望ましい規模の経済と範囲の経済を実現するための一つの方法である。3Dプリンティングとして広く知られているアディティブ・マニュファクチャリングは、インプットされたデータから物体を生み出すプロセスで、当初、通常のサプライチェーンから購入すると高くつく小さな部品を必要とする企業向けに開発された。この技術は少数の部品を必要な品質で生み出せるので、小規模生産を管理する助けになる。結果として、企業はプロトタイプ作成のコストを抑えられるので、アディティブ・マニュファクチャリングは規模の経済を実現するのに役立つ。[36]

デジタル能力で成功している企業の典型的な特徴の一つに協働がある。デジタル・トランスフォーメーション（以下、DX）は形式主義や縦割りの境界線を曖昧《あいまい》にする。[37]協働はアイデア段階から製品化までのプロセスを短縮させるので、**急変する顧客の需要に合わせて製品を市場導入する際の**

課題やスピード感にも対応できる。

商業活動における協働のもう一つの事例は、東南アジアに大きなファン基盤を持つ韓国のビーガン・ファッション・ブランド、MARHEN. J（マルヘンジェイ）である。同社はタイに参入した際に、ファッションとテクノロジー体験を人々の日常生活にどのように届けようとしているかを示すために、サムスンの店舗内にショーケースを設けた。このキャンペーンは、韓国の二つのブランドが互いに相手を支持し、どちらも自社ブランドを顧客の日常生活の中に位置付けていたことから生まれた。[38]

「速く行きたいのなら、一人で行け。遠くまで行きたいのなら、一緒に行け」というアフリカの格言がある。「一人で行く」とは競争アプローチを、「一緒に行く」とは協働アプローチを選ぶということになる。一人で行けば、自社の経営エコシステムの範囲内で物事を迅速に決められるが、長期的に持続可能であるためには協働が必要である。企業の課題は、この二項対立をどうやって結び付けるかにあり、速くか持続可能かではなく、速くかつ持続可能であることが求められる。競争する一方で、協働するアプローチが今日の状況にふさわしいアプローチになっている理由はここにある。

共通目的の達成のために競合する組織が協力すること、すなわち**コーペティションは、グローバルな競争力と革新力のために必要不可欠になっている。**[39] 理想的な協力は、それぞれの提携メリットを生かして、競争力を高めることである。このアプローチに従うと、協働する組織は厳しいビジネス環境、とりわけ危機に立ち向かう際に求められる強みを統合して、相乗効果を生み出すことができる。[40]

より大きな課題、より強い協働

すでに述べたように、企業の資源やケイパビリティ、コンピテンシーといった競争優位の源泉が非常に少なく、しかも単独で対処するのがますます難しくなっている厳しい状況であれば、企業の協働は促進される。課題と競争優位の源泉という二つの側面に注目すると、三つの状態が浮かび上がる。

状態1　課題＜競争優位の源泉

過剰な投資を行えば、企業は強力な競争優位の源泉を持てる。だが、この優位を生かせなければ、企業は生産性の問題にぶつかる可能性がある。従って、企業のすべての資源やケイパビリティ、さらにはコンピテンシーまでも活用できる新しいビジネス課題やビジネス機会を見つけるために、起業家的努力が必要になる。**企業は既存の枠にとらわれない起業家的マインドセットを活用すること**

で、ネットワークを築き、機会を生かす意欲のあるパートナーを見つけるべきである。様々な外的条件に注目して多様な機会を見つけることによって、過剰な優位を生かさなければならない。

状態2 課題＝競争優位の源泉

この状態の場合、企業は起業家的アプローチをとって、自社の競争優位の源泉を適切に配分することに伴う機会とリスクを検討しなければならない。企業の持続可能性はまだ損なわれていないので、企業は競争優位に関連する社内の課題により重きを置くことになる。**自社のすべての資源を活用して既存の課題に立ち向かうべきである。**

スウェーデンの主要企業の一つで、オランダに本社を置く企業にイケアがある。同社はエリアを拡大する時、少数の基本的な事柄に注意を払う。第一に、その土地の文化に紐付《ひもづ》く選好を理解しようと努め、そうした選好を確実に満たすようにする。第二に、競争戦略として価格要因に気を配っており、自社がオファーする様々な製品が各ローカル市場で手ごろな価格になるよう配慮している。第三に、自社の活動をできるかぎり効率的に行うとともに、現地の資源を使うよう、常に努力している。[41] このような取り組みによって、イケアは自社の競争優位をそれぞれの地理的課題と整合させており、身の丈以上のことは決して行わないのである。

状態3　課題∨競争優位の源泉

この状態は、競争優位が限定的であり、課題が急速に持ち上がっても企業には強化する時間が十分ない場合に生じ、企業の持続可能性を脅かすおそれがある。それゆえ、起業家的取り組みや創造性によって、ビジネス・エコシステム内の競合他社を含む様々な相手とネットワークを築かなければならない。この状態に陥った際は、**競争優位の源泉の不足を克服し、厄介な課題に立ち向かうために協働が必要になる。**

「状態1」とは逆に、この「状態3」では、企業は互いの優位の不足を補完し合える相性の良いパートナーを見つけるために、外に関心を集中してネットワークを築き、自社にとって意味のある優位の源泉を見つけなければならない［図3-4］。

これら三つの状態から、**企業の持続可能性が損なわれている時は協働が重要になる**ことは明らかである。協働はシェアリング経済の原理とも整合しており、強い相互依存と高い接続性の時代において受け入れられやすくなっている。企業はプラットフォーム・エコシステムに参加することや、プラットフォーム・プロバイダーになることで協働を実現し、他の企業を招き入れることができる。

協働は静的で直線的な従来のバリューチェーン内で行われることもあれば、ベンダーやチャネルの間で行われることもある。このような協働によって、企業は優れた製品管理能力を有し、はるかに多くの顧客に到達でき、よりよい顧客管理を行える。シームレスな作業関係、統合されたシステ

図3-4／「課題」対「優位の源泉」

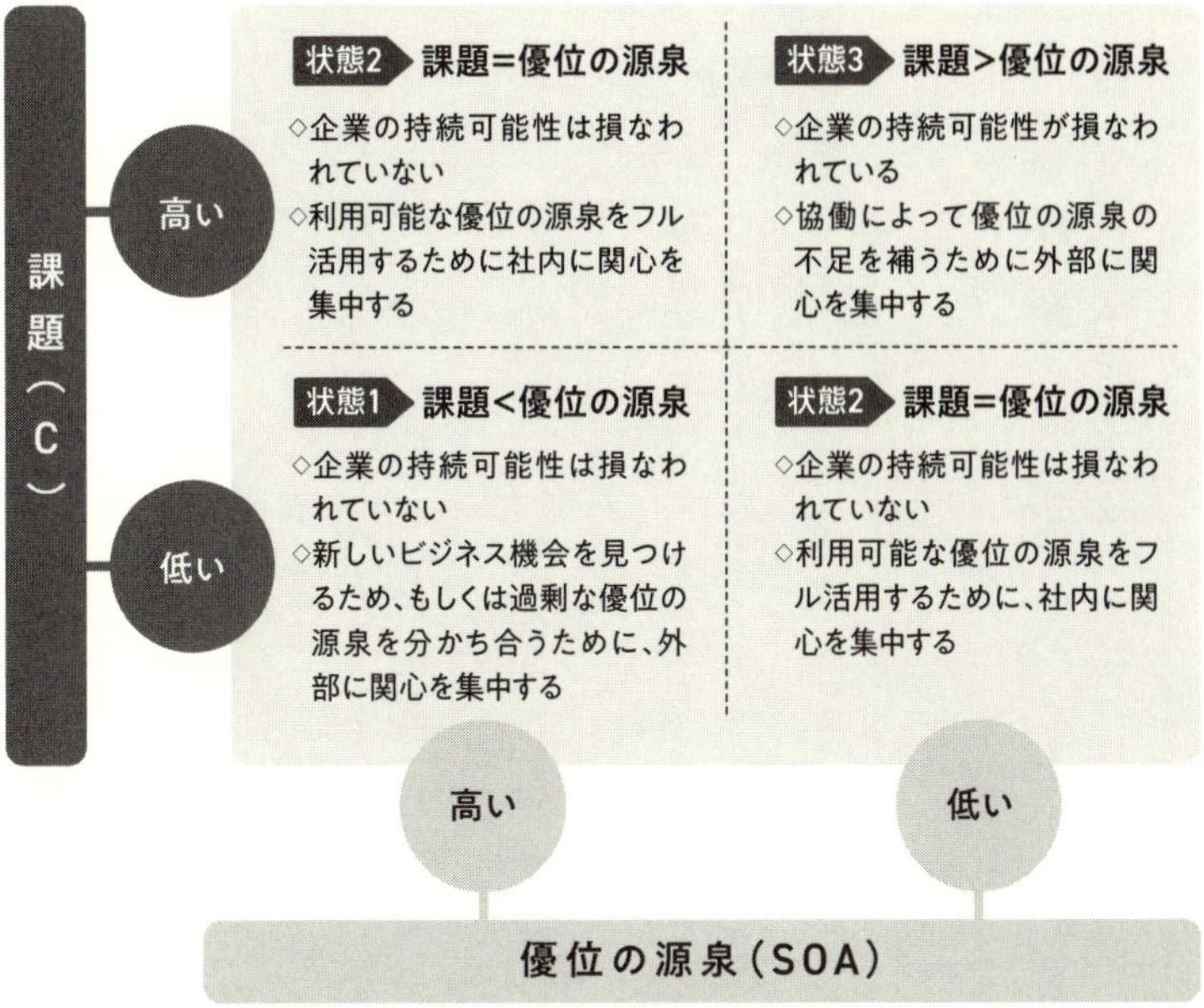

ム、およびバリューチェーンの他の要素へのスムーズな情報の流れによって、製品をより効率的かつ効果的に市場に適合させることができる。

重要なポイント

▼

- 協力と競争力維持のバランスを理解するために、マーケターは五つのドライバー（5D）、つまりテクノロジー、政治的・法的課題、経済、社会的・文化的課題、市場の状態に注目するとよいだろう。
- 組織は協働することによって、五つのドライバーに立ち向かい、資源をプールし、市場における地位を強化できる。
- 競争する時は、企業は独自のコンピテンシーを築き、ケイパビリティを発達させ、無形資源に投資し、戦略を方針と整合させ、生産性に焦点を合わせ、競争領域を明確にする必要がある。
- 今後、競争はさらにデジタル化され、ますます容赦ないプレーヤーが参加するようになるだろう。土俵が公平になり、差別化はさらに難しく、変化の速度はさらに速く、相互依存がいっそう強くなる。
- 協働と同時に競争の中で、企業はメリットを最大化し、デメリットを軽減する方法を見つけようとするだろう。

第4章

顧客のナビゲート

マーケット・ポジション強化のための先進的アプローチ

2012年、家賃の支払いに苦労していた2人の若者にひらめきの瞬間が訪れた。当時サンフランシスコに住んでいた彼らは、アパートの床にマットレスを敷き、朝食サービスを提供して、ゲストから宿泊料をとることにしたのである。

8年が経過した2020年、宿泊サービスの提供というアイデアを基にしたビジネスを築いたこの2人は、その年、最大の新規株式公開(IPO)を行った。彼らの会社の評価額は1千億米ドル以上に達し、マリオット、ヒルトン、インターコンチネンタルという三つの上場ホテルチェーンの企業価値を上回った。[1]

これは、シェアハウスと短期賃貸というコンセプトを新たなレベルに押し上げたAirbnb(エアビーアンドビー)の話であり、オーナーが自分の住まいをウェブサイトとアプリを通じてゲストに貸し出せるという、ホスピタリティ産業の新しいビジネスモデルの先駆けになった。Airbnbは、旅行に関する人々の困りごとをどう解決すればよいのかを理解している。

ゲストは自分が必要とするものを、安全でユーザーフレンドリーな環境で見つけられる。心を揺さぶる旅行体験として、ユーザーは簡素な部屋から風変わりな場所まで唯一無二の空間を選ぶことができる。ツリーハウス、洞窟、船、マンション、ヴィラ、テント……これらすべてがAirbnbを通じて利用できるのである。[2]

それだけではない。細部まで気を配っているホストによって管理されていて、素晴らしいレビューを得ている最高品質の宿泊施設を紹介する「エアビーアンドビー・プラス」も用意されている。[3] 旅行者は町や村や国をレンタルすることさえできる。[4]

Airbnbは「誰もが『ここは自分の居場所だ』と感じられる世界を作る」というミッションを掲げて、すべてのホストにユーザーの体験を手助けするよう促している。同社はホストの帰属意識の高さを測定し、それを示すことのできたホストに報酬を与えている。逆に、ゲストの期待する体験を提供できなかった場合（ゲストのレビューで判定）は、Airbnbのアルゴリズムによって当該ホストの施設を見つけにくくしている。[5]

この仕組みを支えるために、3人の共同設立者は絶えず世界中の主要ホストの住まいを訪れてそこで暮らすという検証を行っており、これがロイヤルティ形成に大きな影響を与えている。Airbnbは様々なコミュニティを通じて、これらのホストをナビゲートしている。ホストは、ホスピタリティの基準やガイドラインが盛り込まれたホスト用アプリに登録したり、オフ会に参加したりして、情報や知識を共有することができる。[6]

Airbnbはパンデミックの間に「フレキシブル・サーチ」を立ち上げた。このサービスは、ユーザーが具体的な日付を決めずに週末の旅行や1週間や1カ月の休暇先を、より簡単に探せるようにするものである。フレキシブル・サーチは将来の渡航制限やキャンセル料の心配がないので、ユーザーの旅行意欲を回復させている。[7]

図4-1／「ダイナミクス」における4Cダイヤモンド・モデルの顧客要素

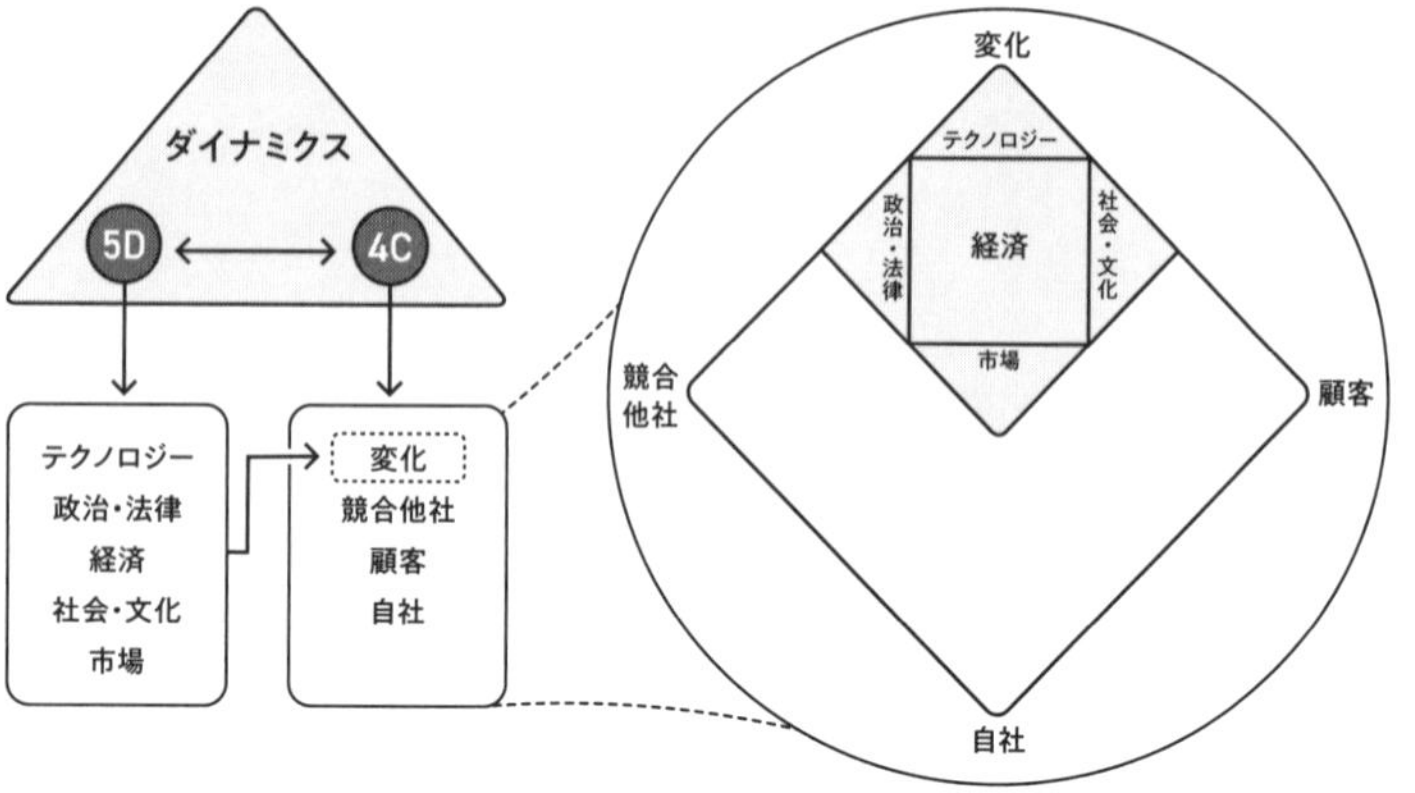

Airbnbの事例は、今日の進歩が消費者の期待とあいまって、顧客のための新しいナビゲーション・システムの提供を可能にしたことを示している。本章では引き続きオムニハウス・モデルの「ダイナミクス」について論じる。4Cダイヤモンド・モデル「図4-1」に示されている顧客要素に注目してみよう。**顧客は変化や競合他社とともに、ビジネス環境の主な決定要因**であり、企業が考慮しなければならないビジネスリスクの源泉といえる。

すでに見たように、今日の顧客は極めて強い交渉力を持っているため、企業は一般に顧客中心のアプローチを採用する。だが、顧客は偽情報や作り話や他の紛らわしい情報など、入手できる大量の情報のせいで、ますます困惑もしている。情報が多すぎることで顧客は混乱に陥るおそれがある。それゆえ、**企業は顧客が必要な解決策を見つけられるよう、彼**

らに堅固なナビゲーション・システムを供給しなければならない。

情報通信技術の進歩はデジタルの民主化をもたらし、それに伴って、世界はますます接続されるようになっている。一方で、これはあらゆる人に新しい強みを与え、他方ではあらゆる人を途方もない量の情報で満たす。あまりにも多くの情報を消化しなければならないので、正確性の確保が難しくなる。

こうした状況は、顧客が求めるものをもっとよく理解できるようにするナビゲーションを、企業が顧客に提供する機会を生み出す。このナビゲーションによって、顧客体験は最大化され、顧客はソリューションを楽しむことができる。世界中にデマ情報が溢《あふ》れているポスト真実の時代には、明確でわかりやすく誠実なナビゲーションが不可欠である。

接続された顧客

今日のデジタル世界においては、顧客——世界中の企業によってこれまでも、これからも対応される顧客——も、これまで以上に接続されていく。その結果、次のような特徴が生じる。

- **顧客がさらに多くの情報を持つようになる：**大量のデータや情報にほぼ無限にアクセスできる

ので、ささいな決定であれ大きな決定であれ、誰もが決定を下す前に自分で調べるだろう。[8] 一般に、消費者の80%以上が、購入前に自分の選択の妥当性を確信するために、まがい物ではないことを確認したり、ユーザー体験を見たりといったオンライン調査を行う。その結果、消費者は製品やサービスに関する詳しい情報を正しく理解することができる。[9]

- **顧客がさらに賢くなる：**顧客がますます情報を持つようになると、顧客の期待とそれを満たす企業の能力との間にギャップが生じることがある。こうした賢い顧客は、以前よりも高い期待を持ち、企業がそれに応えるのはますます困難になる。[10] 消費者の90%以上が、まさに自分の欲しいものだと事前に決めた製品を買いたいと思っている。[11]
- **顧客の交渉力が強くなる：**このような極めて賢い顧客は、製品・サービスをとてもよく理解しているので、力を持つようになる。価格に精通しており、ベストバリューを提供してくれるオファーはどれなのか判定する方法を知っている。おまけに、顧客はカスタマイズを要求することさえできる。これによって顧客は、自分が支払う代金を最大限に生かせる。

2010年代以降、顧客の立場が次第に強くなる中で、企業が直面している新しい問題がある。これらの問題についても注目してみよう。

- **顧客を満足させる：**一部の製品カテゴリーにおいて、顧客はブランドより製品の機能を求める。

その一方で、自分が最も強い繋がりを感じるブランドを選ぶこともある。だが、なおざりにされたと感じたら、そのブランドをすぐさま見限る傾向がある。[12]

●**顧客ロイヤルティを得る：**顧客は動的で、理解が速く、同時に自分の最新の知見に沿って急速に変化する。このことが世界の様々な地域で、ブランドに対するディスロイヤルティの高まりを生んでいる。自分の買うブランドにコミットしている消費者は、世界全体で8％しかいない。[13] マーケターは顧客を喜ばせることに多大な労力と資金を投じるが、顧客は得てしてそんなことにはお構いなしに習慣で購買決定を行う。従って、企業は「累積的優位」を築くべきである。[14]

●**推奨を得る：**接続性以前の時代には、顧客ロイヤルティの指標として顧客維持率や再購入率が使われることが多かった。現在の接続された世界では、ブランドを進んで応援する姿勢もロイヤルティの一部とみなされる。だが、推奨は往々にして、単なる製品・サービスのリピート購入より大きなリスクを顧客にもたらすことがある。ブランドを他者に薦める顧客は、「社会的リスク」に直面するからである。例えば、誰かの推奨に従った結果ががっかりだったという場合、その推奨を行った人物は社会的制裁を受けるかもしれない。このリスクのせいで、顧客は自分の推奨の表明に慎重になる。[15]

2030年に向けての新しい顧客管理

新しいタイプの顧客を前にして、生き残り、競争力を維持するためには、企業による顧客管理の真剣な見直しが必要になる。将来はさらに多くの企業がインターネット企業になり、あらゆるタイプのチャネルやデバイスを通じて活動するようになるだろう。

これらの企業は保有技術の多くを駆使するとともに、自社の顧客に関する最新情報をリアルタイムでとらえる能力を備えていなければならない。顧客データは貴重な資産となるため、企業はDXを進めざるをえなくなり、顧客データ・プラットフォーム（CDP）を採用することになる。次の段階に進むと、CDPが最高の顧客体験を提供する企業の能力を決定するようになる。[16] このことがデジタル・マーケティングと将来のビジネスモデルにとって、何を意味するかについて考えてみよう。

⦿――デジタル・マーケティング能力の必要性

デジタル・マーケティングは多くのメリットをもたらすことができる。具体的には、ブランド・エクイティの強化、売上の増加、顧客サービスの質の向上、メディアへの支出の効率化、調査費の大幅な削減などが挙げられる。[17] マーケティングを支援するこれらのケイパビリティは基本的なものだが、変化の激しい市場に対処する際の組織の柔軟性を確保するためには、**最新かつリアルタイムのデータを自社のDNAに埋め込まなければならない。** ビッグデータの活用とは、多様な出所からの膨大な量のデータに途方もないスピードで出くわすようなものである。

デジタル技術は様々な自動プロセスも支援するだろう。近い将来、自動化される業務としては、顧客サービス、データ入力、校正、宅配サービス、市場調査分析、製造などがある。[18] ２０３０年には、人間に求められる能力は問題の感知、演繹《えんえき》的推論、情報の秩序化、思考の流暢《りゅうちょう》性、対話の理解力、文書表現力、口頭表現の明快さなどになっているだろう。[19]

企業は様々なデジタル・プラットフォームを通じて顧客とやり取りできるようになり、デジタル技術を理解、活用できる人材を必要とする。従業員は迅速かつ柔軟に動き、起業家的マインドセットを持ち、データに裏付けられた事実に基づいて決定を下さなければならない。[20]

データドリブン・マーケティングは、どのような規模の企業にも有効である。 例えば、デジタル・マーケティングを使っている小規模な医療サービス会社は、近年、かつてより高い成長率を示してきた。正確に地元住民に向けられる有料メディア広告が、この高成長の推進力となっている。[21]

２０３０年に向けて、マーケティング文化はますます創造性とテクノロジーに支えられるようになる。ほぼすべてのことが、人々の生活を助けるための摩擦のない体験という形で行われる。[22] 完全なカスタマイゼーションやパーソナライゼーションを可能にするビッグデータやＡＩ、分析ツールの支援のおかげで、ワン・トゥ・ワン・マーケティングが、よりいっそう主流になるだろう。ブランドは高い適応力を持つ必要があり、企業は変化の激しい市場に対応して自社のポジショニングを変えなければならない。[23] ブランド戦略におけるＡＩの役割は極めて重要であり、**カスタマー・ジャーニーの様々なステージで、顧客エンゲージメントを形成するためにＡＩを活用できないマーケターは競争から取り残されてしまう。**[24]

⦿――ビジネスモデルを見直す必要性

マーケティングのデジタル化の面に力を入れるだけでは、生き残りは保証されない。企業は自社のビジネスモデルを見直して、デジタル・ビジネスモデルを生み出す必要がある。『デジタル・ビジネスモデル――次世代企業になるための6つの問い』(日経ビジネス人文庫、2022年)という本では、ビジネスデザインの面から企業のタイプを一つの連続体にまとめると、その両端にバリューチェーンとエコシステムがあると論じている。また、最終顧客についてのナレッジは、部分的か完全かの二つに分けられるとしている。[25]

一般に、企業のビジネスデザインがモジュラー・プロデューサーの場合もエコシステム・ドライバーの場合も、エコシステムに深く繋がっていればいるほど、当該企業はそうではない企業より高い売上成長率と純利益率を達成しやすくなる。さらに、企業の顧客理解が完全で広範囲に及んでいれば、そうでない企業より高い成果を上げられる体制が整っていることになる。エコシステムは、自社のビジネス・ネットワークやビジネス・ポートフォリオを拡大して、新しい製品・サービスをより多く売ることを可能にするので、2025年までに総売上を約30％増大させられるかもしれない。[26]

ソーシャルであることが重視されているこの時代、大きいことはもはや十分ではない。**競争に勝つための鍵は、より速く、より流動的に、より柔軟になることである。**バリューチェーンを絶えず再構築することは、高い競争力の確立にとって、もはや適切ではなくなっている。[27]

質の高いニュースや情報の創出、収集、配信に焦点を合わせているグローバル・メディア企業であるニューヨーク・タイムズは、2011年にどこよりも早くオンライン購読というビジネスモデルに参入した。同社は購読者をニュース製品に引き付けるためにフリーミアム（訳注　基本となるサービスや製品を無料で提供し、より高度な機能には料金を課す）というビジネスモデルを採用し、多くの広告機会を提供した。

近年、フリーミアムが一般的になる中で、ニューヨーク・タイムズはゲーム事業を拡大するためにゲーム会社のワードルを買収した。この新聞業界の巨人は、より若くて、よりデジタル手段による接触がとりやすい顧客を引き込んで、自社の到達範囲を広げる用意ができている。同社はゲーム事業に加えて、昔からの国際ジャーナリズムとともにポッドキャストも提供している。2022年2月の時点で、同社は1千万人の有料登録者を集めていた。[28]

変化の激しいエコシステムにおいて、**価値創造活動の境界が拡大し、より統合が進み、ビジネス・パートナーの相互依存が強化されつつあることが見てとれる。**デジタル・プラットフォームやエコシステムの様々な要素によって、昔ながらの直線的なバリューチェーン・アプローチとは異なる相互依存が形成されるようになるだろう。[29] 従って、我々はバリューチェーン分析を拡大して、そうした相互依存に影響を与える様々なトレンドや要因を組み入れなければならない。[30]

顧客をナビゲートする

顧客は市場で入手できる製品情報に圧倒され、彼らの決定はより正確性の低いものになる。企業は次のプロセスに従って、顧客のための信頼できるナビゲーターとして能動的に行動しなければならない。

プロセス1　プラットフォームを提供する

顧客が自分の問題を突き止めてソリューションを見つけ、その入手方法を知るためのツールとして使う、フィジカルとデジタル両方のプラットフォームを提供するとよい。その際、顧客がそのプラットフォームの利点をただちに理解できるようにすることが大切である。プラットフォームの全機能がとりわけY世代やZ世代にとって完璧で、意味があり、ユーザーフレンドリーであるようにしよう。

例えば、銀行サービス用のモバイル・アプリは、顧客の悩みの種をすべて取り除き、助けにならなければならない。「人々にとって銀行は必要ないが、銀行サービスは必要だ」という有名な言葉がある。『フォーブス』のサイトにあるモバイル・アプリ・レビューには、口座取引明細、支出追跡、デビットカードのロック・セキュリティなどの顧客ニーズに対処するには、直接顔を合わせてその場で確認しなくても、モバイル・インターフェースの銀行サービス一式で十分だと書き込まれている。[31]

プロセス2　パートナーを引き入れる

顧客の多様なニーズを満たすために必要な資源、活動、ケイパビリティ、さらにはコンピテンシーまでサポートしてくれる適切なパートナーを、プラットフォームに関与させる必要がある。これらのパートナーの関与はシームレスで、顧客にとって手間のかからない体験を提供するものでなければならない。基本プラットフォームは柔軟で、パートナーと互換性があり、それでいて厳密なガバナンス制御を備えていることが求められる。

プロセス3 ソリューションに重点を置く

このプラットフォームを通じて、カスタマー・ジャーニーの各地点で顧客を悩みから解放する完全なソリューションを提供しなければならない。また、プラットフォームのカスタマイゼーションやパーソナライゼーションによって、顧客の中核的問題を解決できるソリューションをどのように生み出せばよいかをわかりやすく示すことも必要である。さらに顧客との共創や協働の機会も用意すべきである。

プロセス4 サポート・サービスを提供する

サポート・サービスは顧客に安心を提供するためのもので、企業は顧客からの電話にいつ何時でも応える用意をしておくなど、いつでもどこでもアクセス可能なものでなければならない。あらゆるサポート・サービスが顧客とのエンゲージメントを確実に強化できるようにしなければならない。

プロセス5 価値と価値観を伝える

企業の価値提案は、体験にはもちろん、場合によっては変化にさえ重点を置くものでなければならない。企業の価値観、とりわけより広いコミュニティの利益を重視する価値観が、ビジネスモデルに埋め込まれ、顧客に明確に伝えられ、理解され、正当に評価されなければならない。顧客が互いに交流したり、助け合ったり、アイデアを共有したり、インプットを提供したり、ネットワークを築いたり、楽しむことさえできるように、顧客をコミュニティに参加させるとよいだろう。

保守的か、先進的かという選択

市場ドリブンや市場ドライビングという用語は、しばらく前から使われてきた。バーナード・ジャウォースキ、アジェイ・コーリ、アービン・サヘイの説明によれば、市場ドリブンは特定の市場構造の中でプレーヤーの行動を理解し、それに対応しようとする志向である。一方、市場ドライビングとは、市場における構造やプレーヤーの行動に影響を与えて、企業の競争上の地位を高める志向を意味している。[32]

どちらの志向も選択可能であり、(有形、無形の)資源やケイパビリティやコアコンピテンシーに関連する要因など、企業内の様々な要因に大きく左右される。市場ドライビングといった強い市場

図4-2／保守的−先進的企業特性連続体

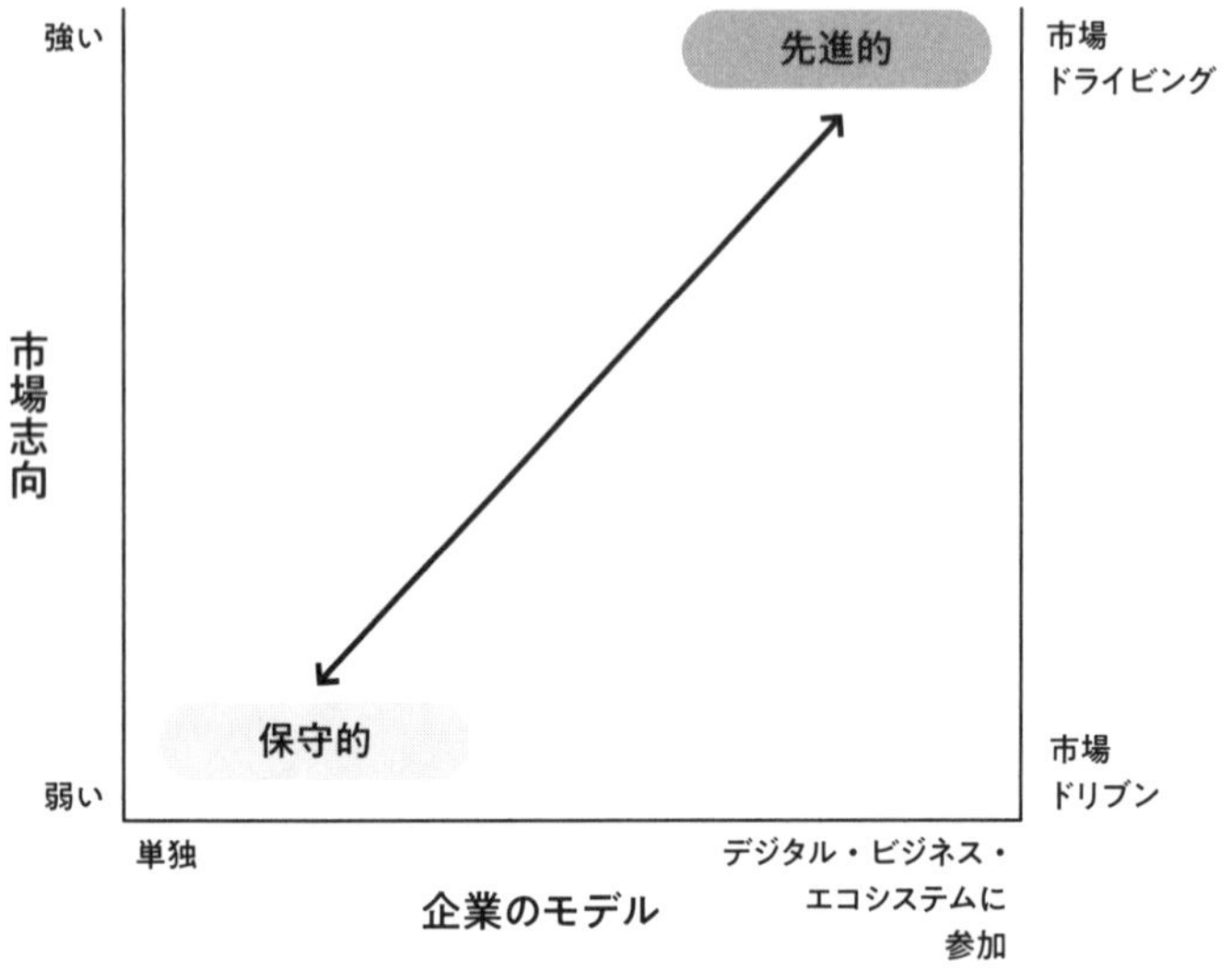

志向は、企業により高いパフォーマンスを与えるだろう。また、ビジネス上の課題は一つの企業が単独で立ち向かうには大きすぎるため、デジタル・ビジネス・エコシステムに参加することで、長期的に生き残る可能性が高まることもわかっている［図4－2］。

市場志向を企業のモデルと組み合わせることで、［図4－2］の左下に行けば行くほど、その企業は市場ドリブンになると予測できる。それに対し、右上に行けば行くほど、その企業は市場ドライビング能力を持つようになる。この市場ドライビング能力は、企業がエコシステムに参加するだけでなくエコシステムを動かす力も持っている場合はさらに強力になる。[33]

左下部分には保守的な企業が入り、右上部分には先進的な企業が入る。これら二つの企業特性を繋いだ連続体を「保守的―先進的企業特性連続体」と呼ぶことにする。ほとんどの企業が、意図的に自社の地位を選んだのであれ、たまたまそこにいたのであれ、この連続体のどこかに（ことによると、その外側ということもあるかもしれないが）位置するはずである。

先進的企業は強い市場志向を持ち、デジタル・ビジネス・エコシステムに参加しており（このエコシステムをコントロールする力を持っているかもしれない）、**市場ドライビング型の事業を目指している。**例えばTikTok（ティックトック）は、あらゆるエコシステムで利用できる。TikTokの短い動画コンテンツは、他のプラットフォームが後追いせざるをえないほどの大人気となった。4年弱の間に30億人のユーザーがTikTokをダウンロードした。[34] TikTokの動画の長さは、今では料理動画など一部のカテゴリーに対応するために引き延ばされている。[35]

それに対し、**保守的な企業は市場志向が弱い。**デジタル・ビジネス・エコシステムには参加せず単独で活動し、市場ドリブンであるといえる。

保守的特性を有する企業も先進的特性を有する企業も存在はできるが、**長期的には先進的企業のほうが強い競争力を築く可能性が高い。**保守的企業は静的なビジネス風景に適している。それに対し、先進的企業は、我々が現在目の当たりにしていて、2030年にかけて引き続き目撃する、極めて動的なビジネス風景に適している。先進的企業は自社のダイナミック・ケイパビリティ（動的能力）に頼ることで、市場ドライビング企業になることができる。

保守的企業は停滞しがちなビジネス環境では存続できるが、変化の激しいビジネス環境では、ある程度生き残れたとしても、強い市場地位を築くのは難しい。一方、先進的企業はこの極めて変化の激しいビジネス環境に適応することができ、新しいビジネス環境の創出にひと役買うことさえできる。

保守的企業は従来のバリューチェーンに頼る単独モデルを採用している。一方、先進的企業はデジタル・ビジネス・エコシステム内で見事に調整され、相互に依存しているパートナーとのネットワークに支えられており、そのおかげで交渉上の立場が顧客より強くなる。

配車サービスのグラブが採用しているクラウドキッチンというビジネスモデルは、多くのブランドによる一つのセントラル・キッチンでの調理を可能にした。この仕組みは、オンライン注文のフードデリバリーのために設計されることが多い。グラブのライダーは注文された料理を、クラウドキッチンのおかげで他よりも早く受け取れる。２０１８年に導入されたこのビジネスモデルによって、Grab（グラブ）はパンデミックの間も営業を続けることができた。[36]

保守的企業は今なお従来のマーケティング・アプローチを使う傾向がある。それに対し、**先進的企業は一般にデジタル・マーケティング・アプローチによって、顧客を根本的、全体的、能動的にナビゲートする。**例えばＤＢＳデジバンクというアプリは、住宅リノベーション、自動車ローン、投資の全般にわたりグリーンな小口融資ソリューションを採用することで、よりグリーンな生活への移行を手助けするワンストップ・デジタル・プラットフォームになろうとしていて、そのためにLiveBetter（リブベター）というプログラムを立ち上げた。これによって、DBSは世界有数の収益性の高い銀行になり、2021年に10年連続となる期待以上の利益を上げた。顧客に役立つためにデジタル・バンキング・システムの採用に踏み切ったことで、DBSはシンガポール最高のデジタル・バンクの一つになっている。[37]

どちらのタイプの企業も顧客のナビゲートはできる。だが、保守的企業は様々なプラットフォームを通じて、情報入手の仕方、購入や支払いの方法、製品の使い方など、概して技術的で、根本的ではない事項に顧客を限定的な形で導くことしかできない。一方、先進的企業は新しいゲームのルールを決めたり、多くの大手プレーヤーを競争で無意味な存在にしたり、顧客や競合他社のマインドセットや行動を変えたりすることで、より根本的に顧客をナビゲートする。

先進的企業は破壊的な衝撃波を出すことも、マクロ環境に大きな影響を及ぼすこともできる。例えば、当局に規制を変えさせたり、社会的・文化的変化を生み出したり、市場構造に影響を与えたりすることさえできる。

これらの説明をベースにすると、保守的企業の競争優位が一時的なものになりがちな理由、また先進的企業が持続可能な競争優位を構築できる理由が徐々に見えてくる。それらの理由は、企業が

ブランドとポジショニング	細かいポジショニングは行われず、ブランド名のみ	生きているブランド。随所にあり、意味を備えておりシームレス
差別化	製品・サービスの利用による機能的・情緒的便益を踏まえたもの	強いエンゲージメントを通じた顧客の体験または変化を踏まえたもの
セールスポイント	製品の機能と便益のみ	カスタマイズもしくはパーソナライズされた顧客体験、それぞれのタッチポイントにおける変化
製品・サービス	標準的製品で、バリエーションはわずか	カスタマイゼーション、共創、協働など、幅広い選択肢がある
価格	固定価格	ダイナミック・プライシング
ロイヤルティ	顧客が他にスイッチする傾向があるため、意図的に高コストのロイヤルティ・プログラムを通じロックイン・メカニズムを採用	顧客の生活に不可欠な存在であるため顧客はスイッチしたがらない。自動的に「自然な」ロックイン・メカニズムが備わっている
主な業績評価指標	財務的・非財務的指標、主観的・客観的	総合的な財務的・非財務的指標（主観的・客観的）およびデジタル推進力
競争優位	一時的な競争優位	持続可能な競争優位

先進的であればあるほど、実現できる競争力が高くなることも示している［図4-3］。

いくつかの点に注意しておきたい。第一に、**先進的企業は保守的企業のように顧客の視点だけに注目するわけではない。**顧客は諸要素の一つにすぎず、**4Cダイヤモンド・モデルの様々な面を総合的に検討する**のである。事業の継続性を担保するには、自社の顧客にとってのみ魅力的な製品・サービスに集中するだけではいけない。**マクロ環境や競合他社に起こることなど、ビジネス環境の変化に総合的に**

図4-3 ／ 保守的企業と先進的企業の特性

	企業特性	
	保守的	先進的
ビジネス環境	静的ビジネス環境に適している	動的ビジネス環境に最適
戦略的ケイパビリティ	市場ドリブン	市場ドライビング型のダイナミック・ケイパビリティ
企業モデル／プラットフォーム	順を追って価値を付加する従来のバリューチェーンに支えられた単独モデル	デジタル・ビジネス・エコシステム内の、調整され相互依存しているパートナーのネットワーク
交渉上の立場	顧客のほうが強い	企業のほうが強い
組織	硬直しており、慣性が強い	適応力と柔軟性がある
マーケティング・アプローチ	従来型のマーケティング	デジタル・マーケティング
ナビゲーションのレベル	基本的、範囲が狭い、受動的	根本的、全体的、能動的
中心	顧客中心	ソリューション中心
市場	ニッチ、セグメント化、特定のターゲット市場、規模の経済に集中	広い、境界にとらわれない、ワン・トゥ・ワン、規模の経済と範囲の経済の両方に集中
テクノロジーとタッチ	ローテク、ロータッチ	ハイテク、ハイタッチ

注意を払わなければならない。

第二に、新しい先進的アプローチ、とりわけ顧客（および顧客コミュニティ）に対する企業の対応方法には、人々の日常生活の一部としてすぐに受け入れてもらうための、**感情を揺さぶる教育的取り組みが求められる。**クリティカル・マス到達のための市場の教育は、先進的企業が慎重に検討しなければならない重要な事柄である。

第三に、保守的企業のビジネスモデルは、自社のケイパビリティをベースにコンピテンスを形成し、様々な有形資産を活用することを基盤としているが、先進的企業のビジネスモデルは大きく異なり、**自社の無形資産の活用によって競争力を築く**。無形資産は簡単には模倣できず、市場では売られていないか、売られていたとしても極めて希少で、大きな価値を持っている。また、先進的企業は、自社が有していない資産をビジネス・エコシステムに参加している多様なパートナーから得て、やがてエコシステム優位を築くことができる。

第四に、**2030年は戦略的な時点であり、2045年に向かう足掛かりといえる**。レイ・カーツワイルは「収穫加速の法則」に言及して、コンピューター、遺伝学、ナノテクノロジー、ロボット工学、人工知能などのテクノロジーの指数関数的な進化が起こると予測した。そして、人間の知能と人工知能がやがて融合する時が来るとして、その時点をシンギュラリティ（技術的特異点）と名付けた[38]。

従って、これから先はあらゆる企業が自社の将来を決定しなければならない。2030年以後の時代に生き残りたいなら、**2030年に向かう流れに乗り損ねるわけにはいかない**。それゆえ、自社の足場を「保守的—先進的企業特性連続体」のどこに置くべきか、計画を練らなければならない。

重要なポイント

▼

● 現在および将来のビジネス環境では、4C（変化、顧客、自社、競合他社）ダイヤモンド・モデルの一部である顧客が主役になる。

● 今日の顧客は、これまでよりさらに接続されている。それゆえさらに多くの情報を持ち、さらに賢くなり、さらに大きな交渉力を備えている。こうした顧客を満足させ、維持し、企業のための推奨を積極的に行ってもらうことは容易ではない。

● この先、企業はデジタル・マーケティング能力を適応させ、自社のビジネスモデルを見直すことが必要になるだろう。

● 顧客をナビゲートするために企業ができることは、プラットフォームを提供し、パートナーを引き入れ、ソリューションに重点を置き、サポート・サービスを提供し、価値と価値観を伝えることである。

● 企業は自社が保守的―先進的企業特性連続体のどこに位置するかを診断し、将来に備えるためにどのように活動すればよいかを検討する必要がある。

第5章

ケイパビリティの統合

マインドセットを調和させるために

あなたは音楽やポッドキャストをスマートフォンで聴きたいと思っていますか。パソコンはどうですか。タブレットは。他のデバイスは。

すべてが統合されたソリューションを求めるなら、Spotify（スポティファイ）を利用しよう。スウェーデンに本社を置くこの企業は、2006年にダニエル・エクとマルティン・ロレンツォンによって設立され、どこからでも音声を聴けるようにしている。消費者は無料版を使うか有料版を使うかを選ぶことができる。[1] 現在、Spotifyのユーザーは3億5千万人で、うち約1億5500万人が有料のプレミアムユーザーだ。[2]

数千年にわたり多くの人から基本的生活必需品とみなされてきた音楽に関して、この企業はどのようにして今日の接続性の基準を満たしたのだろう。音楽産業は間違いなく長い歴史があり、生演奏から録音へ、蓄音機からカセットテープ、CD、さらにはiPodへと移行してきた。これらすべてのイノベーションが目的にかなっていた。だがSpotifyは、テクノロジーを利用して、誰でもどこからでもどんな曲にでもアクセスすることを可能にしたのである。

グローバルに拡大しているこの企業の舞台裏を見てみよう。Spotifyは明らかに音楽ファンの願望を満たしたが、それは同社が過去数年のうちに大きく成長したことに示されている。2018年から2021年の間に、同社の従業員数は約3600人から6500人以上に拡大したのである。[3]

このペースについていくために、同社は様々な文化的背景を持つ多様な地域出身の従業員を採用した。[4] これは決して小さな仕事ではなかった。同社の最高人事責任者カトリーナ・ベルクによれば、最大の課題は、イノベーションとアジリティと独自の文化を維持しながら、適切な人材を（時には何百人も）継続的に引き付けることだった。[5]

人材の問題を克服し、リーダーであり続けるために、同社は「スクワッド」と呼ばれる機能横断的なチームを作った。これは6人から12人のメンバーで構成される自律的なグループである。スクワッドは会社に対して説明責任を負い、すべての従業員が会社の中核的目的に熱心に取り組みながら、イノベーティブかつアジャイルであり続けるように努力している。[6]

スクワッドは新製品について、何を誰が作り出すかについて責任も負っている。[7] いくつかのスクワッドが集まって一つの「トライブ」を構成するが、それぞれのトライブも自律性を有している。[8] トライブ・リーダーの責務の一つは、すべてのスクワッドに適切な労働環境を与えることである。[9] また、同じスキルを持つトライブ・メンバーは「チャプター」にまとめられ、チャプター内の誰もが共通の関心を持つ個人で構成されるギルドにも参加できる。

組織内のこうした独特の構造をうまく調和させるために、Spotifyはテクノロジーを活用してバーチャルなタウンホール・ミーティング（対話集会）を開いており、世界中のSpotifyのチーム・メンバーであれば、誰でもこのミーティングに参加できる。[10] テクノロジーのおかげで、Spotifyの従業員はどこからでもリモートで働けるようになった。[11] また、Spotifyは強力な成長マインドセット

図5-1 ／ オムニハウス・モデルの二項対立要素

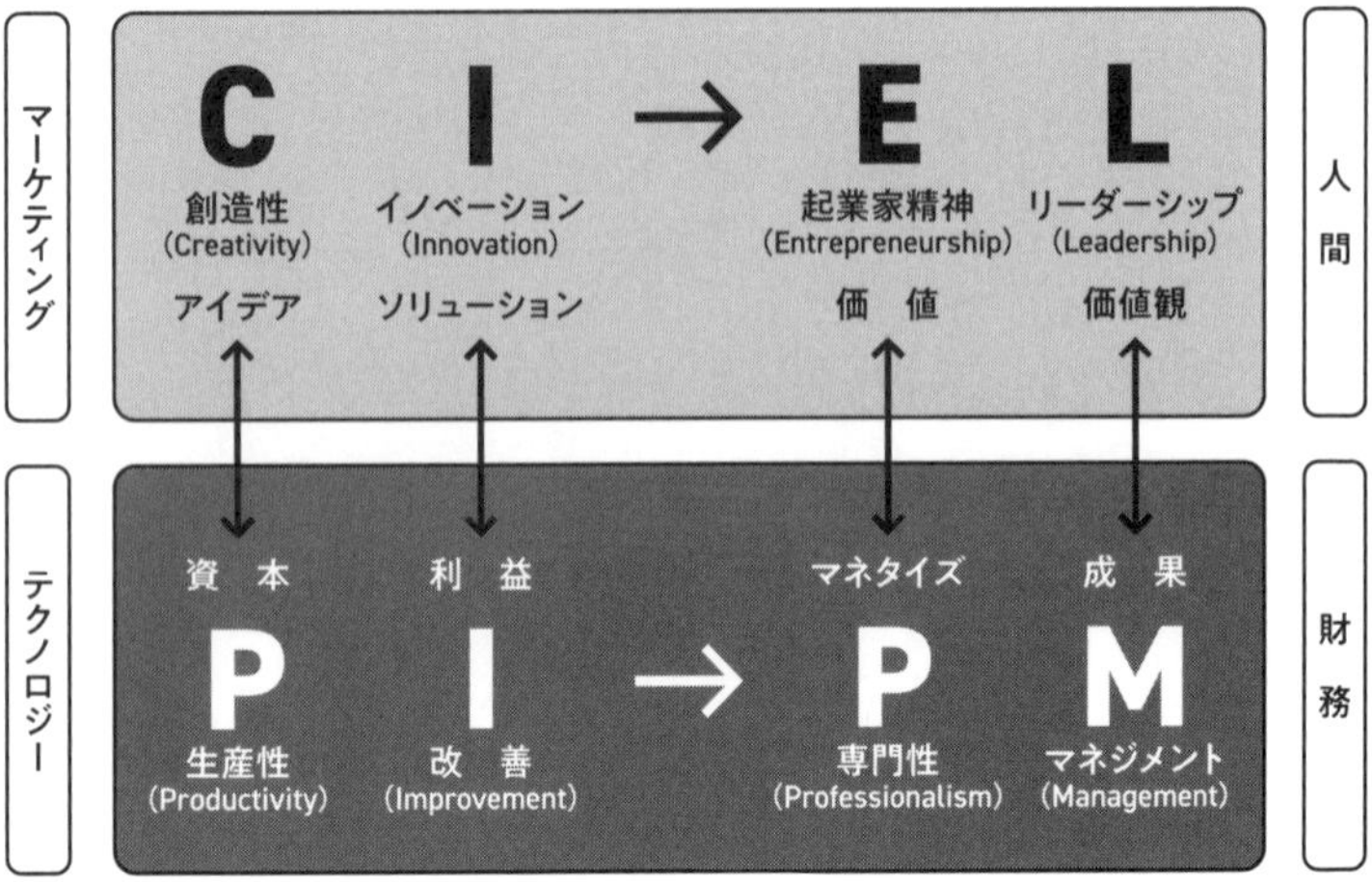

を維持するために、明確な指針に基づいて従業員の成長を追跡している。[12]

この組織構造は、「サイロ化」(訳注　組織が縦割り構造になっていて各部門が孤立し、うまく連携できない状態)の防止を意図している。[13]これによってSpotifyは、**実施体制と創造性の促進という両者のデリケートなバランスをとることに成功している**。従業員を参加させ、満足させ、うまく管理し、イノベーションと成長に積極的に関与させ続けているのである。

後に続きたいと思う企業は、マインドセットや機能や資源を調和させることが賢明だ。本章では、これらの目的を実行するための戦略について論じる。そこで、改めてオムニハウス・モデルに注目してみよう[図5-1]。

最初に「起業家精神」クラスターの様々な要

素を融合させ、それから「専門性（プロフェッショナリズム）」クラスターの諸要素を結び付ける方法を探る。次に、創造性とイノベーション、および起業家精神とリーダーシップの関係（CI—EL）を検討する。生産性と改善、および専門性とマネジメント（PI—PM）の繋がりについても検討する。続く第6章では、マーケティングと財務、テクノロジーと人間の統合を深く掘り下げる。

創造性とイノベーションのマインドセット

イノベーションと創造性は、芸術だけでなく、あらゆる学問や教育活動に欠かせない。イノベーションは価値のある新しいもの（アイデア、手法、製品・サービス）に関係する。つまり、アイデアの産物であり、生産したり、何かを起こしたり、新しいことを実施したりした成果である。イノベーションには、素晴らしいアイデアを実現に至らせるための懸命な労働が求められる。創造性はイノベーションに不可欠な能動的プロセスで、創造というプロセスはイノベーションの中心に位置する。[14]

創造性とイノベーションはそれぞれ独立した概念だが、互いに補完し合っている。[15] 創造性だけでは必ずしもイノベーションに繋がるわけではない。[16] **創造性にはアイデア、洞察、もしくは問題を解**

決するソリューションが必須で、それに対して、**イノベーションにはこれらのアイデアを実行し、前進させることが求められる。**[17] 要するに、創造性はイノベーションを決定づける根源、もしくは源泉であり、イノベーションは創造性の具体的な形、もしくは応用なのである。

先見性と適応性を備えたアイデア豊富な人は、創造的マインドセットを有しているとされる。イノベーティブなマインドセットを有している人は、顧客の問題に対してソリューションを提供する能力があるとみなされる。この二つのケイパビリティを組み合わせて使うことで、企業は競合他社より優位に立てる。

起業家精神とリーダーシップのマインドセット

一般に、起業家的マインドセットを持つ人は、様々な問題を見つけ、理解し、問題が内包する機会に気づき、計算した上でリスクをとって、**多様な相手と協働して、問題に対するソリューションを見つけようとする。**この手順は、最終的に顧客と企業の双方にとっての価値を生み出す。一方、リーダーシップは、**自らの知的、感情的、精神的能力に基づいて他者に対する影響力を構築し、行使する時に発揮される。**

変革型リーダーシップを発揮して成功を収めている起業家の実例は、世界にたくさんある。変革型リーダーは、**自社の問題だけでなく、世界の最も切迫した問題の解決にも貢献する。**彼らは他の人々が過去に行った問題解決に注目するのではなく、背後にある普遍的真実に関心を持ち、その真実に基づいて、創造的なソリューションを考え出すのである。

ビル・ゲイツやテッド・ターナーのような年長世代から、ラリー・ペイジ、セルゲイ・ブリン、アダム・ディアンジェロのような若い世代まで、起業家はみな、**人間はどこまで考えられ、実行できるかに挑戦する。**彼らの起業家的スキルやリーダーシップ・スキルは、自らの組織に、さらには世界に影響を与える大きな可能性を秘めている。

生産性と改善のマインドセット

生産性を簡単にいえば、投入量と産出量の比較の問題である。より少ない投入量でより多く産出することで、より高い生産性レベルを達成できる。このアプローチは製造プロセスにおいて明白で、特定単位の投入量から何単位の産出量が生み出されるかが測定される。

より複雑にはなるが、このアプローチは他のマネジメント領域でも活用できる。企業の総従業員数（投入量）に比べて、どれだけの売上が達成されたか（産出量）について考えてみよう。一般に、より少ない従業員数で達成される売上レベルが大きいほど、企業の生産性は高いことになる。生産性は往々にして事業の収益性に直接結び付いている。

生産性の測定では、効率性と効果性の組み合わせもよく使用される。簡単にいうと、**効率性もしくは効果性（もしくはその両方）のレベルが低下すると、生産性も低下する。**効果性は行っていることが適切かを、効率性は適切に行われているかを表す。従って、適切なことを適切な方法で行っているとしたら、最適生産性の達成に向かって正しく行動していることになる。効果性と効率性は異なるものだが、生産性について論じる場合に二つを切り離すことはできない。

効率性向上のためには、我々は同じ投入量でより多くの産出量を生み出すよう努力する。一方、効果性向上のためには資源に注目し、組織目標に沿った最善の結果を出す人々を最も重視する。

最適生産性を達成するためには、**企業は効果的であると同時に効率的でなければならない。**生産性のマインドセットを持つ人は、会社の資源を活用して、様々な価値創造プロセスを効率的に実行するなど、効果的に仕事ができる。一方、今日の結果が昨日より良くなることに重点を置く人は、改善のマインドセットを持っているとされる。このタイプの人々は、最適なパフォーマンスが続くことを期待する。

プロフェッショナリズムとマネジメントのマインドセット

プロフェッショナリズムは、多くの場合、特定の基準（明文化された基準と暗黙の基準の両方）に結び付いており、[18] **高潔、誠実、相互尊重などの特性とともに、ナレッジやコンピテンシーに関係する特性を指している。**プロフェッショナリズムの多くは、長期にわたる形成プロセスから生まれる。[19]

プロフェッショナリズムの一部としてのアカウンタビリティ（説明責任）は、約束をやり遂げることで示される。それにはスケジュール設定や周到な計画、先延ばししないことなども含まれる。約束が守られない時、従業員のパフォーマンスは低下することがある。イギリスの世界的な研究教育センター、LSE（ロンドン・スクール・オブ・エコノミクス）が行った調査によれば、約束が破られると従業員のメンタル・エネルギーが枯渇《こかつ》し、他者に意図せぬ害を与える結果になるという。[20]

プロフェッショナリズムは企業内における個人のキャリアにとって極めて重要であるが、それ以上に、ビジネス・エコシステム内の様々なプレーヤーからの高い評価と信頼へと結び付く。また、**プロフェッショナリズムは企業の全体的なパフォーマンスの向上にも影響を及ぼす。**従って、その重視は必須であり、プロフェッショナリズムは価値観や企業文化をも指す言葉でなければならない。[21]

オーストラリアで行われたある調査は、組織にとってのプロフェッショナリズムの重要性を浮き彫りにしている。この調査の報告書では、個人がプロフェッショナリズムを追求することが組織の信用に及ぼす影響を強調し、加えて、プロフェッショナリズムは組織の戦略的優位にも影響を与えるとしている。[22]

プロフェッショナリズムは、特定のコミュニティにおいて何が広く受け入れられ、何が受け入れられないかを明確にするため、組織の極めて重要な要素である。**プロフェッショナリズムのマインドセットの基盤は、普遍的プロトコル（約束事）として部門の垣根を越えた協調をもたらす**ので、同じ組織のメンバーや異なる組織に属する人々が交流する際に、非生産的な対立や論争を避ける助けになる。

ビジネス組織においてプロフェッショナリズムをマネジメントから切り離すのは難しいため、**プロフェッショナリズムを持つ人間に支えられていないかぎり、マネジメントが意図どおりに機能することはない**。オーストラリアの七つの病院のスタッフ２５８０人を対象に行われた調査によれば、専門家としてふさわしくない行動は、患者ケア、ミスの頻度、サービスの質にネガティブな影響を及ぼした。看護師や非臨床スタッフや管理・事務部門のスタッフのほうが、医療スタッフよりこの影響を訴えた割合が高かった。[23]

マネジメントは通常、具体的な目的とその目的を達成するための計画で始まる業務を担う。従って、計画策定はマネジメント・プロセスにおいて極めて重要である。戦略（および戦術）とは、企業の目的をどのようにして達成するかを示している。戦略は、競争優位を得るにはどのような資源を確保しておくべきか、どのようなケイパビリティが必要か、どのようなコンピテンシーを重視すべきかに大きな影響を及ぼす。

組織とは、あらかじめ決められた目標を達成するために共に働く人々の集まりである。**よりよい結果の達成には、効果的なプロジェクト管理が極めて重要である**ことを企業は理解している。ベイン・アンド・カンパニーによれば、2027年には仕事の半分以上がプロジェクト・ベースで行われるようになっているという。そのため、プロジェクト・マネジャーの需要が、他の専門職に対する需要より速いペースで拡大している。プロジェクト・マネジャーへの注目が高まっているのは、優れたプロジェクト管理が企業の最終利益を左右することが強く認識されるようになっているからである。[24]

企業の目標達成のために、マネジメントは既定の計画や戦略の実行にも関与する。**実行や実施が概して難しいのは、ダイナミックな環境が予期せぬ新しい制約を生み出し、そのせいでしっかり練られた計画や戦略であっても調整の必要が生じるからである。**「言うは易く行うは難し」とよくいわれるのは、ここに理由がある。

プロジェクト・マネジメント協会（ＰＭＩ）は、ＣＥＯ、ＣＦＯ、ＣＯＯなど、いわゆるＣレベルの経営幹部が戦略の実行にどのように参加しているかを明らかにするエコノミスト・インテリジェンス・ユニットの調査に乗り出した。世界各地の上級経営幹部５８７人を対象とした調査報告書「優れた戦略が失敗するのはなぜか――経営幹部のための教訓」によると、回答者のうち61％が、自社は戦略策定と日々の実行とのギャップを埋めるのに苦労することがたびたびあると認めている。その上、回答者たちは、過去3年間に首尾よく実行された戦略構想は56％にすぎなかったと述べている。[25]

実行プロセスでは、方向性と調整のコミュニケーションが、組織のすべての資源やケイパビリティを効果的かつ効率的に活用する上で重要な役割を果たす。**企業のマネジメントには、財務、マーケティング、人的資本、営業、ＩＴなど、各機能間の優れた調整が求められる。**この調整は、ビジネス環境の予測不可能な変化に対処する必要がある場合でも、企業の価値創造プロセスが大きな中断なしに継続的に実行されるために極めて重要である。

マネジメントの最後の要素は、基準を維持しようとする努力である。それらの基準は組織内のすべての関係者によって十分理解され、合意されている。正確かつ適切な基準がなければ、客観的な評価を行うことはできない。

ミネアポリスに本社を置く食品生産・販売企業カーギルは、世界各地の15万5千人の従業員をやる気にさせ、積極的に働かせるのに苦労していた。２０１２年、職場での会話に日々の奨励や統制の言葉を盛り込むことを目指す「エブリデイ・パフォーマンス・マネジメント」という手法を導入したところ、新しい流れが生まれた。マネジメントが過去ではなく将来に目を向けた建設的な評価を与え始め、明らかな改善が見られたとカーギルは述べている。[26]

このように、意味を持つコンピテンシーを絶えず築くことができ、強い規律意識を持ち、適切な道徳規範を守っている人は、プロフェッショナル・マインドセットを備えているとされる。企業の計画策定、組織作り、実行、および管理のプロセスで常に適切かつ慎重に行動している人は、優れたマネジメント・マインドセットを用いているといえる。

これまで見てきたように、**起業家精神クラスターとプロフェッショナリズム・クラスターの双方で以上の要素を統合すれば、最適パフォーマンスを導くことができる。**結び付きを生み出し、各々のマインドセットの貢献を評価することで、対立のリスクは低下する。それは協力の度合いを高め、企業の利益になるイノベーティブなアイデアの生成を可能にし、企業を前進させる相乗効果を生み出す働きもしてくれるのである。

重要なポイント

▼

●創造的マインドセットはアイデアを生み出すことができる。イノベーション精神は、可能性を問題解決の有形ソリューションに変える。

●起業家精神によって、企業はイノベーションの商業的価値を生かすことができる。リーダーシップは戦略や方向性や士気に影響を与える。

●生産性重視の人は効果性と効率性を高めようとする。改善志向の人は、以前よりも良い結果を達成する方法を見つけようとする。

●プロフェッショナルな人は、倫理規範の遵守を手助けする。マネジャーはプロセスと手順の実行を監督する。

●従業員のマインドセットの調和によって、価値の増大を含む企業の競争優位を築くことができる。

第6章

諸機能の統合

組織内の諸部門を融合させよ

企業は必要な活動を遂行できるように組織され、部や部門と呼ばれるいくつかの機能別組織を有することが多い。各部門は単独で、もしくは他部門と互いに協力して当該部門の活動を遂行する。部門によっては、オープンなコミュニケーションを望まず、部門間の情報伝達を妨げることがある。[1] 意思疎通と情報交換がなければ、組織目標の達成に向けて協調することは難しい。[2]

前章で**「サイロ化」と評したこのメンタリティは非生産的であるが**、企業の様々な部門の最上層にいる人々の不健全な競争から生じることがある。また、自分に有利になるように物事を運ぼうという思惑を持つ、様々な層の人々の間で起こることもある。[3] サイロ化組織の特徴の一つは、組織に関わっているすべての人が、社内の他の部門や部署にとって極めて貴重な情報、場合によっては必要な情報さえ共有したがらないことだ。[4]

オムニハウス・モデルには、四つの異なる機能、すなわちマーケティング、テクノロジー、人間、財務がある(オペレーションについては後ほど論じる)。マーケティングと財務は、対角線上の両端に位置していることに留意してほしい。テクノロジーと人間も同様である。そのように配置されているのは、企業ではこれらの機能が往々にして縦割りにされ、切り離されているという事実を強調するためである。CI—ELの諸要素とPI—PMの諸要素の間にも相反する性質が見られる。これらは、オムニハウス・モデルに見られる様々な二項対立である［図6-1］。

本章では、サイロの壁を打ち破る方法を見ていく。まず、マーケティングと財務を結び付ける方

図6-1／オムニハウス・モデルの諸機能の二項対立

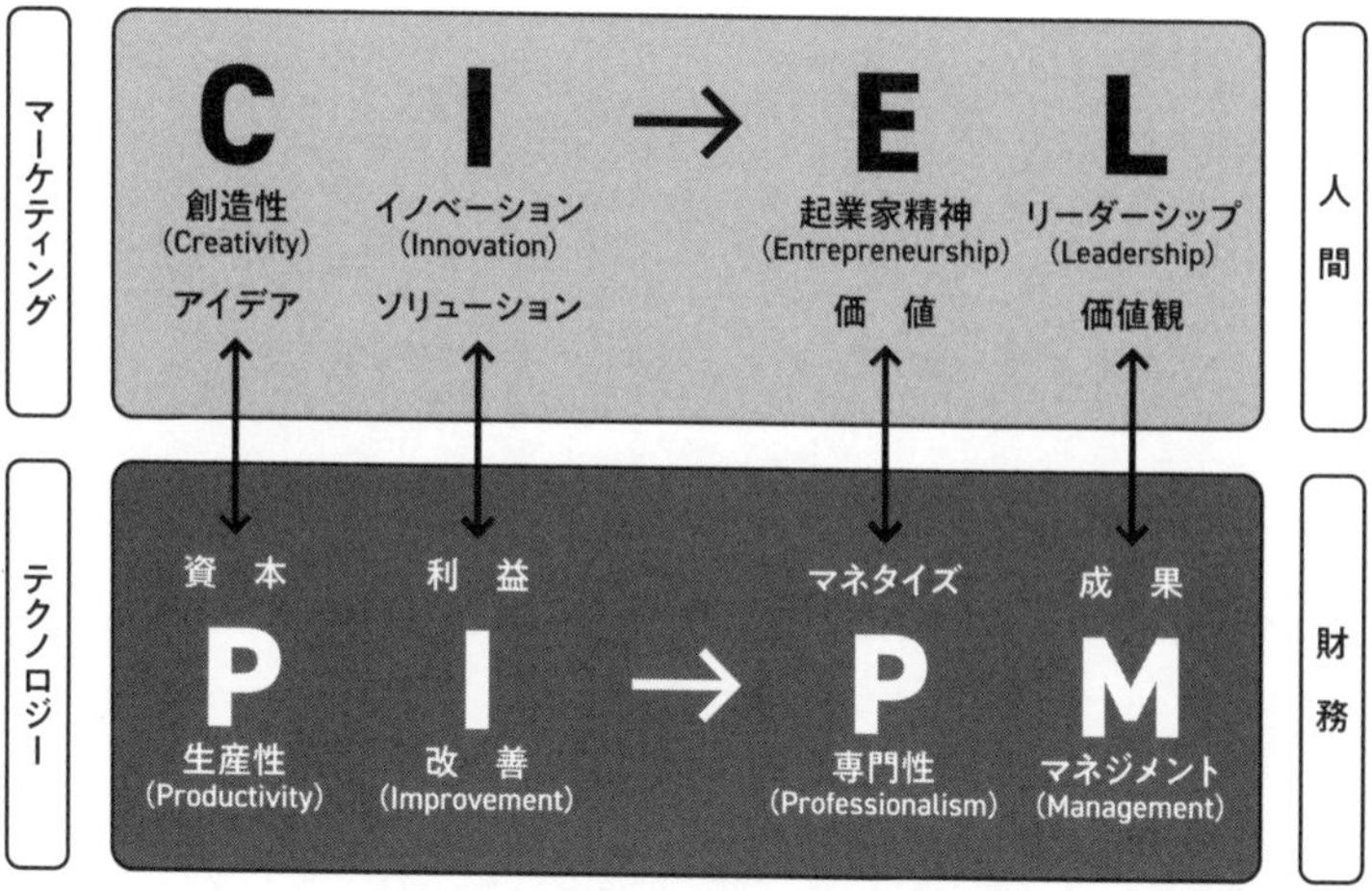

法を探り、続いて他の資源、とりわけテクノロジーと人間に関係する資源の融合について検討する。

マーケティングと財務を結び付ける

第1章で述べたように、従来型マーケティングの盲点の一つは、**財務機能とマーケティング機能が両立できないこと**で、これは最も明白な二項対立である［図6-2］。マーケターは往々にして非財務的測定基準だけにこだわる。財務部門の幹部は通常、マーケターは割り当てられる予算を使って何を達成したいのかと尋ねるだろう。対して、マーケティング部門は「ブランド認知を高める」「確固たる知覚を生み出す」「価

図6-2／マーケティングと財務の二項対立

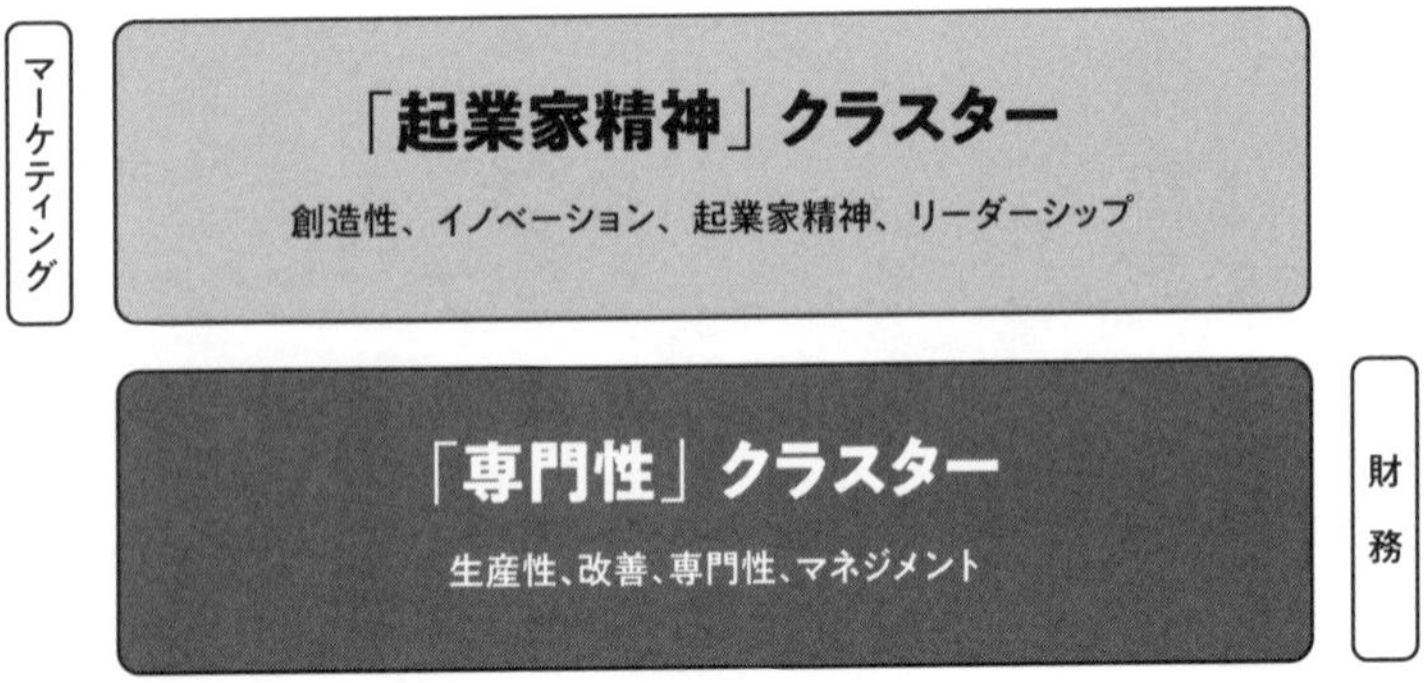

値提案を伝える」などと返す可能性が高い。

そのような回答は、時として財務部門の顔をしかめさせる。彼らはマーケティング・チームが達成したいことすべてについて、その価値を理解できない可能性があるからだ。とりわけ使われる用語が標準的な財務用語とは異なるため、用語からして理解できない。そこで財務部門は、マーケティング部門に与える資金から得られるリターンは何かという追加の問いにいきなり移ることがある。

財務分野の主要測定基準の多くは、リターンという考えを基本にしている。リターン・オン・セールス（売上利益率）、リターン・オン・アセッツ（総資産利益率）、リターン・オン・インベストメント（投資利益率）などである。一方、**マーケターはブランド・ロイヤルティ、顧客満足度、トップ・オブ・マインド、市場シェアなど、非財務的測定基準を使うことが多い。**

マーケターの中には、会社の財務諸表など気にしない人もいるかもしれない。マーケティング活動における唯一の財務的測定基準は売上高で、これは損益計算書の一番上の1行にすぎない。費用を度外視して売上目標を達成する（さらには超える）ことはできるが、それでは一番下の1行、すなわち最終損益がマイナスになる。最終損益は、株主が受け取る配当を決定する数字であるため、ほとんどの株主にとって一番の関心事だといえる。

だが、財務部門は非財務的成果の積み重ねが財務的成果に変換される場合があることを理解せず、コスト抑制だけを重視しすぎるきらいがある。こうした事情を踏まえて、マーケティング活動に使われる資金は、経費としてだけでなく投資ともみなされるべきだろう。

財務の専門家たちは、諸部門がどのように活動しているのかを把握して、より文脈的な理解をしなければならない。そうすれば、経費予算を決定する際、他部門を助けることができる。[5] すでに述べたように、**部門を越えた協働は、ワン・ファーム（みんなで一つの会社）というメンタリティを強化し、顧客に最高の製品・サービスを届け、会社の売上にプラスの影響をもたらすことになる。**[6]

テクノロジーと人間を繋ぐ

今日のデジタル時代におけるマシンの定義は、メカニカルな側面でのみ動く機械に限定されない。

ＡＩなどのテクノロジーを使ったマシンは、ロボティクス技術のおかげで、人間の仕事を人間よりはるかに正確に絶え間なく行うことができる。これらのマシンは、モノのインターネット（ＩｏＴ）やブロックチェーン技術を使って互いに結び付けられてもいる。

これらのインテリジェント・マシンは、組織を支援して、社内顧客、すなわち当該組織で働いている人々（従業員）や、様々な企業支援サービスを購入・利用する人々を含む外部顧客、さらには広く社会にまで貢献できるようにしなければならない。

デジタル技術を使ったインテリジェント・マシンは、次のようなサービスを提供できる。

- **人間：**我々が機械を設計、使用するのは効率のためであるが、それ以上に、生産性を向上させると同時に従業員の仕事をより容易で、人間工学的に無理がなく、負傷の危険性がないものにするためである。**テクノロジーは労働者が職務をより人間らしく実行すること、また場所の制約なく仕事をすることを可能にする。**人々は常に繋がることができ、様々なデータや情報に遠隔地からもアクセスできる。
- **顧客：**テクノロジーはパーソナライゼーションやカスタマイゼーション、それに人間的な、すなわち思いやりのあるナビゲーションの提供を可能にする。社内の人々がテクノロジーに支援されて人間らしく働いていれば、彼らは最終的により人間的なサービスを顧客に提供できる。顧客搾取の時代はとうの昔に終わっており、**顧客の生活の質を高められるソリューションの提供によ**

って、顧客を完全に人間らしくする時機がテクノロジーとともに到来している。

- **社会全般：**あなたがある企業の製品を買わなくても、だからといって当該企業がより広いコミュニティの利益を無視できるわけではない。メルセデス・ベンツが実行したように、自社の全工場で再生可能エネルギーに切り替えることは、企業として環境の質にも責任を負うという保証になる。**リサイクル技術によって、企業は無駄を大幅に省けるようになる。**同様に、**様々な製品に生分解性の原材料を用いることは、環境に対する自社の関心を示す指標である。**

絶滅危惧種のモニタリングから密猟者の発見まで、野生生物保護プロジェクトには、最新の技術的ブレークスルーが取り入れられている。ドローンやデータやデジタル・マッピングは、絶滅危惧種を追跡するために利用できる。アフリカでの密猟の増加は、絶滅危惧種の頭数を激減させている。かつては2万2千頭だった同園の象は、２０１７年にはわずか１２００頭に減少していた。同園は、その後の3年間で象の密猟を97％減少させた。ＧＩＳとＩｏＴを組み合わせたロケーション・インテリジェンス技術を採用し、特別監視チームが一頭一頭の象を24時間切れ目なしに追跡、監視できるようにしたのである。[7]

我々は極めて高度なデジタル技術を取り入れたインテリジェント・マシンによって、ステークホルダーに対する責務を果たすことができる。理想的には、**テクノロジーと人間は、従業員、顧客、**

図6-3／テクノロジーと人間の二項対立

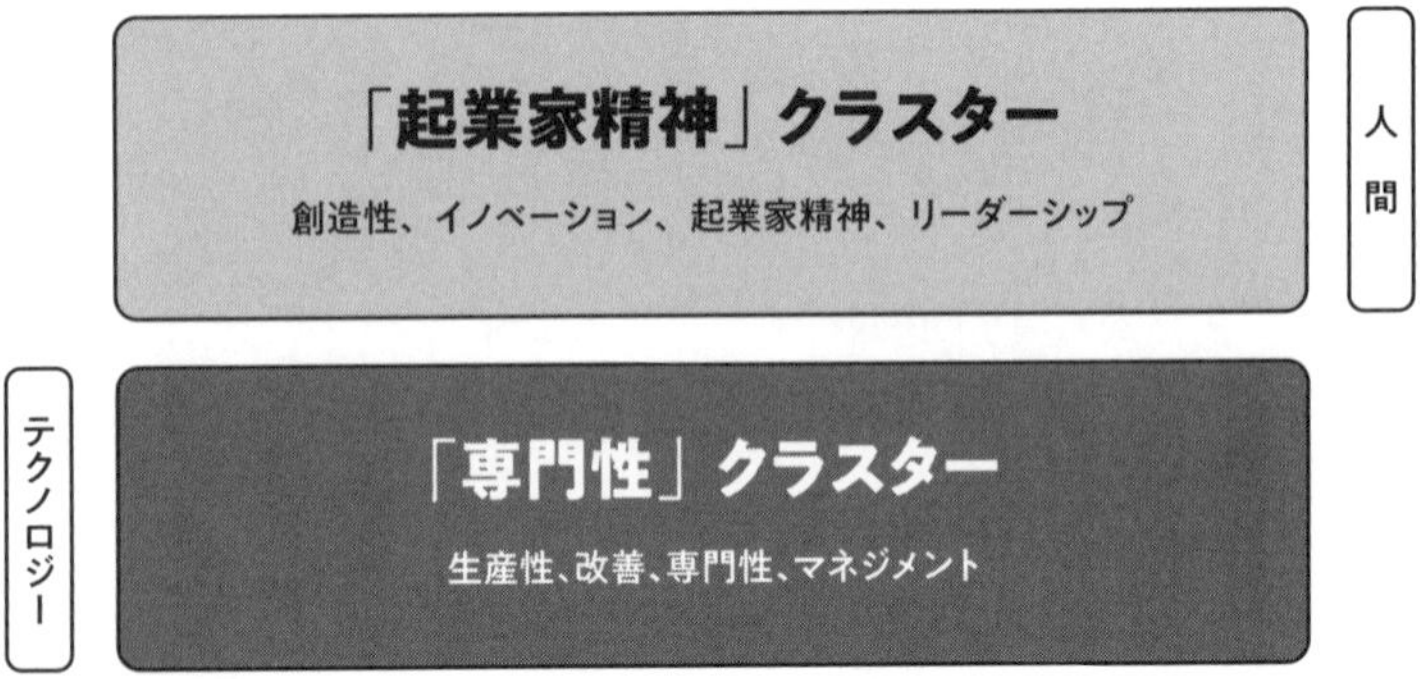

さらに社会全体のために人間らしさを提供するべきである。[8]企業にとって、テクノロジーを人間と一緒に使うこと、つまりテクノロジーと人間という二項対立を融合させることの重要性は、この先ますます高まるだろう［図6−3］。

統合の重要性

サイロ化組織という現状の打破は難しい場合がある。企業を統合するために克服すべき二つの障害について検討しよう。それから、なぜ統合が重要なのか、また統合に至るまでの過程で成功をどのように測定すればよいかについて考察しよう。

障害1 組織の硬直性

硬直性は、企業が直面する様々な内外の圧力に適応するために必要な柔軟性とは正反対のものである。**柔軟性は従業員をある部門から、別部門の別業務に移動させるなど、企業が多様な資源を社内で融通し合うことを可能にする。**CI―EL、PI―PMの様々なマインドセットを融合させる意欲や能力がない従業員は、将来、適応力がある生産的な人間になるのは難しいと思い知らされるだろう。[9]

極めて変化の激しい環境では、企業は硬直性を捨てなければならない。**有効ではなくなった戦略、柔軟性がなさすぎて反応が遅い仕組み、現状には合わなくなった企業文化やマインドセットを捨てること**も含まれる。急速に変化するこの時代に、硬直性は企業が事業を維持する上で大きな問題を引き起こす。[10]柔軟性は答えであり、その達成方法の一つが、様々な対立したマインドセット、様々なマネジメント機能、および資源を融合させることである。

障害2 組織の慣性

通常、成熟段階に達した企業は、それまでの軌道を長く維持し続けようとする。**組織は強い慣性のせいですぐには軌道を変えられないのである。**従来型の価値創造プロセスを使って長年存続してきた企業が、突然、より先進的なアプローチを採用して変化しなければならなくなったら、困難に直面するのは無理からぬことといえる。

メキシコ湾の石油掘削施設ディープウォーター・ホライズンの爆発を考えてみてほしい。この爆発は死者11人、負傷者17人、それに3カ月にわたる原油流出という結果をもたらした。連邦政府の調査によれば、この惨事の原因は「お粗末なリスク管理、土壇場での計画変更、重要な兆候に気づけず、対応できなかったこと、制御応答の悪さ、不十分な避難橋対応訓練」にあった[11]。要するに、**外的課題や多様な状況に適応する能力の不足は、組織を大惨事に追いやりかねない**のである。

スタートアップ企業や多くの主要テクノロジー企業では、事情が異なる。これらの企業は最初から、極めて動的なビジネス環境に適した先進的アプローチを採用している。もちろん、これらの企業は差し当たり、自社の軌道を修正する必要はない。だが、次の大きな破壊の波が襲ってきた時には、自社のアプローチを見直し適応させるべきだろう。スタートアップ企業の中にも、時として最初からアプローチに問題を持つ企業がある。こうした企業はそのせいで成長できず、ましてや進化はできない［図6-4］。

長く生き残っている大企業は、実際に慣性を回避してきた。デュポンという名前を聞くと、おそらく先進的な考えを有する企業を思い浮かべるだろう。だが、火薬製造の経験があったフランス人、E・I・デュポンが1802年に米オハイオ州のデラウェアでデュポン社を設立したことを知っている人は少ない。デュポンは、1804年にブランディワイン・クリークに最初の火薬工場を建て、柳の木の皮で作った木炭を使って黒色火薬を製造した。以来、同社は染料、毛糸、ハリウッド映画のためのフィルムなどを製造してきた。デュポンは2015年にダウと合併した。合併後の会社は

図6-4／スタートアップ企業の各ステージと潜在的問題

ステージ1 スタート	ステージ2 成長	ステージ3 進化
◇起業家的マインドセットが弱い ◇ビジョンやミッションが不明確 ◇戦略や戦術が不明確 ◇計画と評価が不十分 ◇資源とケイパビリティが不足	◇創造性とイノベーションの停滞 ◇強いリーダーシップの欠如 ◇弱いプロフェッショナリズム ◇お粗末なマネジメント	◇マクロ環境の変化を無視する ◇競争を無視する ◇顧客を大事にしない ◇製品やブランドをないがしろにする ◇ビジョンやミッションを見直さない ◇ビジネスモデルを変えない ◇デジタル化志向が弱い

18年に、新しいロゴとイノベーション重視の方針と幅広いソリューションでブランドを一新した。[12] 同年、デュポンは研究開発に約9億ドルを投じ、それ以前の5年間に発売された品目が売上を新たに5％以上押し上げたと述べている。[13]

統合すべき理由

統合には多くの利点があるが、中でも**意味性、存続可能性、持続可能性の3点が突出している**。これらは統合の重要性を浮き彫りにしている。

利点1 意味性

二項対立を融合させて会社を統合できると、企業は特定の競争環境で意味を持つ存在になる。これは、その企業は競争に参加するチケットを持っているが、勝利できる保証はまったくないということを意味する。つまり、特定の競争に参加するための必要条件ではあるが、競争に勝つための十分条件ではないのである。企業が意味を持つためには、意味を持つ人材が必要になる。それゆえ、**企業は自社に関与する人々が少なくとも価値観、文化、能力面で自社と高い適合性を持っているように気を配らなければならない。**

1955年と2017年の「フォーチュン500」リストを比べてみると、2017年において存在していたのは60社で、約12%にすぎなかった。1955年のリストに載っていた企業の多くが今ではすっかり変わってしまい、忘れ去られている(例えばコーンミルズ、アームストロング・ラバー、パシフィック・ベジタブル・オイル、ハインズ・ランバー、リーゲル・テキスタイル)。1955年のリストに載っている企業のうち88%は倒産したか、他社と合併した(または他社に買収された)。もしくは、まだ存続しているが、総売上でランク付けされたトップ500社からはすべり落ちていたのである。[14]

利点2 存続可能性

競合他社より高レベルで結束力を維持することは、企業の市場地位を高める働きをする。企業が確実に存続できるようにするためには、**企業の組織エコシステムが、当該企業が参加しているビジ**

ネス・エコシステムと相容れるものでなければならない。また、企業はダイナミック・ケイパビリティを備えていなければならない。これは**アジリティ（機敏性）の基盤であり、アジリティは絶えず急速に変化しているビジネス・エコシステムに適応するにあたって極めて重要である**。

毎月多くの新しい小企業が競争に参入するが、倒産する割合は極めて高い。2019年の時点で、スタートアップ企業の倒産率は90％を超えていた。スタートアップ企業のうち21・5％が1年目に倒産し、約30％が2年目には倒産している。3年目にはその数字が50％とさらに高くなり、最終的に10年目には70％に達する。[15]

利点3 持続可能性

様々な二項対立要素の融合を維持し続けると同時に、マクロ環境における主要ドライバーの変動性によってもたらされる**ビジネス環境の変化に合わせて、企業はビジネス・エコシステム内のすべての参加者とともに変革を実行しなければならない**。全要素が完全に融合していて、迅速なコミュニケーションとコーディネーションが確保されていれば、変革に必要なのはわずかな揺さぶりだけになる。**この絶え間ない変革の力によって、企業はマクロ環境やミクロ環境の様々な変動ドライバーを前にしても持続可能であり続ける**。デロイトによると、DXの実行によって、企業は財務的リターン、労働力の多様性、環境目標に向かって22％も速いペースで前進できるようになるという。[16]

持続可能性への4段階

様々な二項対立要素とその融合について理解したならば、それを単純化したモデル［図6―5］について説明しよう。

フェーズ0　潜在力のある企業／敗者企業

新設であれ確立した存在であれ、どの企業にも様々な潜在力がある。だが、硬直性や慣性が強すぎるなど、克服できない障害に直面した場合は、他のプレーヤーに敗れてしまう。

フェーズ1　意味を持つ企業

「潜在力のある企業」で硬直性や慣性が強すぎなければ、社内の様々な二項対立を融合できる可能性は高くなる。**経営陣は、意味を持つ競合他社や顧客で構成される競争環境に注意を向けることによって、より視野を広げるようになる。**その結果、生き残れないかもしれないが、階段を上り競争において「意味を持つ企業」に変わることはできる。しかし、融合プロセスの実行にあたって整合

図6-5 ／ 持続可能性に向かう企業の4段階

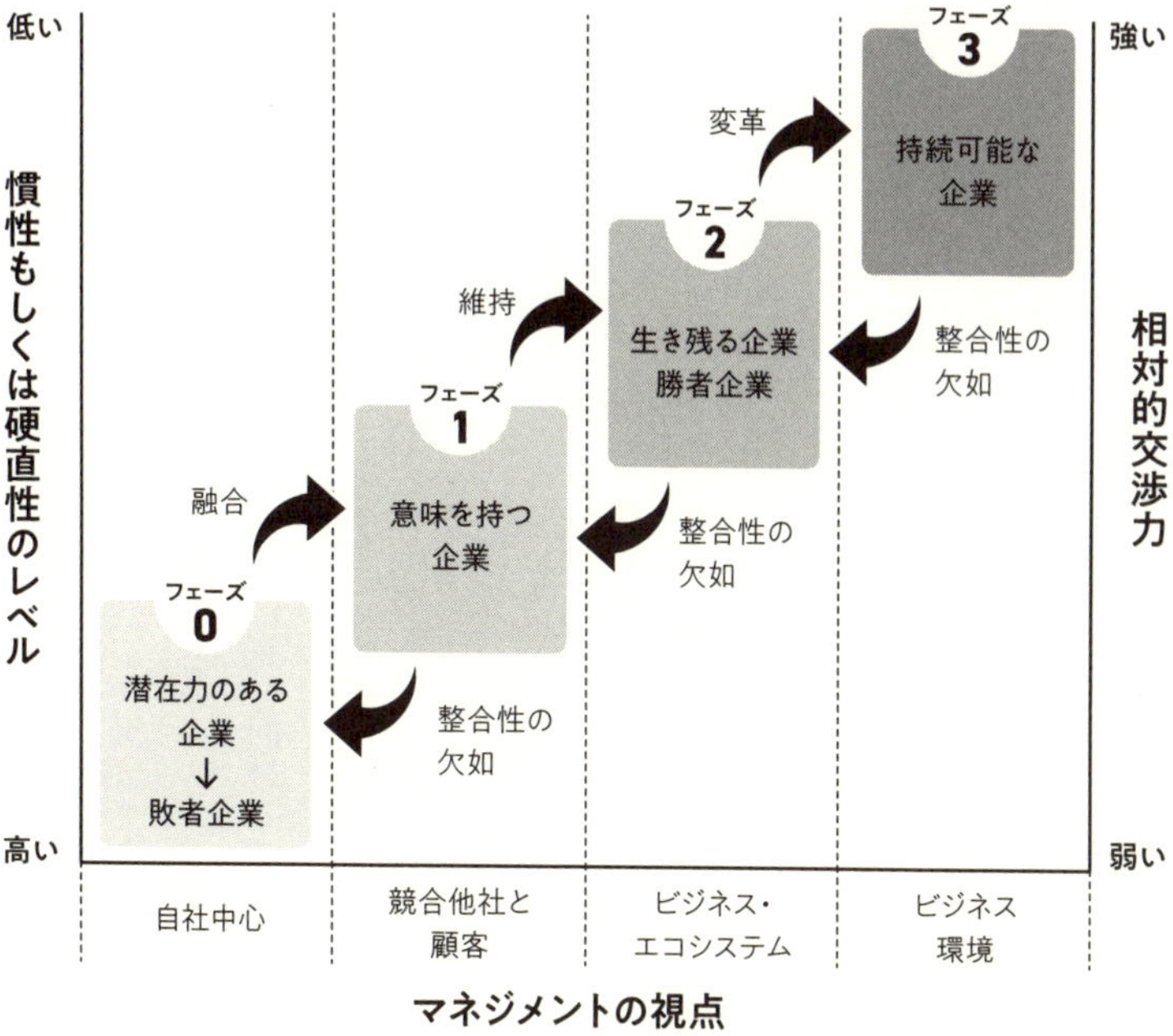

性を失ったら、その企業は再び下降して「潜在力のある企業」にすぎなくなるか、場合によってはただちに「敗者企業」になる。

フェーズ2　生き残る企業／勝者企業

「潜在力のある企業」の硬直性や慣性のレベルがさらに低い場合は、その企業は様々な二項対立の融合をこれまでどおり維持する可能性が高い。

経営陣はビジネス・エコシステムに注意を向けることによって、さらに広い視野を有するようになる。このビジネス・エコシステムは、アナログ的もしくはデジタル的に繋がっていて、同時に競合する「意味を持つ企業」や顧客に注意を払っている様々なパートナーで構成されている。

こうして、企業はさらに高いレベルに上がり、「生き残る企業」になることができる。特定の状況においては、競合他社よりはるかに高いパフォーマンスを発揮したならば、「勝者企業」になれる。同時に、ビジネス・エコシステム内の多くの要素に対して相対的に強い交渉力を持つようにもなる。

だが、その企業が二項対立の融合の維持において整合性を失ったら、再び「意味を持つ企業」に後退してしまう可能性がある。

フェーズ3　持続可能な企業

「生き残る企業」や「勝者企業」に硬直性や慣性がほとんど、もしくはまったくない場合、それまでうまく実行してきた種々の融合を維持しながら、持続可能な変革を継続できる可能性が高い。

経営陣も**マクロ環境内の主要ドライバー、ビジネス・エコシステム、競合する「意味を持つ企業」、**

顧客など、全体的なビジネス環境に注意を向け、全体的な視野を持つ。従って、その企業はより高いレベルに達して、あらゆる企業にとって究極の目標である「持続可能な企業」になることができる。さらに、ビジネス環境の中の様々な要素や要因に対して相対的に強い交渉力を持つ。

だが、様々な融合をうまく維持しながら終わりのない変革を実行するにあたって整合性を失ったとしよう。その場合、その企業は「生き残る企業」に後退するかもしれないが、それでも特定の条件下では競争に勝てる可能性が残っている。

変化は頻繁に起こるため、**組織は常に変化する用意をしておく必要がある。**ある調査によると、企業は過去3年間に平均5回の重要な全社的変革を経験しており、75%以上の企業が今後3年間で重要な変革の取り組みを増やすつもりだと回答している。[17]

いかなる企業も、これらのフェーズのどこに位置しているかを理解しなければならない。そのためには、**社内の動的要素、とりわけ組織の硬直性や慣性に関連する要素を調べなければならない。**また、外的要因、とりわけマクロ環境の主要ドライバーを検討してもよい。そうすれば、生き残り、持続可能になるための方法を見つけ出せるはずである。

重要なポイント

▼

- マーケティング部門と財務部門の間に強固な関係を築くことは、大きな財務的メリットに繋がる可能性がある。
- 従業員がオートメーションに支援され、高レベルの業務に集中できるという、テクノロジーと人間のバランスがとれた状態を築くことは、従業員の強化に繋がる。
- 組織の硬直性と慣性は、企業の統合に向けての主な障害である。
- 企業として一体となることは、意味性、存続可能性、持続可能性にとって不可欠である。
- サイロの壁の打破はすぐには達成できない。企業は市場で長く生き続けられるように、持続可能性に向けて段階的に移行すればよい。

第7章

創造性と生産性の融合

アイデア創造から資本の最適化まで

2008年にディエゴ・A・カルデナス・ランデロスが、メキシコシティにバンブーサイクルズ社を設立した。バンブーサイクル、すなわち竹製自転車は、竹を85%使って設計・製造された環境に優しい自転車である。竹は耐久性のある植物だ。カルデナスはメキシコ国立自治大学を卒業したエンジニアで、2007年末に、最初は研究課題の一環としてこの竹製自転車プロジェクトをスタートさせた。

カルデナスが考え出したソリューションは最先端のものだった。竹は振動を吸収し、金属素材全般に通常見られる金属疲労に対して耐性がある。超軽量素材のカーボンファイバーは強い打撃を与えると割れるおそれがあるが、竹は簡単には割れない。

持続可能性の面では、竹は他の樹木より30%も多くの酸素を生み出す。成長が早く、3年もしないうちに収穫できる。他の木材では、十分成長するまでにはるかに長い年月を要する。おまけに、竹の栽培は身近なメキシコ南東部でできることがわかった。

カルデナスの最初のモデルは2010年に発売され、大きな注目を集めた。ほどなく竹製自転車の作り方を他の人々に教える週末ワークショップが開かれるようになった。それから、竹製自転車による3時間のメキシコシティ・ツアーも企画された。

カルデナスはこうした取り組みを通じて、持続可能な輸送手段についての意識を高め、自動車に対する固定観念を打ち破ることを目指した。メキシコ国立統計地理情報院の報告書によると、20

20年にメキシコシティでは、1980年の3倍近い600万台以上の自動車が登録されていた。そのため同市の多くの場所で、とりわけ平日は耐えがたい渋滞が発生していた。竹製自転車構想は、渋滞を減らし、運動を増やし、自動車より安い値段で入手できる別の選択肢を明示したのである。

この事例は、創造性の目的は生産量の追求でも、財務的・非財務的にビジネス組織のパフォーマンスの結果に関係するものでもないことを示している。カルデナスは環境に好ましい変化を起こしたいと考えた。問題を理解したのち、**自分の創造力を使ってソリューションを見つけ、それから生産的に計画を実行**したのである。

本章では、(「起業家精神」クラスターの)創造性と(「専門性」クラスターの)生産性の融合について論じる。創造性はイノベーションのために必要であるが、創造的であるだけでは何にもならないことを肝に銘じてほしい。創造性によって、技術的に実現可能な様々なアイデアが生み出されなければならない[図7-1]。

従って、**創造性は明確に定義された問題から出発すべきである**。我々は生産性を、企業によって提供される資本の使用と対比させて測定する必要がある。だが、生産性の計算は、とりわけいくつかの無形の投入要素がある時には、インプット・アウトプット・アプローチに基づくだけではない。生産性はもっと広く捉えられなければならず、竹製自転車の事例で見たように成果や影響も含まなければならない。

図7-1 ／ オムニハウス・モデルの創造性要素と生産性要素

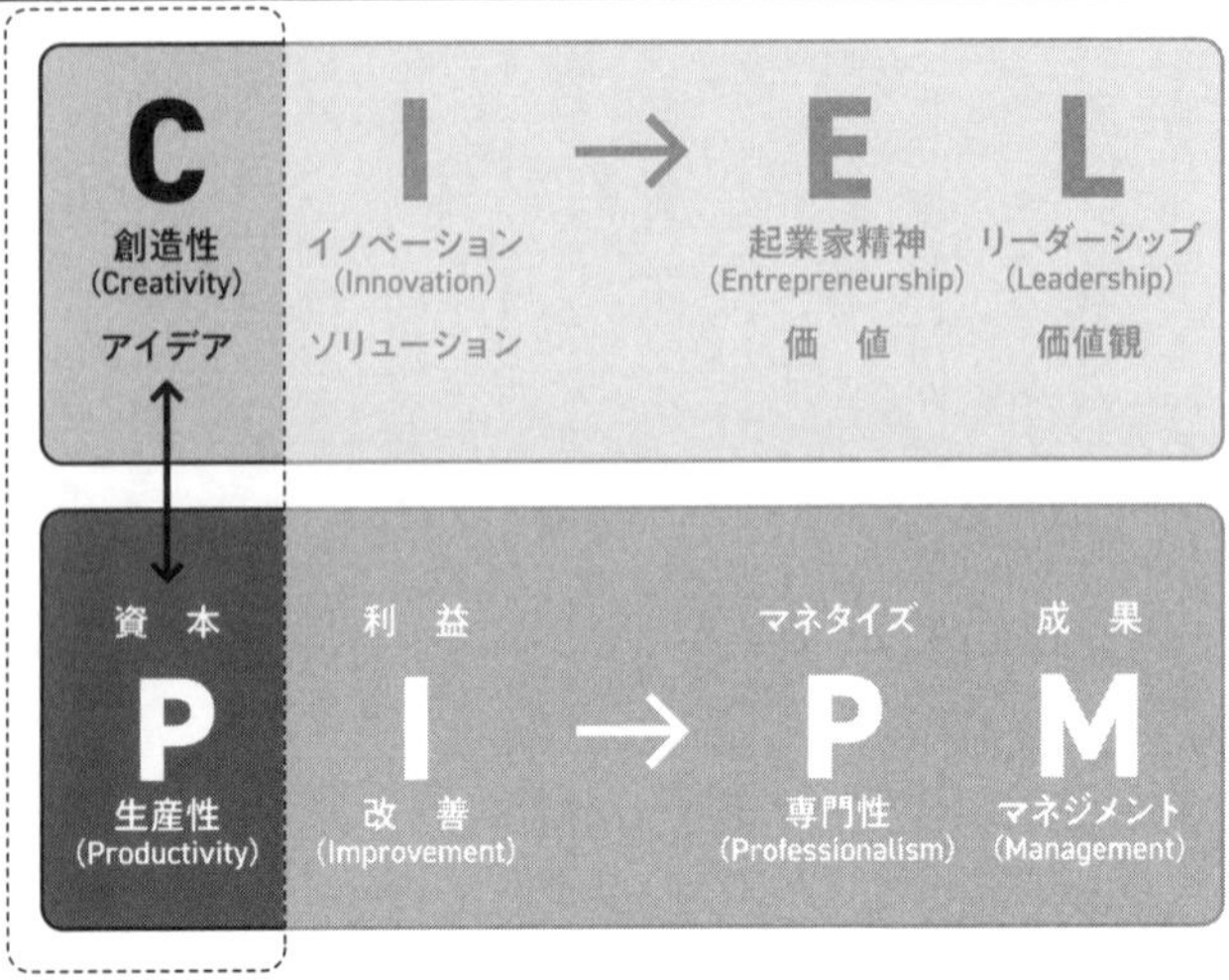

創造性に関する問題

創造性の理解は容易であるが、創造性を組織に導入し、実行するのは容易ではない。創造性に関しては、いくつかの要因が頻繁に問題を引き起こす。それぞれの問題を見ていこう。

●企業が大きいほど、創造性は弱い

企業がまだ小さい時は、そのオーナーは途方もない量の創造性を持っていることが多い。限られた資源と概して低い生産性のせいで、その創造性は必ずしもすべて実現できるわけではない。企業が成長すると、経営陣は往々にして多くのオペレーション上の問題に気を取られ、複

雑な生産性の計算に時間を取られてしまう。

創造性を磨くのを怠ると、創造性は次第に衰え、非常に小さくなって、やがて失われる。[1] **大企業の多くは、主として商業志向に結び付いたコモディティ化アプローチから抜け出せなくなっている。**コモディティ化アプローチをとっている企業の場合、通常、強烈な創造性は必要ない。コモディティ化は、企業がプライステイカー（価格に影響を与えられるほどの市場支配力を持たない企業。同一の製品もしくは似通った製品を販売する競合他社が多いため、顧客はそれぞれの製品に対して興味を持たない）になるのを促進するかもしれない。プライステイカーは、市場均衡と一致する価格で製品を売らざるをえず、低価格を進んで受け入れ、後には価格競争に巻き込まれて薄い利幅しか得られなくなる。創造的企業だけが、差別化を生み出してプライスメイカーになり、最終的に大きな利幅を得ることができる。

●創造性の目的が不明確である

創造性に富んだ企業でありながら、創造性の目的が不明確なために資源の無駄づかいに終わることがある。自社のビジョンやミッションと整合していない創造プロセスに従うとしたら、企業にとって、それは生産的ではない。最初から適格な人々を価値創造プロセスに参加させているとしても、彼らの性格が自社の価値観と整合しており、自社のミッションの遂行に適していることを確認しなければならない。

明確な目的がない創造性は、商業的にも社会的にも価値あるものを何も生み出さない。このような創造性は企業の資本を浪費する単なるおとぎ話であり、企業の経済的目的に明らかに反している。今日、グローバルな社会的・環境的課題の増加に合わせて、多くの企業が目的ドリブンのアプローチで経営される時代になっている。この点を踏まえると、企業はステークホルダーと協力して問題克服のために、強力な創造性を持つ必要がある。従って、**創造性と企業の事業目的との強い整合性が不可欠だ**といえる。[2] だが残念ながら、必ずしもすべての企業がこの整合性を効果的に実現できるわけではない。

●創造性は強力だが、実行性はゼロ

創造的なアイデアがどれほど強力だろうと、実現可能でなければ、有形、無形の資本や資産の無駄づかいになる。多くの創造的なアイデアは、企業の中で長年続いてきた決まり事を破壊してしまう可能性がある。そのため、経営陣は創造的なアイデアをともすると新たな重荷、場合によっては問題とさえみなす。換言すると、**経営陣は長年の習慣や決まり事の破棄を強いる概念に抵抗するかもしれない**。彼らは他の問題を管理するのに忙しいために、新しい課題を拒否するかもしれないのである。[3] そのため、多くの素晴らしい創造的アイデアは通常、構想のままで終わってしまう。

●理想主義と現実

社内環境や外部環境の理想的な状態を前提として、創造的アイデアが展開されることがある。だが、実態が理想的ではない場合は危険である。経営陣が非現実的な創造的アイデアにしがみつくことになりかねないからである。

企業内に堅固なチームを築くためには、**現実主義的特性と理想主義的特性の両方が欠かせない。**両方の考え方と仕事の取り組み方を融合させることで、チームはうまくバランスがとれ、最終的に最善の結果を生み出せる。理想主義的ビジョンは人々をわくわくさせ、積極的に参加させることさえできる。しかし、我々は直面する課題という現実も認識しなければならない。我々は、企業とその従業員に自分たちが重要かつ崇高なことに向かって働いていると認識させ、彼らを活気付け、やる気にさせるビジョンとして理想主義を捉えるべきである。

理想主義の実現には困難が多いにもかかわらず、それだけでは十分ではない。自社のリーダーが現実を把握しており、実行に直接参加し、本気で取り組む意欲があることを従業員が認識していることも必要だ。要するに、**一つの目標を追いかけ続けることは素晴らしいが、ビジネスを進めようとすると創造性はどうしても制限されてしまう。**創造性の潜在能力における制限を乗り越えるには、現実主義《プラグマティズム》が役に立つだろう。[4]

●創造性を過小評価する

創造性は天性のものとみなされることがある。換言すると、**創造性はただで手に入ると考える人がいる**ということである。このような考えが根底にあると、企業は創造性関連のプロジェクトへの投資に消極的になる。結果が概して非現実的で、収益化しにくい場合は特にそういえる。

企業は自社の資金を生産設備や生産用品などの物的資産、すなわち有形のものに使うことに固執している場合が多い。有形のほうが、インプットとアウトプットの観点から生産性を算出したり、投資収益率を算出したりしやすいからである。創造性に関する物的設備への資金配分を要請したら、一部の経営幹部は顔をしかめるかもしれない。[5]

インダストリー1・0では、トップ企業の活動は鉱業、繊維、ガラス、農業に集中していて、これらの産業は土地、工場、天然資源などの有形資産に支えられていた。だが、インダストリー4・0では、**企業のパフォーマンスは、ブランド価値や知的財産や問題解決のためのナレッジ資産に支えられている。**これらは無形資産だが、企業の利益に影響を及ぼすのである。[6]

●創造性の方向性が不明確である

顧客の問題は、創造プロセスに明確な方向性を与えるための素晴らしい出発点である。だが、顧客の問題を明確化するのは時として容易なことではなく、消費者が改善を望んでいる問題には焦点

図7-2／問題からソリューションまでの重要な考慮事項

問題 が	創造性 を誘発し	イノベーション に変換され	ソリューション へ
◇問題の定義は、顧客中心のアプローチと目的ドリブンで行われなければならない ◇マネジメントは解決される問題が自社のビジョンやミッションや価値観と整合していることを確認する必要がある ◇問題は明確でわかりやすいプロブレム・ステートメントに明記されなければならない	◇論点は、明確化された問題の根本原因に関連していなければならない ◇創造プロセスは自社の資産を生産的に利用できる必要がある ◇創造プロセスは柔軟性を優先しなければならないが、体系的にきちんと計画される必要もある	◇商品化段階に入る準備ができている具体的な形のアイデアである ◇利用可能な資源、ケイパビリティ、コンピテンシーと整合している ◇顧客にとって理解しやすく、強力な差別化がなされており、模倣しにくい価値を示す必要がある	◇顧客の生活を改善できる製品・サービスの形をとる必要がある ◇自社にとって実行可能で、自社のパフォーマンスを向上させられるものでなければならない ◇継続的な改善について客観的に評価されなければならない

が当てられず、アイデアについての議論が会議での中心になることが多い。

明確化された問題、つまりプロブレム・ステートメントに明記された問題でスタートする創造性は、実質的な理由でその取り組みを支援しようとする経営陣の判断を大いに助けるだろう。その取り組みが、ビジョンやミッションや戦略における企業の方針と整合する場合は特にそうである。**創造性が生産的なものになるかどうかは、問題を明確化するプロセスによって決まる**[7]［図7-2］。

プレッシャーが創造性にどのように影響するかにも注意を払う必要がある。創造性は無理やり引き出すことはできないと主張する人もいる。プレッシャーが強すぎる状況では、創造性が生じないということはよくある。だが、**クリエイティブ・グループのモティベーションがケタ外れに強ければ、プレッシャーがどれほど大きくても、彼らはそれに潰されないだろうし、イノベーションに繋がる様々な創造的アイデアを考え出すはず**である。

生産性にまつわる問題

創造性に関する問題だけで論考を終えるのは不十分である。生産性の側でも課題は間違いなく生まれる。この分野で生じがちな課題、つまり創造性と生産性の最終的な結合を妨げるおそれがある課題について検討してみよう。

●生産性における現状維持は停滞へ

生産性は概して日々の活動に結び付けられ、経営陣を通常リズムの維持という停滞へと導く。この現状維持の状態は、創造性にとって一般的に好ましくはない。創造性が通常行う「波風を立てる」という行為は何であれ、安定や一貫性や厳密な標準化を好む現状維持の文化にはなじまない。

ここに課題がある。生産性算出の基礎となる**現状維持のマインドセットは、創造性を生み出す余**

地をあまり残さないからである。だが、**創造性はイノベーションに転換されて、直接的、間接的に生産性に影響を与える可能性がある**ことを忘れてはならない。[8] 経営陣は主流とみなされないアイデアを受け入れたくないために、問題に目を向けたがらない傾向がある。新しいアイデアが「ここで生み出されたものではない」、すなわち自社のやり方とは異なるとみなされて無視される時、残念ながらその企業はイノベーションを行えず、やがて危機に陥ってしまう。その危機から脱することができなければ、顧客の問題について考えることなどできない。

●生産性至上主義は過度な負担を生む

企業の生産性追求は従業員に過度な負担をもたらすことがあり、そうした状態では従業員は正当な評価も十分な報酬も与えられていないと感じ、うんざりしてしまう。[9] 従業員のストレス軽減を意図したタイム・マネジメントも、それを重視しすぎると正反対の結果をもたらすことがある。[10] **休憩や従業員のウェルビーイングなど、他の活動をする余地も必要なのである。**[11]

●生産性追求における柔軟性の欠如

一貫性がなければ生産性を引き出すことは難しい。企業は通常、標準化された作業手順によってこの一貫性を築く。手順は時として煩雑なので実行する人々を悩ませるが、その本質は高い効率性と一定レベルの生産性の達成を目指している。

デロイトは同社の出版物の一つで、**効率は創造性を損なう**と述べている。生産性は節約を念頭に置いて無駄を減らすことで改善される。そのため、創造的アイデアや従来とは異なるアプローチなど、新しいことを実験する余地は小さくなる。[12] 測定なくして管理（マネジメント）なしという言葉をよく耳にする。残念ながら、使われる測定尺度においては機械、装置、他の物的資産、運転資本など、有形部分が重視される傾向にある。無形部分は機械的な算出が難しいため、往々にして無視されるのである。

●インプット対アウトプットというアプローチ

一部の企業では生産性の算出を、生産要因すなわちインプットされ、それからプロセスを経て最終的にアウトプットになるものだけに注目して行っている。残念ながらこのアプローチでは、概して多様な無形要因や間接要因を組み込むことができない。インプット対アウトプットという設定はアウトプットには言及しているが、アウトカムには言及していない。企業が創造的アイデアに資金を使ったり、投資したりすることに消極的なのは無理もない。**この比較は定量化できるものには言及しているが、抽象的なものには言及していない**からである。

創造的思考から生まれるアイデアの定量化は容易ではない。その上、それらのアイデアが成功するかどうかは、それを実行、評価するまで誰にもわからない。実際には、我々はまだインプット対アウトプットというアプローチを使う必要があるのだが、それはこのアプローチで十分という意味ではない。最終的には、我々は**アウトプットだけでなくアウトカム（成果）とインパクト（影響）にも注目している**［図7-3］。

アウトプットは生産プロセスの直接的な結果であり、通常、製品（財とサービスの両方）と呼ばれる。アウトプットは、一定の生産プロセスの完了後ただちに測定できる。アウトカムは、簡単にいうと一定の生産プロセスから産出されたもののプラスの効果であり、社内の人々、顧客、コミュニティ、会社そのものなど、ステークホルダーに提供され、享受される。アウトカムは短期的および中期的に目にすることができ、さらにインパクトは長期的に見られる結果である。[13]

顧客や投資家を引き付ける

企業は新しいアイデアを生み出し、創造プロセスを通じて顧客や投資家を引き付けるためにそれらのアイデアを利用する。顧客は通常、新製品の発売を待ち望んでいるように思われる。興味深い新製品のアイデアが発表されると、物理的には存在していなくても喜んで事前注文する。企業がユ

図7-3 ／ インプットからインパクトまで[14]

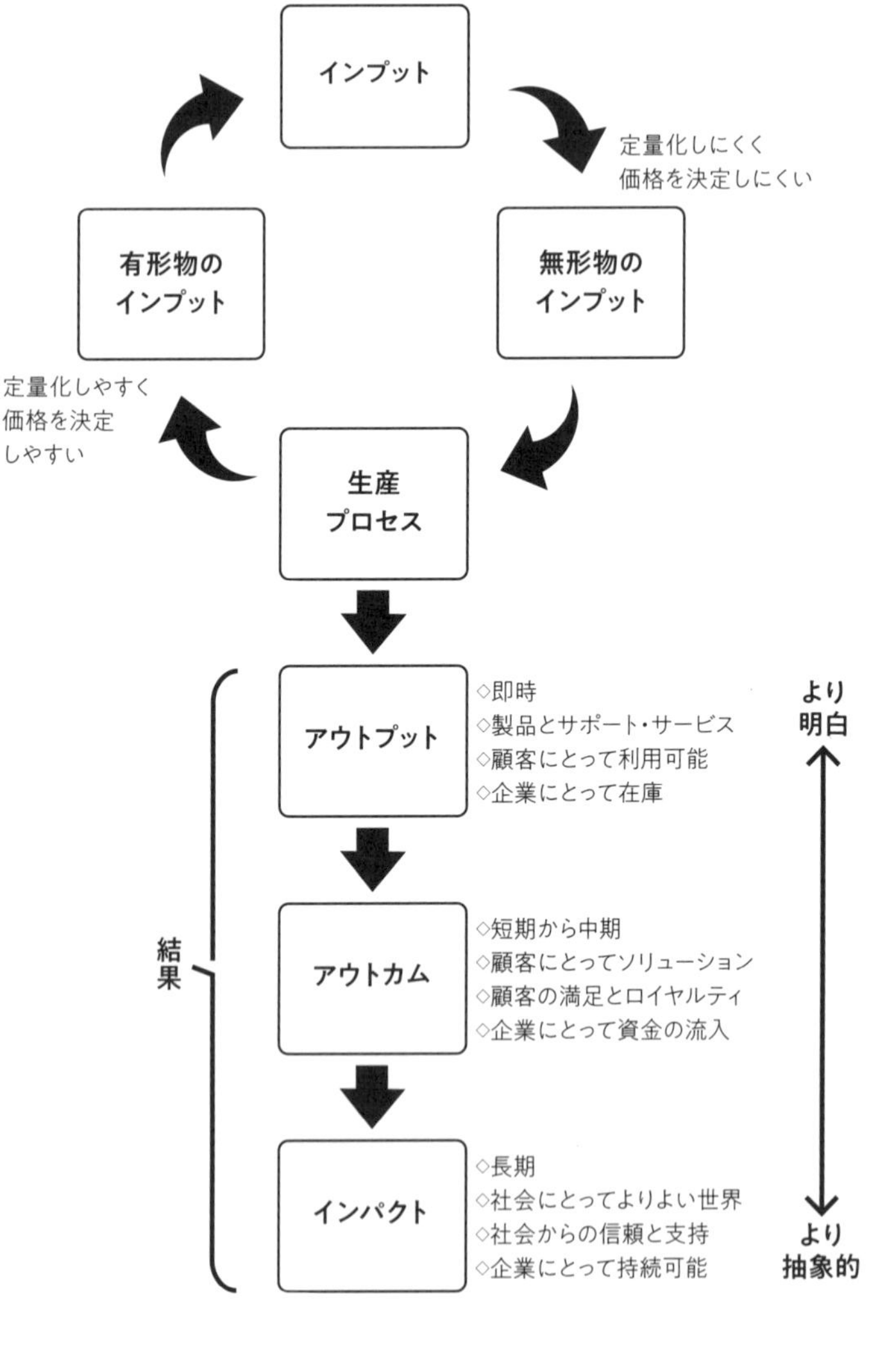

ニークな事業アイデアを持っていれば、投資家は興味を抱くだろう。創造性要素と生産性要素の観点から、顧客セグメントと投資家セグメントのバランスをどのようにとればよいかを考えてみよう。

●せっかちな顧客

顧客は企業の生命線である。顧客による期待は、創造性と生産性がどのように扱われるかに影響を及ぼす。今日の環境で顧客に対処する際の主な課題を次に挙げる。

・要求が厳しくなっている：ソーシャルメディアやデジタルガジェットによって力を与えられた消費者は、ブランドといつ、どこで、どのように交流するかをますますコントロールするようになっている。顧客は今では、よりパーソナライズされたサービスをかつてないほど要求するようになっている。それゆえ、オムニチャネルのあらゆる接点での顧客体験がシームレスでなければならない。製品・サービスは手ごろな価格で、しかも迅速で手間のかからない納品方法で提供される必要がある。この条件からも、企業はより強いレベルのエンゲージメントを築くために、B2CもB2Bも、顧客と協働、共創せざるをえなくなっている。

・満足させにくくなっている：様々なプラットフォーム上で人と人が繋がっていることで、情報を交換しやすくなり、より多くの他の顧客に影響を及ぼしやすくなっている。顧客は利用できる選択肢を比較することで、高い基準を求めるようになり、自らの選択にますます厳しくなっている。同時に、他の顧客が付けた評価から学習する。

●**ロイヤルティを得にくくなっている：**顧客を満足させたとしても、それは顧客が当該企業の製品・サービスを使い続けることを保証するものではない。ベリントシステムズが世界各地の3万4千人以上の消費者を対象に実施した調査によると、顧客ロイヤルティや顧客維持率は低下している。具体的には、調査に応えた消費者の3分の2以上が、より優れた顧客サービスや特別な体験を提供する競合他社に乗り換える意向を表明していたのである。[15]

●**新しい製品を強く望んでいる：**機能的・情緒的ニーズやテイスト、トレンドにおける変化があっという間に起こる。そのため、消費者は物足りなさを感じるようになり、できるだけ早く入手できて、新しくてよりよい製品を見つけようとする。顧客は絶えず製品から大きな新しい価値を得ようとしている。最初のオーナーまたはユーザーの一人という称号を得るためには、新製品が市場に出る前の支出をもいとわないかもしれない。

●**極めて慎重な投資家**

投資家は通常、企業にとって重要な資金調達先である。だが、この企業には創造力豊かな人材が大勢いて、極めて高い創造力を備えているので、投資価値があると投資家に確信させるのは容易ではない。投資家は、投資に対してどれくらいの収益率をもたらすかという企業の潜在力に関心を持つ。説得力のある数字を示すのが難しい場合には、投資家も決定をためらうだろう。

投資家が創造性について懐疑的になる理由をいくつか挙げてみよう。

- **巨額の投資が必要**：創造性を生み出すためには莫大な労力と資源が必要である。それなのに、創造性は通常、望ましい結果をすぐに生み出さない。新たな取り組みを支えるために必要な巨額の資金を関係者が出し渋るせいで、企業の創造性が乏しくなっている例が、時おり見受けられる。[16]
- **価値を評価しにくい**：投資オファーが複雑すぎて理解しにくい時、投資家のためらいは通常強くなる。創造性は概して抽象的で、結果をただちに目にすることはできない。投資に際して、創造性は検討するだけの大きな価値があることを、投資家に理解させる方法を見つける必要がある。[17]
- **失敗率が高い**：ハーバード・ビジネス・スクール元教授クレイトン・クリステンセンによれば、毎年約3万点の新製品が発売され、うち95%が失敗する。他方、トロント大学教授アイネズ・ブラックバーンによれば、食料雑貨店で扱われる新製品の失敗率は70〜80%に及ぶという。[18]
- **安全策をとる姿勢**：創造性に関して、マネジメント・チームは、概して強い不信感を示す。マネジメント・チームは「合理的な」投資努力をせず、通常、創造性に関して少額の予算しか割り当てない。その予算内で結果が出なければ、その創造性は無意味な損失とみなされる。投資家も創造性の結果を金銭的観点からしか捉えられないため、安全策をとることになる。[19]
- **未解決の隠れた問題**：投資家は投資額を熟考するだけでなく、リスクを高める隠れた課題に気づく傾向がある。企業文化が創造精神と整合していない場合、または企業が創造への衝動を持つ人々を参加させていない場合、あるいはマネジメント・チームが創造性を時間と資源の点で本気で支援していない場合には、投資家にとって疑念が高まる。[20]

●**過大な約束がされている創造的提案**：素晴らしすぎて妥当とは思えない売り口上や複雑すぎて理解できそうにない売り口上を聞かされたら、投資家は投資を渋るだろう。机上では良さそうに見えるが期待どおりには実現せず、さらには失敗に終わる創造的アイデアは、彼らにとっておなじみのものかもしれない。より納得できると判断した他の投資ポートフォリオに投資家が関心を持つのは当然のことである。

セグウェイ社の創業者は、開発・発売した電動二輪車セグウェイが交通産業にとってゲームチェンジャーになると予測した。さらに、販売台数は爆発的に伸びて週1万台となり、史上最速で売上10億ドルの企業になるはずだと期待した。残念ながら、そうはならなかった。実際には、セグウェイは4年間で2万4千台売れただけだった。この問題の根本原因は、セグウェイ社が汎用目的のために製品を作った点にあった。結果として、セグウェイはオートバイ、自転車、自動車など、他の交通手段に太刀打ちできなかった。中にはセグウェイを使うより、歩くほうがよい（歩くのはタダだ！）と言う人さえいる。[21]

これらの障害を理解し、克服するソリューションを見つけることで、投資家を引き付ける可能性を高められる。投資家の支援は、通常、企業の創造性の発展に繋がるので、投資家からの出資は重要なのである。

重要なポイント

▼

- 大企業においては、創造性の実現に課題がある。目的が不明確で、実行がなされず、過度に理想主義的な考えがあり、創造性の評価が低く、方向性が不明確な環境においても創造性の実現は難しい。
- 生産性の過度の重視は、現状維持という問題、従業員の疲弊、柔軟性の欠如、インプットとアウトプットだけに注目する見方に繋がる可能性がある。
- 今日の顧客は、より要求が厳しくて、満足させにくくなっており、新しい製品を強く求めている。
- 投資家が創造性に投資するのは難しいと思う理由は、創造性は莫大な費用がかかる傾向があること、評価が難しいこと、失敗率が高いこと、組織内で十分支持されていないこと、難しすぎて理解できないことである。
- 創造性と生産性の融合が進めば、企業が顧客を維持し、投資家を引き付ける助けになる。

第8章

創造性とバランスシート

想像力のための資金を調達する

企業が強力な創造力を持っていて、利益をもたらす潜在力があるイノベーションを生み出せるなら、その企業は投資家を引き付けるだろう。「投資」という言葉は、投資家が自分のお金を企業に提供して、リターンを期待することを意味している。資金を提供した投資家は自動的にその企業の株主になる。この説明からわかるように、投資家は融資提供者ではない。

融資提供を考えている人なら、その企業が融資に対する利息を支払い、特定期間内に元本を返済する能力を有しているか否かに注目するはずである。お金を貸す人は、その企業が持つ様々な創造的アイデアや創造プロセスには関心がなく、その企業が元本に加えて合意された利息を支払えるかどうかを知りたいだけにすぎない。デフォルト（債務不履行）状態になったら、借り手は破産手続きを行い、貸し手は提供した融資の代わりに現存資産を取得する権利を得ることになる。

これを踏まえて、創造性がどのように評価されているか、本当に主な考慮事項とされているかに基づき、創造力を企業のバランスシート内で起こることに関連付けることができる。

貸し手の視点

貸し手すなわち**債権者は、借り手企業の収益だけに関心がある。**借り手企業は収益から融資の元本と利息を支払うからである。企業は時に自社株を売って現金にして、債務の返済に使うこともできる。

中国の大手不動産会社である恒大集団は、積極的に事業を拡大し、国際金融機関から3千億米ドル以上の借金をしていた。パンデミックが襲った時、同社の不動産事業は減速し、債務返済能力に影響を与えた。2021年12月、企業の財務リスクを評価している格付け会社フィッチは、恒大集団のデフォルトを宣言した。恒大集団は国際金融機関に対する12億米ドルの債務を期日までに返済できず、返済のために資産の一部を売却しなければならなかった。[1]

投資家の視点

一方、組織なり個人なりが自らのお金を**ある企業に進んで投資する場合、その組織または個人は、当該企業が最初の数年は赤字にならざるをえないとしても、当該企業が提出した創造的提案の価値を完全に信じている。**資本を投じる組織または個人は投資家と呼ばれ、投資先企業の株式の一部を所有する。バランスシートには増資が記載され、投資家は自己資本利益率（ROE）と総資産利益率（ROA）から自分が投じた資本の生産性をモニターする。

投資家は企業の市場価値の変化についてもモニターする。市場価値が急上昇した場合、それは当該企業の様々な無形資産、すなわち実際には大きな価値があるにもかかわらず目には映らず、バランスシートに資産として記載されていない創造性を含む非財務的資産が、市場から真に高く評価されているということになる。投資家は自分の持ち株をさらに高値で売るために適切な時機を待つかもしれない［図8–1］。

創造性の本質

企業にとって創造性がいかに重要かを理解し、それをバランスシートに結び付けたら、我々は創造プロセスの本質を明らかにしなければならない。その際、多様な変化ドライバーによって引き起こされる様々なダイナミズムが出発点となる。変化ドライバーはマクロ環境の四つの要素、すなわちテクノロジー、政治・法律、経済・ビジネス、社会・文化で構成されていて、さらにミクロ環境の要素として産業・市場が含まれる。産業・市場はミクロ環境における他の二つの要素、すなわち競合他社と顧客への橋渡し役としても機能する。

企業は、これら五つの変化ドライバーとそれらが影響を及ぼす二つの要素を、絶えず観察しなけ

図8-1 ／ 貸し手の視点と投資家の視点

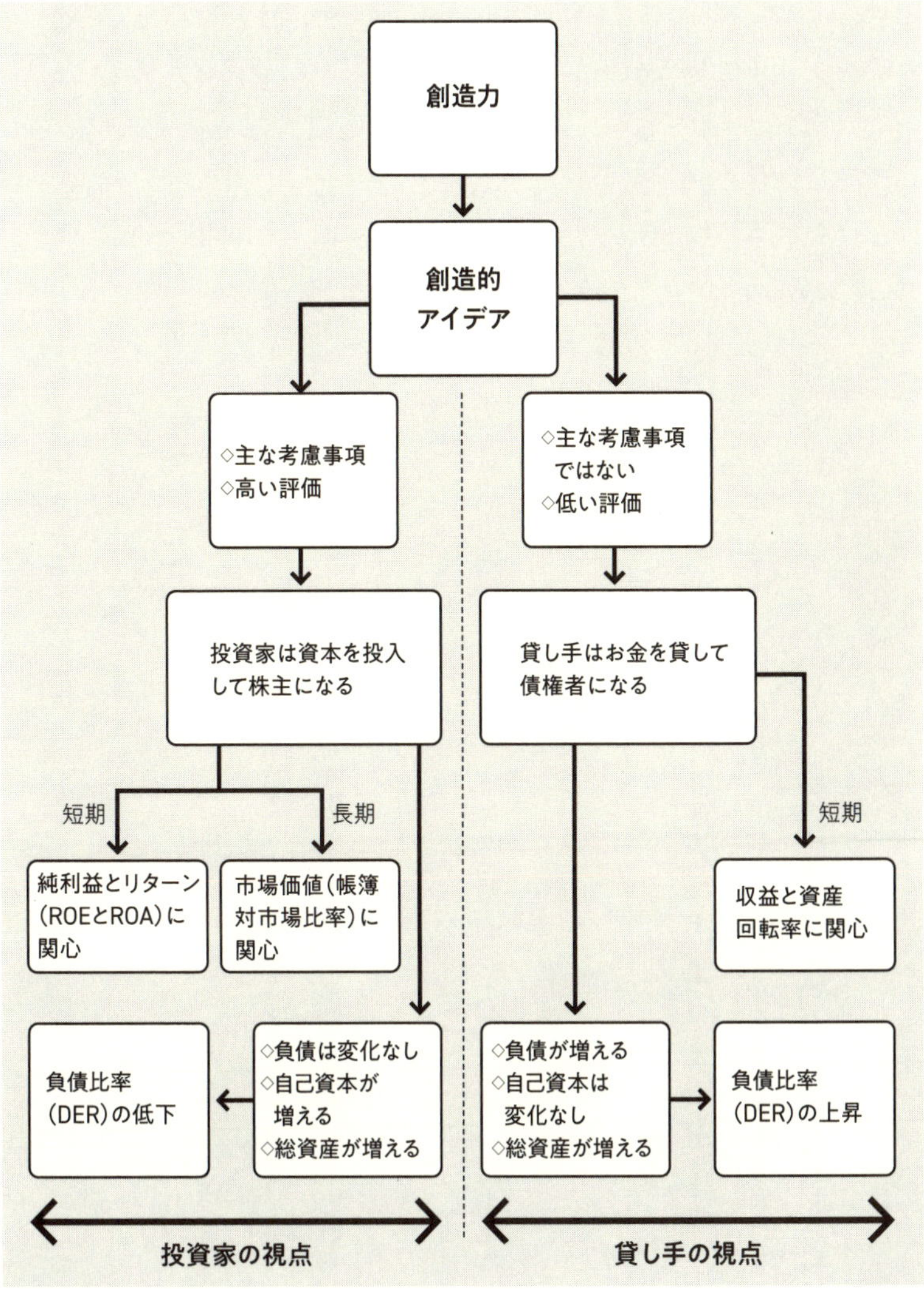

ればならない。創造的アイデアを生み出すための作業は、二つの主要部分で構成される。その二つについて見ていこう。

●選択肢を生み出す

この部分は五つの変化ドライバーの調査とその後の分析で始まり、何らかの発見へと至る。次の段階では、**我々は想像力を使って仮定の条件を思い描き、点を繋いで多様な可能性を探し、それらを合成して、さらなる検討にかけるためのアイデアを生み出す**。

選択肢を生み出す際、探求し、想像するという人間の能力を手助けするのが企業である。この想像プロセスは、ソリューション開発のための基盤になりうる多くの創造的アイデアを生み出すだろう。探求と想像に適した柔軟性の提供には、拡散的アプローチをとる必要がある。

●選択肢を選定する

その後、**生み出された選択肢に、評価プロセスを通じて優先順位をつける**。企業はこれらの創造的アイデアを実現するための資源とケイパビリティが、自社に備わっているかを判定しなければならない。さらに、一部の重要なプレーヤー、すなわち自社と互角に競争している他社と比較して自社の競争優位性を知るために、マッピングを行う必要がある。

図8-2／創造プロセスにおける拡散的アプローチと収束的アプローチ

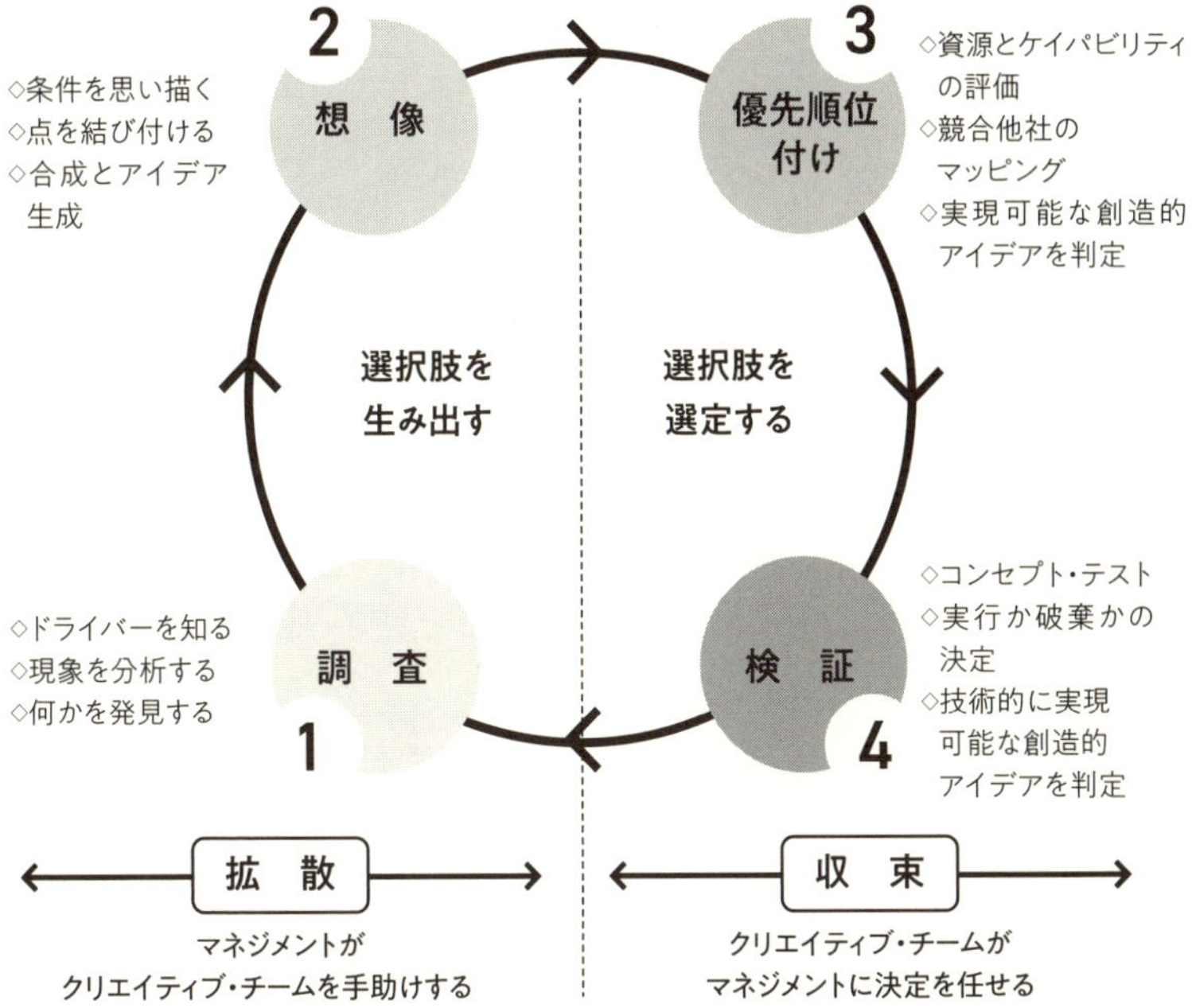

優先順位をつけたら、次の段階はコンセプト・テストによる検証である。企業は、**どの創造的アイデアが技術的に実現可能かを判断しなければならない**。その際、コンセプト・テストが貴重な知見を与えてくれる。ここでは収束的アプローチが必要になる［図8－2］。

技術的に実現可能な創造的アイデアを生み出したら、創造プロセスは再び最初の段階に戻る。すぐに応用できるアイデアは通常、企業のバランスシートにプラスの影響を与え、資金は企業自体で用意してもいいし、貸し手や投資家から得てもいい。

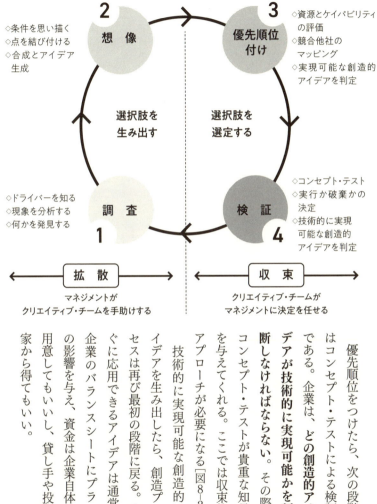

図8-3／人、創造的アイデア、創造的アイデアの実現

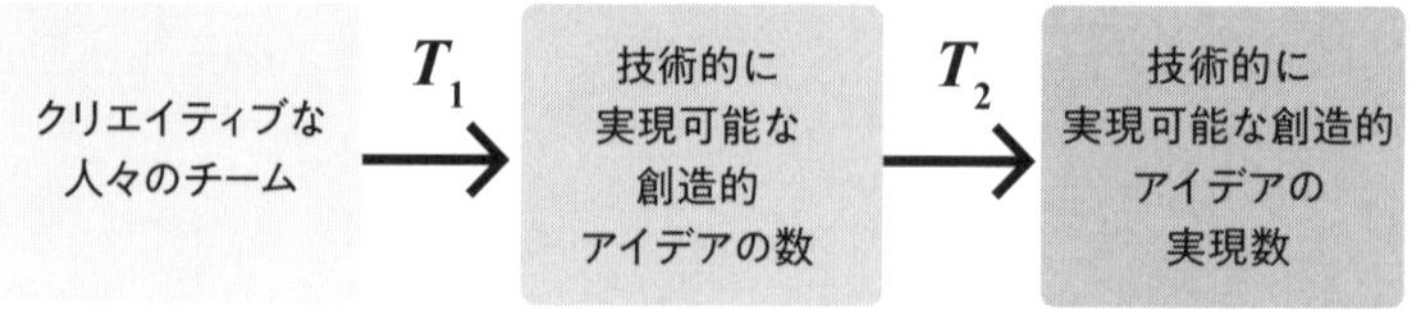

創造性の生産性を測定する

生産性の観点から創造性を測定することは容易ではないが、我々はまず一つの点については合意できる。**生産性は財務アプローチからもたらされる効果性と効率性を結び付ける**ということだ。だとすれば、企業の資産としてのクリエイティブ・チームは、特定の期限内（T_1）に技術的に実現可能な創造的アイデアを生み出す必要がある。これらの技術的に可能な創造的アイデアから、企業はどのアイデアを一定の制限期間内（T_2）に製品に発展させるかを決定しなければならない［図8-3］。

●創造性の効果性

創造性の効果性（$C_{効果性}$）は、技術的に実現可能な創造的アイデアの総数（I）をクリエイティブ・チームに参加した人々の数（P）で割ることによって、仮定的に算出できる。これによって、一人当たりの技術的に実現可能なア

イデアの総数がわかる。式に示すと次のようになる。

$$C_{効果性}=\frac{I}{P}$$

参加人数を創造プロセスに割り当てられた予算額（B）に置き換えると、使われた資金一単位当たりの技術的に実現可能なアイデアの数を算出できる。式に示すと次のようになる。

$$C_{効果性}=\frac{I}{B}$$

解決すべき潜在顧客の問題に気づいたあと、企業は技術的に可能ないくつかの創造的アイデアの実現に期限を設けるかもしれない。クリエイティブ・チームが期限に間に合わないと、企業はタイムリーな発売時期に向けての勢いを失うおそれがあり、それらの創造的アイデアの新規性が低下してしまう。期限を過ぎた場合でも、企業は特定の状況において、ある程度の時間的猶予を与えるかもしれない。その場合、この追加時間が切れる前にクリエイティブ・チームが何らかの創造的アイデアを考え出せるか否かですべてが決まる。それゆえ、我々は創造性の効果性の式に、条件によって0から1の間の値をとる係数（t_c）を加えることができる［図8-4］。

［図8-5］は、これらの条件を時間軸に沿って示したものである。

これによって、創造性の効果性を算出するための二つの公式は次のように修正できる。

図8-4 ／ 係数t_1の値

係数	条件
$t_1 = 1$	クリエイティブ・チームが定められた期限までに技術的に実現可能な一定数の創造的アイデアを生み出せる。
$0 < t_1 < 1$	クリエイティブ・チームが定められた追加期間内に技術的に実現可能な一定数のアイデアを生み出せる。生み出す時期が期限に近ければ近いほど、t_1の値は低くなる。
$t_1 = 0$	クリエイティブ・チームが定められた追加期間内に技術的に実現可能な一定数の創造的アイデアを生み出せない。もしくは、定められた追加期間のあとで、そうしたアイデアを全部または一部生み出せるか、一つも生み出せない。

$$C_{効果性} = \frac{I}{P} t_1$$

または

$$C_{効果性} = \frac{I}{B} t_1$$

●創造性の効率性

創造性の効率性（$C_{効率性}$）は、顧客のためのソリューションであると証明され、製品としてすぐに商品化できる形まで落とし込まれた創造的アイデアの総数（R）を、技術的に実現可能な創造的アイデアの総数（I）で割ることによって、仮定的に算出できる。式は次のようになる。

$$C_{効率性} = \frac{R}{I}$$

効果性の算出と同様に、効率性を算出する時も、企業

図8-5 ／ タイムラインによる係数t_1の値

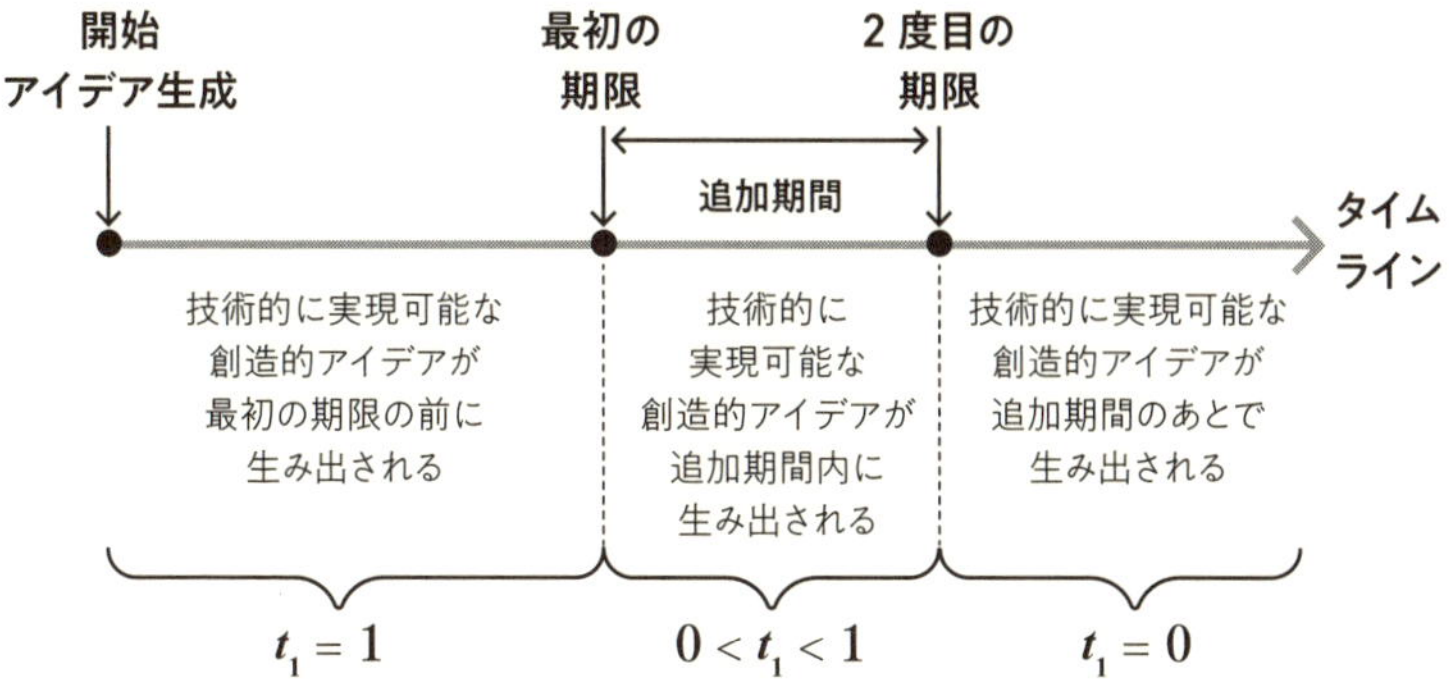

は技術的に実現可能な様々な創造的アイデアを実現する期限を設ける。クリエイティブ・チームが定められた期限にも追加された期限にも間に合わなかったら、その場合、商品化の取り組みは遅くなりすぎて、続けても無駄になる。従って、我々は効率性の式に、［図8-6］に示す条件によって、0から1の間の値をとる係数（t_2）を加えることができる。

［図8-7］は、これらの条件を時間軸に沿って示したものである。従って、創造性の効率性を計算する二つの公式は、次のように修正できる。

$$C_{効率性} = \frac{R}{I} t_2$$

●創造性の生産性

二つの式、すなわち創造性の効果性と効率性を組み合わせることで、創造性の生産性（$C_{生産性}$）を仮定的に測定

図8-6 ／ 係数t_2の値

係数	条件
$t_2 = 1$	企業が定められた期限までに技術的に実現可能な一定数の創造的アイデアを実現でき、商品化する用意ができる。
$0 < t_2 < 1$	企業が定められた追加期間内に技術的に実現可能な一定数のアイデアを実現でき、商品化する用意ができる。商品化の用意ができる時期が期限に近ければ近いほど、t_2の値は低くなる。
$t_2 = 0$	企業が定められた追加期間内に技術的に実現可能な一定数の創造的アイデアを実現できず、商品化の用意ができない。もしくは、定められた追加期間のあとで、そうしたアイデアを全部または一部実現でき、商品化の用意ができるか、一つも実現できず、商品化の用意ができない。

できる。この測定は資産としての人をベースに非財務的（すなわち、従業員一人当たりの創造性の生産性）に行うこともできるし、人に割り当てられる予算額をベースに財務的（すなわち、使われた資金一単位当たりの創造性の生産性）に行うこともできる。式は次のようになる。

$$C_{生産性} = \frac{I}{P} t_1 \times \frac{R}{I} t_2$$

$$C_{生産性} = \frac{R}{P} t_1 t_2$$

$$If\ T = t_1 t_2\ then\ C_{生産性} = \frac{R}{P} T$$

もしくは

$$C_{生産性} = \frac{I}{B} t_1 \times \frac{R}{I} t_2$$

$$C_{生産性} = \frac{R}{B} t_1 t_2$$

$$If\ T = t_1 t_2\ then\ C_{生産性} = \frac{R}{B} T$$

図8-7／タイムラインによる係数t_2の値

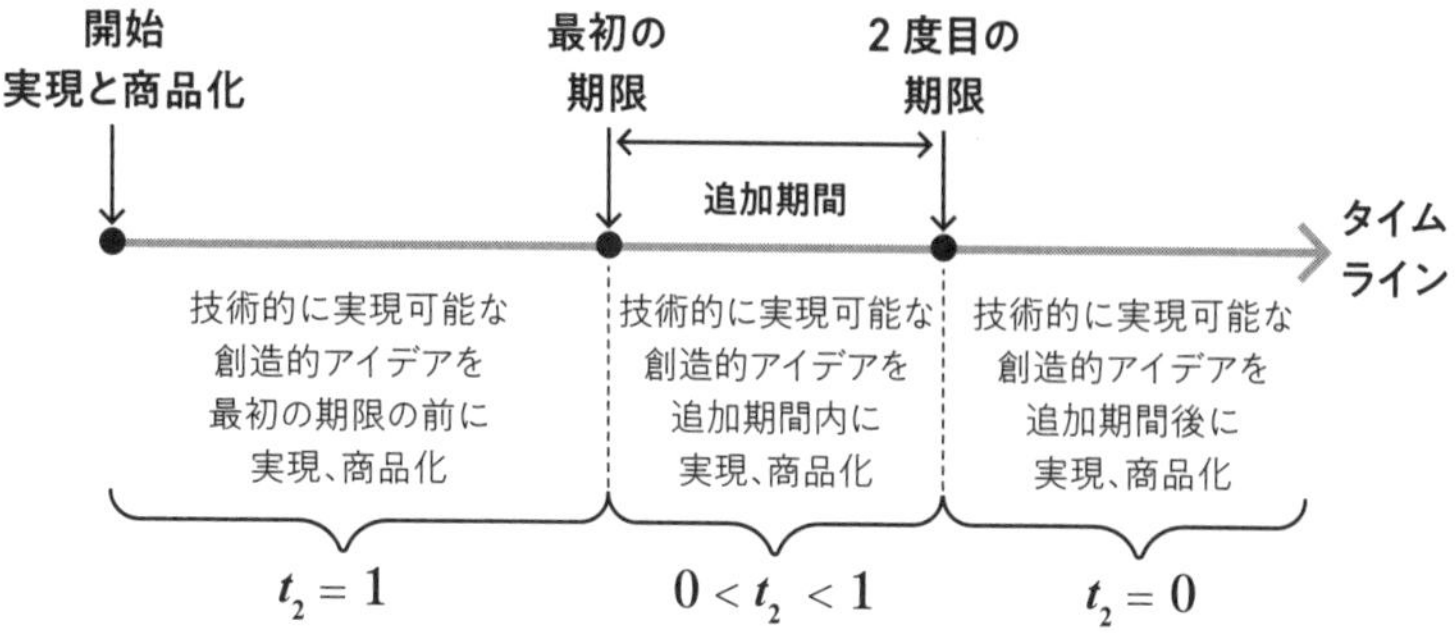

もちろん、創造性の生産性を測定する式はいくつもの単純化の上に成り立っている。この式は、創造プロセスの間に発生する可能性がある、他の要因（例えば、創造的アイデアの独創性、模倣困難さの程度、クリエイティブ・チームにかかるプレッシャー）や様々な変化（例えば、ビジネス環境の突然の変化）を無視している。これらすべてが定式化に影響を及ぼしうるが、概要を示すという目的においては、単純化した式で事足りる。

生産資本のための創造性

本書の文脈では、「資本」とは販売可能で収益を生む製品の創造性を支援するために、企業が使う資産の価値を指す。そこで企業は、**最適の結果を得るには創造性支援**

にどれだけの資本を配分すべきかを理解しなければならない。

単純化のために、創造性の支援に配分される資本を、技術的に実現可能な創造的アイデアの数と関連付けてみよう。創造性支援の配分額が増えるたびに、アイデアの数は増加するが、増加のペースは一定ではない。ある時点で、減少に転じる。創造性支援に使用もしくは投資される資本と、技術的に実現可能な創造的アイデアとの関係の理解には、四つの状態を見る必要がある。それぞれの状態について検討していこう。

状態1 投資不足

追加の投資が行われれば、技術的に実現可能な創造的アイデアの数は加速度的に増加する。この状態は、クリエイティブ・チームのキャパシティがまだフル活用されておらず、彼らを支援する投資がまだ「極めて少ない」、ないしは「そこそこ」であることを示している。従って、企業は**創造性支援のために追加資本の必要があり、そうすれば技術的に実現可能な創造的アイデアの数は増える**だろう。この時、通常クリエイティブ・チームのモティベーションは極めて「高い」が、プレッシャーはまだ「弱い」。

ショート動画のSNSアプリ、スナップチャットは、2011年にスタンフォード大学の学生、エバン・シュピーゲル、レジー・ブラウン、ボビー・マーフィーによって開発された。このプロジエクトは、製品デザインの講義中に、シュピーゲルがおもしろい瞬間を友人たちと24時間共有するアプリを発表したことから始まった。アップされた動画はその後、削除される仕組みになっていた。スナップチャットの開発中、チームのモティベーションはまだ高く、人間のあらゆる感情を、美しいとか、完璧だとか思われるものだけでなく伝え合うという使命を実現しようとしていた。[2] だが、彼らは当時全員大学生で、あまり商業的に考えてはいなかったため、スナップチャットの潜在力は極めて有望だったにもかかわらず、その開発にはまったく投資されなかった。

状態2　ほぼ最適投資

追加投資をするたびに技術的に実現可能な創造的アイデアの数は増えるが、増加ペースは低下する。この状態は、クリエイティブ・チームが最大キャパシティに達しそうになっていることを示している。企業には二つの選択肢がある。一つは、**クリエイティブ・チームの人員と、創造性を高めるための投資を増やす**こと。もう一つは、**投資は増やすが、クリエイティブ・チームの人員は彼らが技術的に実現可能な新しい創造的アイデアを生み出すキャパシティの限界に達するまで増やさない**ことである。この状態は、クリエイティブ・チームのモティベーションがまだ高く、プレッシャーは「適度」から「高い」の間であることを示している。

エアアジア・グループは2022年1月28日、グループの持ち株会社の新しい名称をキャピタル

Aとすると、クアラルンプールで発表した。この社名変更は、グループの新しいコア事業を航空産業から相乗効果のある旅行・ライフスタイル事業に変えるという戦略を反映している。新型コロナ・パンデミックの間、エアアジアの収益は大幅に落ち込み、パンデミック前の水準に戻すのは途方もなく難しい。そのため、キャピタルAは人材を増やして多角化を図り、電子決済サービスのビッグペイ、教育テクノロジー事業、食品事業を強化することにした。

この変革は、韓国のコングロマリットSKグループから好意的な反応を得た。同グループはビッグペイをアジアで拡大するために1億米ドル出資したのである。キャピタルAのCEO、トニー・フェルナンデスは、社名変更は単に新しいロゴにするということではなく、新しい時代を示す重要な節目であり、我々は航空会社の枠を超えたのだと語った。[3] この事例から、戦略を変えて事業の範囲を拡大するためには、キャパシティが事業の要求水準と一致するよう、追加の投資と人材が必要であることがわかる。

状態3　最適投資ポイント

ほぼ最適状態にあるクリエイティブ・チームの人員を増やさないことにした場合、クリエイティブ・チームはまもなくそのキャパシティの限界に達するだろう。この時点で、クリエイティブ・チームの仕事上のプレッシャーは極めて高くなっている。労働環境は悪化し、創造性にあまり寄与しなくなる。そして、企業は創造性支援に配分される投資において最適ポイントに達する。**生産資本と引き換えに創造性を再び高めることは可能であり、その方法の一つが増員によってクリエイティブ・チームのキャパシティを拡大すること**である。最適投資ポイントでは、クリエイティブ・チームは極めて強いプレッシャーを感じ、彼らのモティベーションはすこぶる弱くなる。

シリコンバレーで働くということは、一部の技術者にとって最初は夢の仕事のように思えるかもしれない。シリコンバレーの企業は一流の人材を集めるために、通常、無料のランチや高い給与をオファーする。だが、最高の実績を上げる技術者たちは、イノベーティブな製品を作り、会社の収益を増大させなければいけないという大きなプレッシャーに晒《さら》されている。

「ドリーム企業」だからといって、仕事に対する高いモティベーションや会社に対するロイヤルティが保証されるわけではない。パンデミックと時期が一部重なった「グレート・レジグネーション（大退職時代）」（訳注　2021年ごろから、欧米中心に自ら離職する人が急増した社会現象）の間に多くのアメリカ人が退職したのは、これが理由だった。一部の技術者は、リモートワーク、柔軟な労働時間、より有意義な仕事により多くの時間を充てられるなどの新しい特典を求めていたのである。[4] たとえ給与が高くても、極めて要求の厳しい会社で働くことは、必ずしもすべての人に適しているわけではない。

状態4　過剰投資

この状態では、追加資本の投入のたびに技術的に実現可能な創造的アイデアは減少する。**企業はただちに投資を止めて、創造性を再び高めるために必要な措置について考えなければならない**［図8-8］。企業が最適ポイントでクリエイティブ・チームの人員を増やさないことにし、その一方で投資を増やし続けて、クリエイティブ・チームに技術的に実現可能な創造的アイデアをもっと生み出すよう要求したら、結果は期待と逆になるはずである。過剰な仕事量はクリエイティブ・チームのプレッシャーをケタ外れに大きくし、彼らのやる気を削《そ》いでしまう。その結果、技術的に実現可能な創造的アイデアの数は減少する。

クインシー・アパレルは、若いキャリアウーマンに高級ブランドのようなフィット感と手触りを、より低い価格で提供するビジネスウェアのデザイン・製造・販売を行う企業である。同社は市場浸透度を上げるために、何人かの投資家に出資を要請した。だが、投資家たちはクインシーの状態を悪化させただけだった。出資したベンチャー・キャピタリストは、自分たちにとって馴染《なじ》みのあるＩＴスタートアップ企業のようにフルスピードで成長するよう、創業者たちに圧力をかけたのである。全速力での成長を目指すために、クインシーは在庫を積み増しせざるをえなくなり、生産上の問題を解決する前に資金を使い果たすはめになった。これによって創業者にかかるプレッシャーは

図8-8 ／ 創造性に対する投資の状態

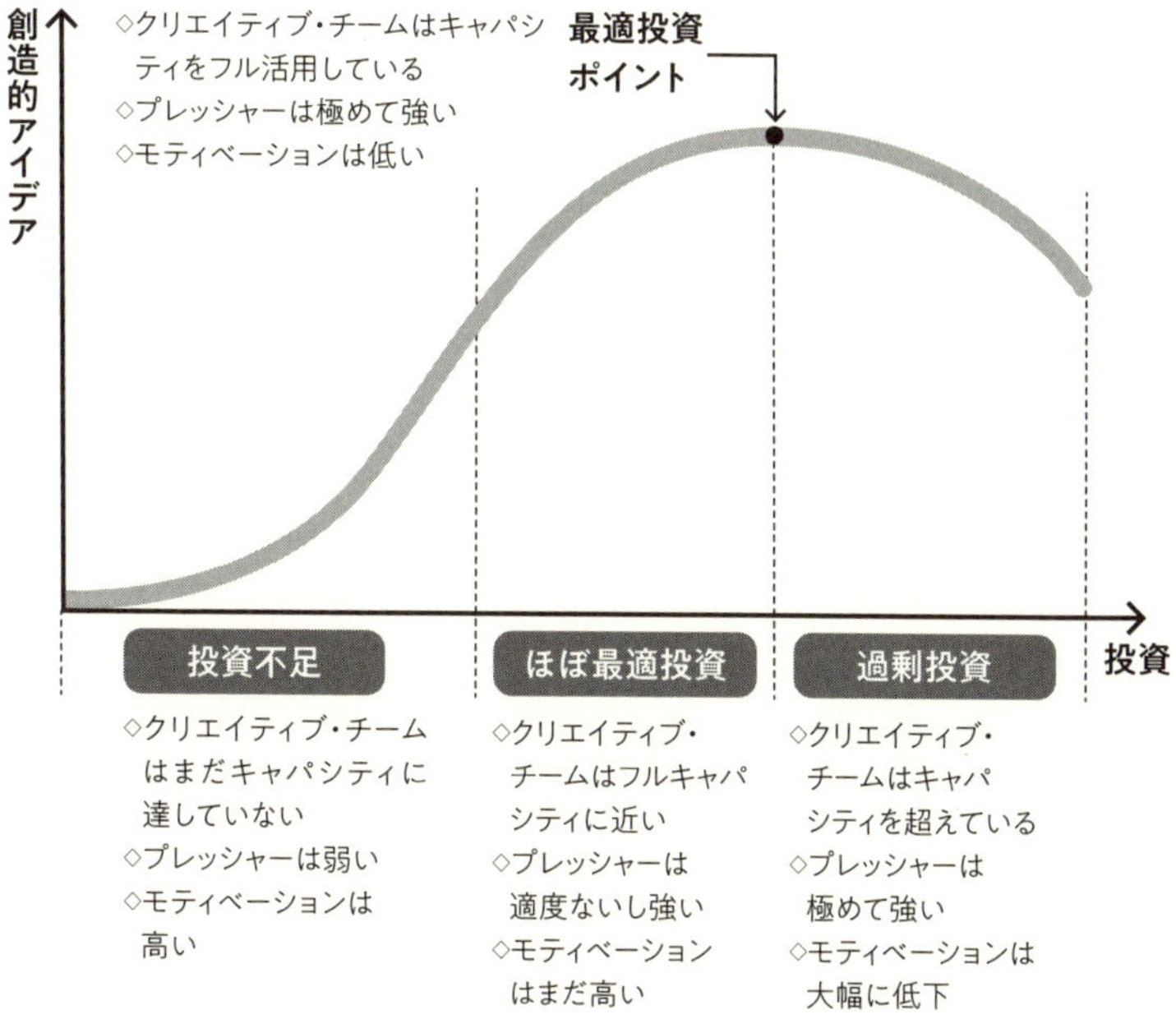

極度に強くなった。[5]

この事例から、**資本配分、とりわけ創造性に関しては、卓越したマネジメント能力が必要であること**がわかる。経営者は投資をいつ増やし、いつ減らし、いつ止めるべきかも判断しなければならない。加えて、自社の創造力が本当に貴重であることを投資家たちに納得させる必要もある。創造力は強力な差別化を生み出すことができて、後の段階で商業化が可能であることを示さなければならない。

加えて、投資の増額はクリエイティブ・チームの仕事量の増加に結び付き、それはチームのプレッシャーを強める。それゆえ、経営者はクリエイティブ・チームが引き続き最高の状態で仕事ができるよう、彼らのモティベーションを維持しなければならない。生産性の低下に繋がる脳の疲労やモティベーションの低下を避けるための戦略が不可欠といえる。

必ずしもすべての企業がクランチ・カルチャー（訳注　仕事を完了させるために従業員に過度な残業をさせる文化）に適しているわけではないし、すべてのクリエイティブ・チームが、一部の競争の激しい産業でよく見られるような労働文化の中で生産的になれるわけではない。厳しい期限に間に合わせるという強いプレッシャーを受けると、人はモティベーションが低下し、創造力を最適に発揮できなくなるかもしれない。従って、人材管理の役割が極めて重要になる。人はそれぞれ独自の特徴や心理的属性を備えているので、**同等の創造力を持つ人々が同じ労働環境で働いていても、パフォーマンスは一様ではない**。それゆえ、**人材と職場との相性が競争力にとってますます重要になる**。

オムニハウス・モデルでは、創造性と生産性の間に双方向の矢印が描かれている。これは**創造性と生産性のバランスを常にとらなければならない**ことを示している。創造性の点で極めて強力な中小企業は、使われる様々な資本、とりわけ創造性支援に関して、資本の生産性を算出する重要性を考慮し始めるべきである。だが、生産性に関する複雑な計算に縛られていると感じる企業は、自社の低下している創造力をあらためて引き出し、強化しなければならない。

創造性と生産性の融合の本質を理解することで、我々はアウトプットだけでなく結果も最大化でき、自社の創造力を高めるために使われた資本の生産性を調べる際に、より良い判断ができるようになる。

重要なポイント

▼

- 貸し手は一般に、まず借り手が融資を返済できるかに注目し、創造性にはあまり重きを置かない。
- 投資家は、リターンをもたらし、市場価値を高めるような創造的アイデアに自分の資金を投じる。利益を得るために自分の持ち株を売る場合もある。
- 創造性は、その効果性、効率性、生産性の水準を測定できる。
- 創造性の最適な結果を得るには、企業は適切な額の資本投入の必要がある。

第9章

イノベーションと改善の融合

利益率を高めるための
ソリューション中心のアプローチ

イノベーションを実行する時、それは必ず改善に繫がるのだろうか。

必ずしもそうではない。実際、事態が誤った方向に進んでしまうこともある。イノベーションの実行時には極めて多くの要素が作用するので、何も保証されてはいない。改善をもたらすためには、適切に調整された多大な努力が必要なのである。

バイトダンスを例にとってみよう。2012年に設立された同社は多くのアプリを生み出しており、「アプリ工場」という愛称で呼ばれている。中でも最もよく知られているアプリがTikTokと今日頭条(Jinri Toutiao)である。同社の近年のイノベーションは、2021年の売上が前年比60%増になるなど、目覚ましい成長をもたらしてきた。[1] 同年のバイトダンスの時価総額は4250万米ドルを超えていた。[2] TikTokと今日頭条のイノベーションが、同社の急成長にどのように繫がってきたのかを詳しく見ていこう。

TikTokは2017年に生み出されたショート動画共有プラットフォームで、他のいかなるソーシャルメディア企業よりも短期間でユーザー数10億人に達した。TikTokの最も重要な競争優位の源泉はスピード、能力、AI技術にあり、それらが結合して消費者に製品・サービス・ミックスを提供している。例えば、このアプリはハッシュタグ機能、音声・動画編集機能、画像フィルター機能をすべて搭載しているが、かつて、これらの機能を一つのアプリ内で使うことは不可能だった。TikTokの登場により、ユーザーは自分が必要とするものを手軽に取り込んで、シームレスにコンテンツを作成できるようになった。[3]

今日頭条（「今日のヘッドライン」の意）は、同じビジネスモデルを用いているニュース・アプリである。正規の通信社だけでなく他の情報源からも集めたニュースやコンテンツを提供しており、ブロガーやインフルエンサーも参加している。多くの情報を組み合わせている点がユーザーに高く評価されており、ユーザーはこのアプリを毎日平均で74分使っている。

それに加えて、今日頭条はボットを組み込んで、2016年リオデジャネイロ・オリンピックなど、リアルタイムのイベントについて、オリジナルのニュース記事を作成、配信できるようにした。[4] また、行方不明者を見つけるのに役立つ「ミシング・パーソン・アラート（行方不明者情報）」という、ローカライズされた機能も備えている。これは一定の半径以内にいるすべてのユーザーにプッシュ通知を送る機能である。

バイトダンスから学べるのは、企業に改善をもたらすには、**イノベーションは顧客にとってのソリューションに重点を置かなければならない**ということだ［図9-1］。同社のプロセスはデザイアビリティ（それは顧客にとって望ましいか）、フィージビリティ（それは実現可能か）、バイアビリティ（それは存続可能か）をベースにしている。[5] 消費者が何かを欲しいと思うのは、それが自分の問題を解決してくれる場合のみである。その何かを実現するには、適切な資源、ケイパビリティ、コアコンピテンシーを最大限に利用しなければならない。

図9-1 ／ オムニハウス・モデルのイノベーション要素と改善要素

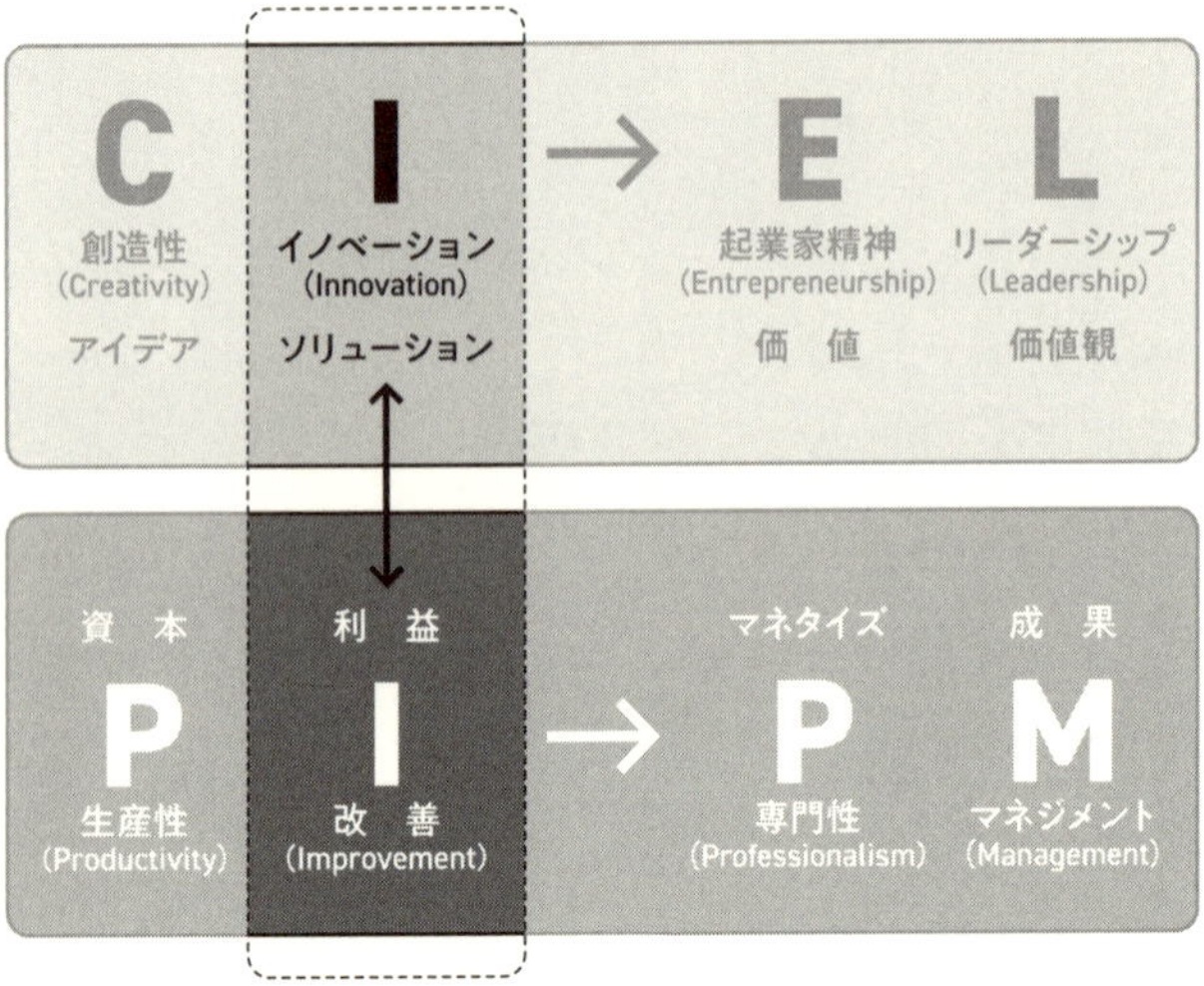

実行可能なイノベーションは、短期的にも長期的にも事業の成長に繋がる。短期的な成果には、顧客の受容、ユーザーの満足度の向上、そしてロックイン・メカニズム、すなわちロイヤルティの創出などがある。長期的な成長は、利益率の拡大による収益性の向上に反映される。広くコミュニティに影響を与えることで、継続的な持続可能性を実現できる。

バイトダンスはイノベーション（顧客へのソリューション提供）と改善（企業の利益率拡大）を適切に結び付けたといえるだろう。最善の結果を得るためには、両方が必要なのである。本章では、イノベーションと改善を結び付け、そうすることで競争優位を築くために必要な行程を説明する。この行程は4C分析から始まる。

4C分析とは

第3章で、五つの変化ドライバー（テクノロジー、政治・法律、経済、社会・文化、市場）について論じた。これらのドライバーが引き金となって創造的アイデアが生まれ、それが社内の資源と結び付き、ソリューション志向のイノベーションを生み出す。起業家的マーケティングのマインドセットを持つ人は、変化している様々な現象に気づくことができる。この気づきが、（顧客の面から）機会について、また（競合の面から）既存の課題について、検討する基盤になる。

起業家的マインドセットに基づくアプローチは、**企業の利益率を高めると同時に、自分たちが顧客に提供できるイノベーティブなソリューションに光を当てる。**起業家的マーケティングのマインドセットとは、4Cモデルにおける他の要素（顧客、競合他社、自社）の理解を促すもので、4C分析の段階でイノベーションの実行可能性の確認を進めてくれる。この確認によって、生み出されるイノベーションは紛れもなくソリューション志向のものになる。[6]我々が行っておくべき分析を次に記す。

◉顧客分析

我々はデータに基づいて顧客を理解しなければならない。用いるのは、提供したいソリューションに応じて、定量データ、定性データ、一次データ、もしくは二次データになるだろう。**選好、意見、提案、および顧客が直面する問題に関する情報が必要になる。**

イタリアに本社を置くテクノロジー企業アリストンが行ったのは、まさにこれだった。完璧なシャワーが欲しいという消費者の要望に基づいて、アリストンはWi-Fi接続が可能なスマート湯沸かし器を生み出した。この発明品は顧客が自分のスマートフォンからリモートで温度調節ができる。[7] 消費者は設定温度を下げることで、エネルギーを節約できる。また、消費者の習慣を認識し、それに従って調整するアルゴリズムも採用されている。

◉競合分析

自社が提供するソリューションが優位性を備え、それゆえの強い競争力を持つようにするためには、競合他社についても理解しておかなければならない。**その目的は、他のソリューションと比較して、最高の知覚価値を生み出すことにある。**

図9-2／顧客・競合・自社分析

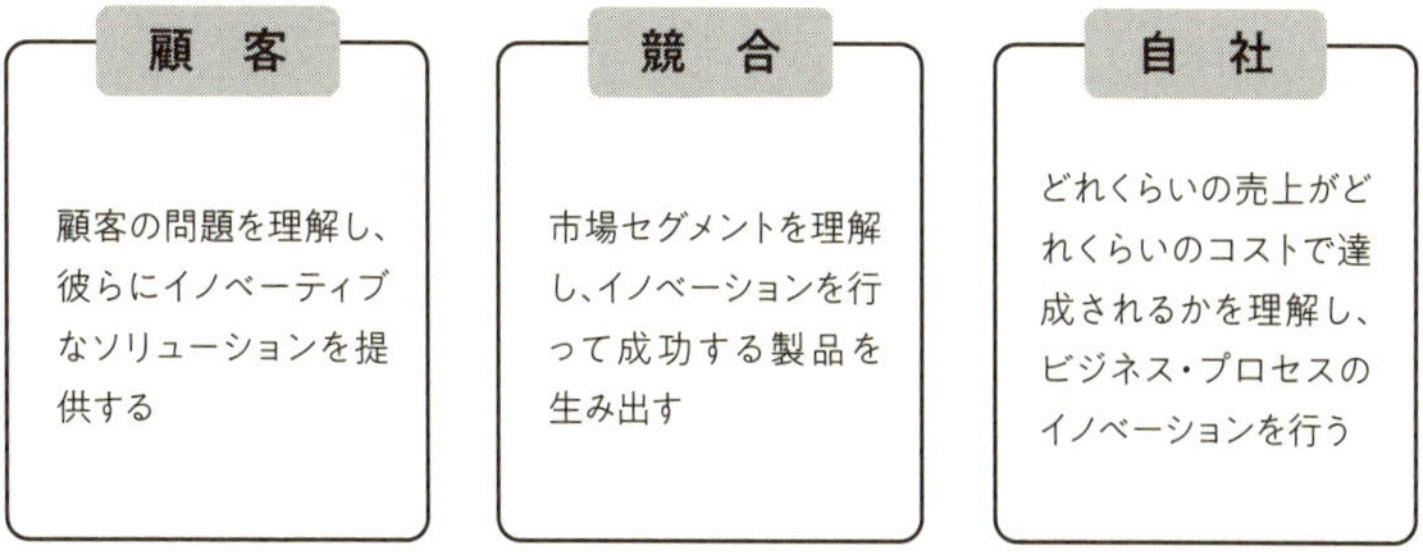
顧客
顧客の問題を理解し、彼らにイノベーティブなソリューションを提供する
競合
市場セグメントを理解し、イノベーションを行って成功する製品を生み出す
自社
どれくらいの売上がどれくらいのコストで達成されるかを理解し、ビジネス・プロセスのイノベーションを行う

メルセデス・ベンツは、ソリューション志向のアプローチが競合他社の間でまだ広く実施されていないことに気づいた。そこで、このアプローチによって競争優位を生み出そうとする取り組みが進められ、大型トラック、アクトロスの誕生に繋がった。メルセデス・ベンツは開発プロセスでVR（仮想現実）技術を使っており、アクトロスは顧客企業の業務に合わせてカスタマイズもできる。[8] ドイツのヴェルトにある主力工場では、毎日、各モデルを最高で470台生産している。

自社分析

自社の資源、ケイパビリティ、コンピテンシーによって何が実現できるかを判断し、ソリューションとして製品化するためには、自社について知る必要がある。この分析で最も重要なのは、**自社のコアコンピテンシーを明確にする**ことである［図9-2］。自分たちが生み出すイノベーションが、これらのコアコンピテンシーから乖離《かいり》しすぎないようにしなければならない。

ユニクロは世界中の人々にカジュアルな服装をしたいという気持ちを起こさせ、さらに顧客のために画期的なファッションアイテム、身体を暖かく保つヒートテック、速乾性のエアリズム、そして日焼けを防ぐUVカット衣料などを提供している。これらのソリューションは、革新的な機能を持つ衣料品を求めて顧客が繰り返し来店するようにするために自社の資源を使っているといえる。[9]

これらの分析の実行には、二つのアプローチがある。一つは内向きのアプローチ、もう一つは外向きのアプローチである。

内向きのアプローチでは、自社がどのような資源を持っているかの検討からイノベーティブなソリューションの開発が始まる。このアプローチはリソースベースド・ビューという考えに沿ったものので、**有形、無形の既存資源を評価し、それから生み出されたイノベーティブなソリューションのために、適切な市場を見つけることになる。**

他方、市場の機会を探り、観察することによっても、イノベーティブなソリューションの開発はできる。外向きのアプローチはマーケットベースド・ビュー(もしくは市場ポジショニング・ビュー)という考えによるもので、**市場の需要に適合するイノベーティブなソリューションを生み出すために必要な資源とケイパビリティを組織的に、もしくは協働によって獲保するという流れになる。**

「保守的アプローチ」対「先進的アプローチ」

前述のアプローチを採用するかは、正しいか間違っているかという問題ではない。**選択の問題であり、企業が直面している状況によって決まる。**いずれにしても、企業はこのプロセスの間で保守的アプローチか先進的アプローチのいずれかを選ぶことができる。

保守的アプローチでは、企業は安全策をとる傾向があり、競合他社の動向や顧客の変化に注目する。その後、提供する適切なソリューションはどのようなものかを検討する。このアプローチでは、企業は受動的で、流れに従う。企業が実行する変更は漸進的性質のもので、通常、市場ドリブンになる[10]［図9-3］。

先進的アプローチの場合、企業は五つの変化ドライバーの分析を使って、どのような影響の発生可能性があるかを明らかにする。それから、どのようなソリューションがより大きなインパクトをもたらして、新しいゲームのルールを生み出すかを検討する。これを実行する組織は、通常、市場ドライビング企業と呼ばれる［図9-4］。

図9-3 ／ 市場ドリブン企業の4Cモデル

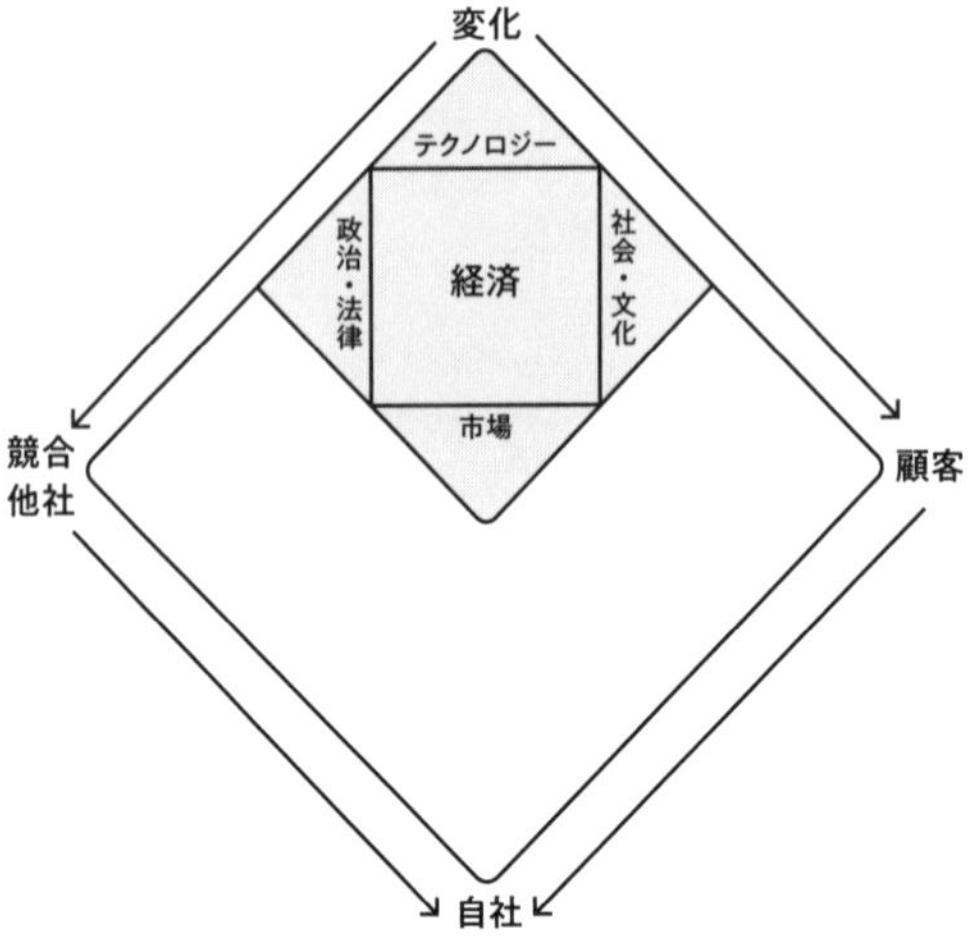

図9-4 ／ 市場ドライビング企業の4Cモデル

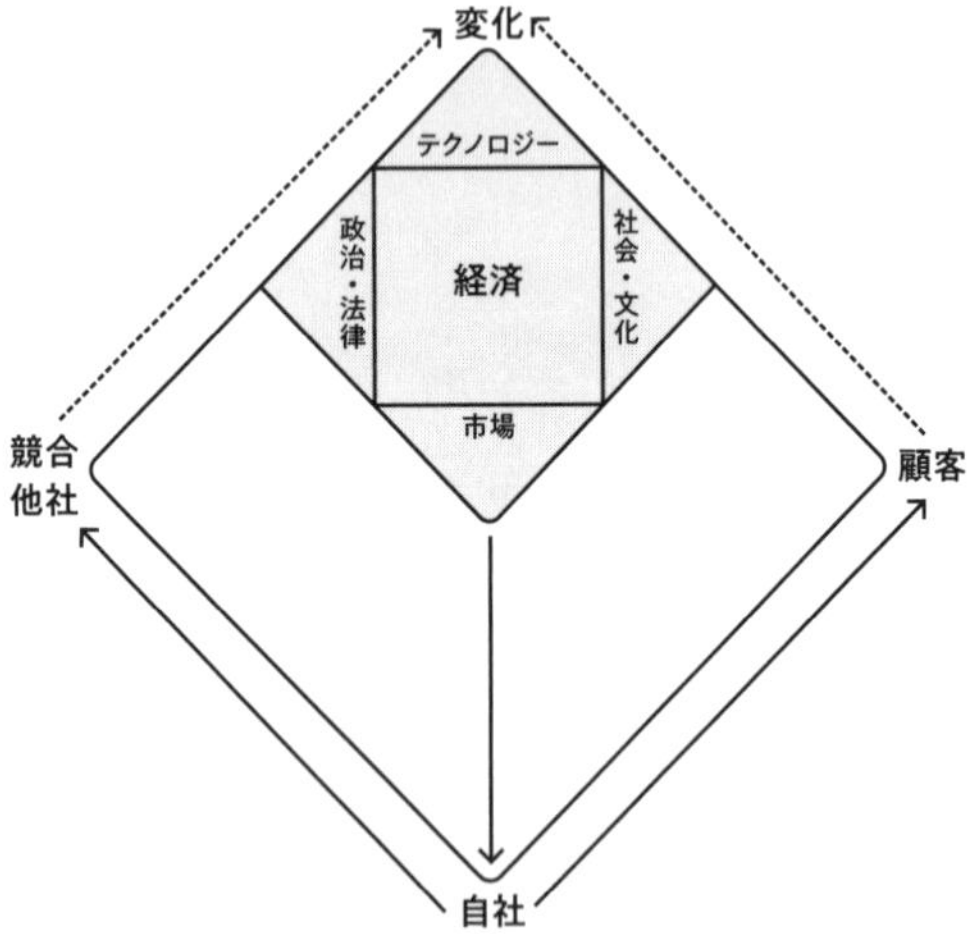

利益率拡大のためのイノベーティブなソリューション

起業家的マインドセットを持つ人は、非財務的成果だけでは満足できない。**達成される非財務的結果はかなり良くても、財務的結果が満足できるものでなければどこかに問題が潜んでいる。**ここで企業の実行、すなわちオペレーション面に注目する必要が出てくる。

イノベーティブなソリューションは、企業の収益性を向上させなければならない。これには、売上総利益率、営業利益率、売上高純利益率、ＥＢＩＴＤＡ（利払い前、税引き前、減価償却前利益）マージンが含まれる。それゆえ、結果の評価では損益計算書に注目しなければならない。ここでイノベーションのやり方とイノベーションがもたらしうる財務上の影響について検討してみよう。

◉──イノベーションのやり方

企業は、ビジネスモデルや製品や顧客体験を刷新することができる。[11] **ビジネスモデルを変えることによって、組織はビジネス・エコシステム内でより強い地位を確保できる。**一例を挙げると、ジェット・エンジンを製造しているロールス・ロイスは、航空会社向けに利用時間数に応じて料金を支払うサブスクリプション・サービスを開始した。航空会社はロールス・ロイスに一律の時間当たり料金を支払うことで、ジェット・エンジンの取り付け、点検、メインテナンス、取り外しサービスを受けられる。[12]

顧客体験のイノベーションは、オムニチャネル、サービス、ブランドなどを通じて提供できる。23アンドミーは、自分のDNA検査やゲノム検査の結果を知りたいと思う個人向けに簡便な方法を販売している。同社が初めて打ち出した「祖先+特質個人遺伝子解析サービス」は、人々が自分のルーツに関して「本当の自分」を理解する手助けをしている。23アンドミーは検査を望む個人に検査キットを送って唾液を採取し、検査結果を電子メールで伝えている。顧客は自分が知ったことをオンライン通話で他の人々と共有できる。人々は自分自身のことをもっと知りたいと思っているもので、DNA検査は真に〝自分〟に関する体験といえる。[13]

すべての**イノベーションが必ずしも1社で行われるわけではない**。資源もケイパビリティもコンピテンシーも限られているからである。それゆえ、多くのイノベーションが様々な組織との協働によって可能になっている。例えば、オンライン銀行N26、レゴのクラウドソーシング、それにAXSラボなどが挙げられる。N26は、自行全体ではもちろん世界全体でもより優れた送金サービスの提供のために、トランスファーワイズ(現・ワイズ)と協働している。[14]

レゴのクラウドソーシングは、ブランドが顧客と直接交流することで最も支持される製品を生み出す勝利の方式である。[15] ＡＸＳラボは、ＰｗＣと協働して障がい者用の地図を作成した。[16]

◎——三つの戦略適合

イノベーティブなソリューションを実現するためには、起業家的マインドセットに基づくアプローチを適用する際、次の三つの適合要件を検討しなければならない。

- **問題とソリューションの適合：**顧客中心のアプローチは、ソリューション中心の原則を適用するための極めて重要な基盤である。我々は顧客の真の問題を顧客視点で理解しなければならない。顧客の問題を完璧に理解し、それから適切な顧客に適切なソリューションを提供しなければならない。問題とソリューションの適合によって、我々の製品は顧客が求めている答えになれる。
- **製品と市場の適合：**企業は極めて混雑した市場で、多種多様な製品をオファーしている。従って、オファーする製品は特定の市場セグメントにとって最適なものでなければならない。差別化、最高品質、忘れがたい顧客体験、さらには極めて競争力のある価格などによって、最高の知覚価値が生み出されることになる。
- **ゲットとギブの適合：**顧客が得る製品の機能的・情緒的便益が大きければ大きいほど、また、顧客がその製品を購入、所有するために支出する金額が小さければ小さいほど、その製品は好まれるだろう。だが、こうした顧客の選好への対応においては、利益を生み出す必要がある。それゆえ、企業は大きな利益を確実にするために、どれくらいの売上をどれくらいのコストで達成できるかを理解しなければならない［図9-5］。

「利益率の漸進的変化」対「劇的変化」

企業によるイノベーションが、特定の顧客セグメントにとって意味のあるソリューションの提供を志向している場合、我々は**イノベーションによって生み出される差別化がどれくらい強力で、競合他社による模倣がどれほど難しいかを評価するとよい**。差別化が強力なら、その企業はプライスメイカーになれるが、弱ければプライステイカーに甘んじなければならない。

この観点から、企業が実現できる利益率向上には四つのタイプがあるといえる。

- **短期間の低い利益率**：この状態になるのは、生み出された差別化が利用可能な他のソリューションと比べて大きな意味があるとはいえない場合である。その差別化に対する提示価格はあまり高くはなく、従って、わずかな利益率しか生み出さない。加えて、その差別化が競合他社によって容易に模倣されるようであれば、そのわずかな利益率も長くは維持できない。模倣によって短期間でコモディティ化してしまうからだ。最終的に市場価格で売らざるをえなくなり、利益率は

図9-5 ／ 損益に対する戦略的適合の影響

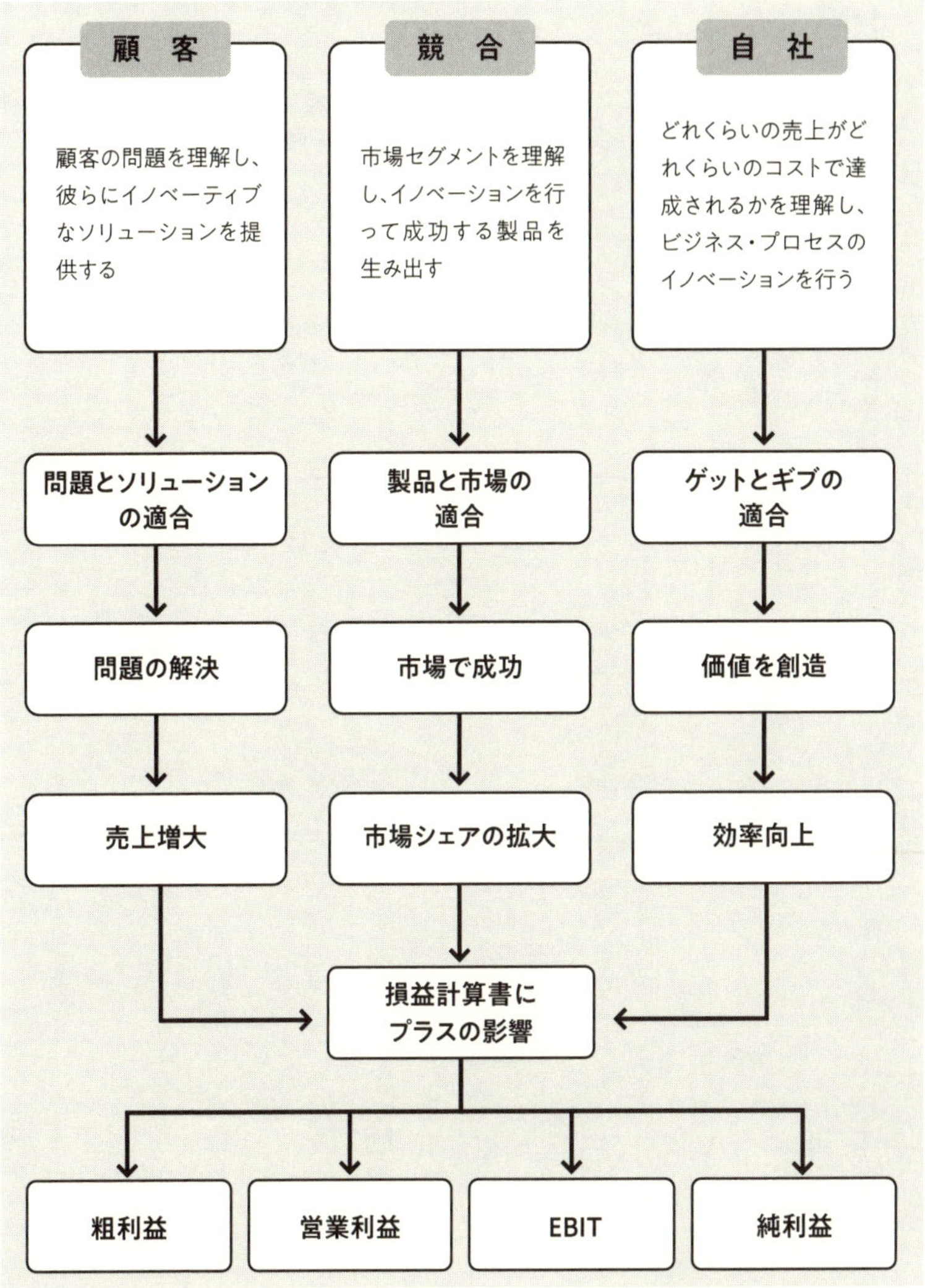
顧　客
顧客の問題を理解し、彼らにイノベーティブなソリューションを提供する
問題とソリューションの適合
問題の解決
売上増大
競　合
市場セグメントを理解し、イノベーションを行って成功する製品を生み出す
製品と市場の適合
市場で成功
市場シェアの拡大
自　社
どれくらいの売上がどれくらいのコストで達成されるかを理解し、ビジネス・プロセスのイノベーションを行う
ゲットとギブの適合
価値を創造
効率向上
損益計算書にプラスの影響
粗利益
営業利益
EBIT
純利益

図9-6／「利益率の漸進的変化」対「劇的変化」

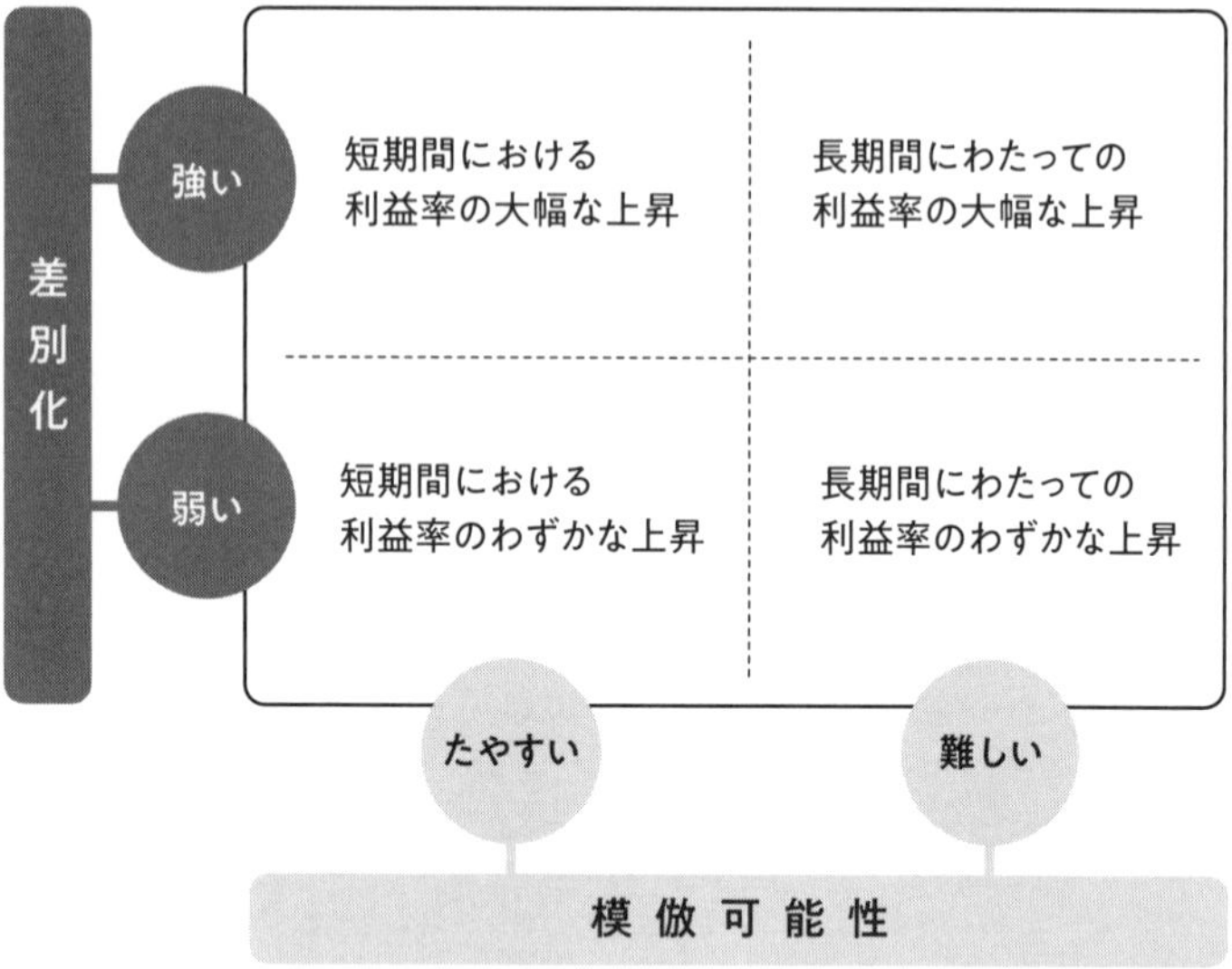

ますます圧縮されることになる。つまり、利益率はわずかに上昇するが、それは短期的なものとなる。

- **短期間の高い利益率**：利益率は劇的に上昇するかもしれないが、それは短期間しか続かない。この状態になるのは、生み出された差別化が既存のソリューションに比べてかなり強力である場合だ。この差別化に対する提示価格はかなり高い可能性があり、従って、高い利益率を生み出す。しかし、その差別化が競合他社にたやすく模倣されることが判明した場合、高い利益率は長期にわたっては得られない。素早い模倣によってコモディティ化が進み、それはやがて当該製品の価格を市場価格に押し戻し、利益率を縮小させることになる。

• **長期間の低い利益率：**生み出された差別化が既存のソリューションに比べてさほど強くない時に、この状態になる。提示価格は比較的低く、従って利益率は小さい。しかし、競合他社がその差別化を容易には模倣できない場合は、この薄い利益率を比較的長く維持できる。つまり、コモディティ化はすぐには起こらない。利益率の上昇幅は小さいが、上昇した利益率は極めて長く続く可能性がある。

• **長期間の高い利益率：**この状態になるのは、生み出された差別化が既存のソリューションに比べて強力である場合である。提示価格はかなり高く、高い利益率を生み出す。競合他社がその差別化を容易には模倣できない場合は、高い利益率を長期にわたって維持することができる。コモディティ化はすぐには起こらず、利益率は大きく上昇し、高い利益率が長期にわたって続く［図9–6］。

起業家的視点からすると、高い利益率が得られる機会を求め続けるべきである。マーケティングの視点からいえば、顧客にとって意味のあるソリューションを提供し、なおかつ競合他社が長きにわたって模倣できない強力な差別化を生み出す必要がある。

イノベーションと収益性の互恵的関係

オムニハウス・モデルでは、イノベーションの要素と改善の要素との互恵的関係を示すために、両者の間に双方向の矢印が描かれている。**イノベーションは顧客にとって意味のあるソリューションを生み出すと同時に、企業の収益性を改善することが期待される。**

イノベーションから利益率改善に向かう矢印があるのは、このような理由による。だが、その逆はどうだろう。収益性が向上したにもかかわらず、自社のコアコンピテンスと整合するイノベーション能力への投資が停止されるようなことがあってはならない。むしろ、**イノベーション能力を維持、強化し、利益率をさらに高める予算により多くの資金を配分すべきである。**

ＰｗＣの調査「グローバル・イノベーション１０００」から、企業の売上高、研究開発費、および総売上に対する研究開発費の割合を表す研究開発強度（図9-7）に円の形で示されている）を知ることができる。我々はこのデータを使って、自社のイノベーション能力維持に対する企業のコミットメント・レベルを示したい。ＰｗＣのリストから、インターブランド社が発表した「ベスト・グローバル・ブランド」にも含まれていた25社を抽出した。[17]

図9-7／売上高、研究開発費、研究開発強度[18]

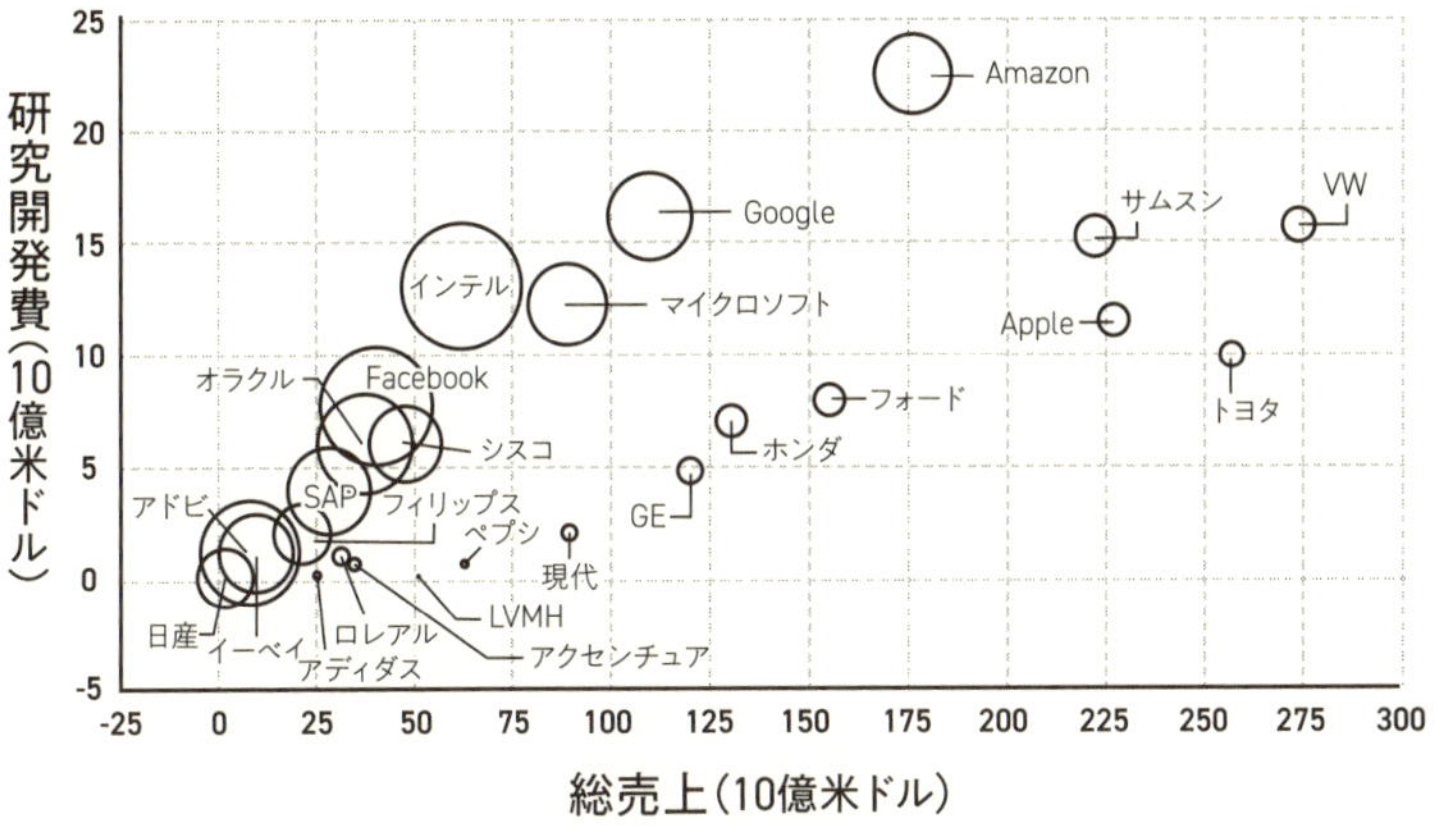

データから、いくつかの興味深いポイントを指摘できる。これら25社は三つのグループに分けられる。一つ目のグループはテクノロジー企業、二つ目は自動車、三つ目は様々な産業の企業が混在するグループで、そのほとんどは消費財企業である。

売上高2千億米ドル未満のテクノロジー企業では、総売上に関係なく研究開発強度は約10〜20%である[図9−8]。

テクノロジー企業グループでは、Appleだけは他のテクノロジー企業に比べて研究開発強度が相対的に低かった[図9−9]。Appleは120億ドル近い研究開発費を使っており、これは25社のうち7番目に高い。研究開発強度が相対的に低かったのは、Appleの売上高が2千億ドルを超えていたためである。やはり売上高2千億ドル以上のサムスンは研究開発強度が6・8%で、Appleを若干上回る程度だが、

図9-8 ／ 売上高2000億米ドル未満の第1グループ（テクノロジー企業）[19]

企業	研究開発費（10億米ドル）	売上高（10億米ドル）	研究開発強度（%）
インテル	13.10	62.76	20.9
Facebook	7.75	40.65	19.1
アドビ	1.22	7.30	16.8
オラクル	6.09	37.73	16.1
Google	16.23	110.86	14.6
SAP	4.02	28.17	14.3
マイクロソフト	12.29	89.95	13.7
イーベイ	1.22	9.57	12.8
Amazon	22.62	177.87	12.7
シスコ	6.06	48.01	12.6

図9-9 ／ 売上高2000億米ドル以上の第1グループ（テクノロジー企業）[20]

企業	研究開発費（10億米ドル）	売上高（10億米ドル）	研究開発強度（%）
サムスン	15.31	224.27	6.8
Apple	11.58	229.23	5.1

研究開発費の額は150億ドル以上で、第4位にランクされる。

自動車企業のグループでは、研究開発強度は2〜10%弱の間である［図9-10］。日産は高い研究開発強度を示しているが、売上高では25社のうち最も低い点に留意しなければならない。売上高で日産に最も近い企業、すなわちアドビでさえ、日産の4倍売り上げている。日産を除けば、自動車グループの研究開発強度の平均は約4・5%で、売上高が大きければ大きいほど研究開発費も大きくなっている。

様々な産業の企業で構成される最後のグループでは、研究開発強度は一般に5%未満である［図9-11］。フィリップスだけが10%近いが、売上高はこのグループで最小である点に留意しておきたい。

これら三つのグループについて、興味深い点がいくつかある。研究開発強度は別にして、一般的に**企業の売上高が大きければ大きいほど、研究開発費も大きくなっており、つまり売上高とイノベーションに割り当てられる予算の間に正の関係がある**ことを示している。これらの企業は、競争力維持のために強いイノベーション能力への覚悟があることがわかる。

イノベーションをうまく生み出すために、企業は顧客の問題解決に向けて必要な資源を割り当てる。ビジネスのやり方を変えたり、ニッチ市場に適合する新製品を生み出したり、顧客にとって重要な具体的問題を解決したりすることで、売上高や利益率を高めようとするのである。イノベーションと収益性の正の関係は、企業の成長を支え、その企業の競争優位を築くことになる。

図9-10 ／ 第2グループ（自動車産業）[21]

企業	研究開発費（10億米ドル）	売上高（10億米ドル）	研究開発強度（%）
日産	0.16	1.70	9.6
VW	15.77	277.00	5.7
ホンダ	7.08	131.81	5.4
フォード	8.00	156.78	5.1
トヨタ	10.02	259.85	3.9
現代	2.12	90.22	2.3

図9-11 ／ 第3グループ（諸産業）[22]

企業	研究開発費（10億米ドル）	売上高（10億米ドル）	研究開発強度（%）
フィリップス	2.12	21.35	9.9
GE	4.80	121.25	4.0
ロレアル	1.05	31.25	3.4
アクセンチュア	0.70	34.85	2.0
ペプシ	0.74	63.53	1.2
アディダス	0.22	25.48	0.9
LVMH	0.16	51.20	0.3

重要なポイント

- 生み出されるイノベーションをソリューション志向にするためには、顧客、競合、自社について分析しなければならない。内向きのアプローチであれ外向きのアプローチであれ、さらには保守的な見方であれ先進的な見方であれ、そうした分析には有用である。
- イノベーションの一つとして、企業はビジネスモデル、製品、もしくは顧客体験を変革することができる。
- 起業家的マーケティングでは、イノベーティブなソリューションは、問題とソリューションの適合、製品と市場の適合、ゲットとギブの適合という三つの適合要件に照らして評価される。
- イノベーションは、短期間の低い利益率、短期間の高い利益率、長期間の低い利益率、長期間の高い利益率という4タイプの利益率向上を実現できる。
- イノベーションと収益性の関係は互恵的である。

第10章

リーダーシップとマネジメントの融合

価値観を維持し、市場価値を高めよ

Netflixの創業者リード・ヘイスティングスは、環境問題への関心を示しながら、同時に、財務的成果を追求すべきだというビジョンを打ち出した。Netflixは自社のサプライチェーンからの二酸化炭素排出量を削減するために、自然が備える二酸化炭素貯蔵能力を保護、修復するプログラムに資金提供をしたり、世界的な森林保護などのプロジェクトに資金を投じたりしている。[1]

Netflixは郵送型DVDレンタル・サービスとしてスタートし、長期間借りていても延滞金を課さないシステムだった。顧客は定額のサブスクリプション料金を支払うだけでDVDを借りることができた。顧客が見たい映画が、料金前納の返送用封筒と一緒に郵送されてきたのである。[2]

やがてNetflixは、オンデマンド映像配信サービスを追加し、成功した。ビデオ・DVDのレンタル・チェーン店を幅広く展開していたブロックバスター社が2010年に破産したあとも、Netflixは急成長を続けた。パンデミックの間、ヘイスティングスは正しいマーケティング手法を採用してチャンスを十分に生かし、顧客数を劇的に増加させた。[3] Netflixは2020年に3700万人、翌年に1820万人の新会員を獲得したのである。

Netflixに関する研究から、**起業家的マーケティングではリーダーシップが極めて重要である**ことがわかる。ヘイスティングスの例は、彼が会社のスタートと継続的なイノベーションにどのように取り組んだかを教えてくれる。Netflixはパンデミックの間に成長、拡大を続けた。同社の持続可能性投資は、消費者と地球環境の両方に対する同社のコミットメントを強固にする働きをしている。

Netflixの例からオムニハウス・モデルに移ると、リーダーシップはCI―EL要素の一番右に置かれている。本章では、最後の二つの要素、すなわちリーダーシップとマネジメントを融合させる必要性について考えたい［図10―1］。

まずリーダーシップと起業家的マーケティングの繋がりを探る。次にリーダーシップとマネジメントの関係に注目し、最後に株主にとっての価値要素をこれらに結び付けて、その測定方法を検討する。

リーダーシップと起業家的マーケティング

リーダーシップというテーマについては、多くの研究が行われ発表されてきた。リーダーシップに関する、またリーダーと部下たちとの交流の在り方に関する継続的な幅広い研究から、いくつかの理論やモデルも生み出されてきた。[4] 実務家や研究者の間では、変革型リーダーシップ、状況対応型リーダーシップ、オーセンティック・リーダーシップなど、リーダーシップに関する様々な見方が知られている。

図10-1 ／ オムニハウス・モデルのリーダーシップ要素とマネジメント要素

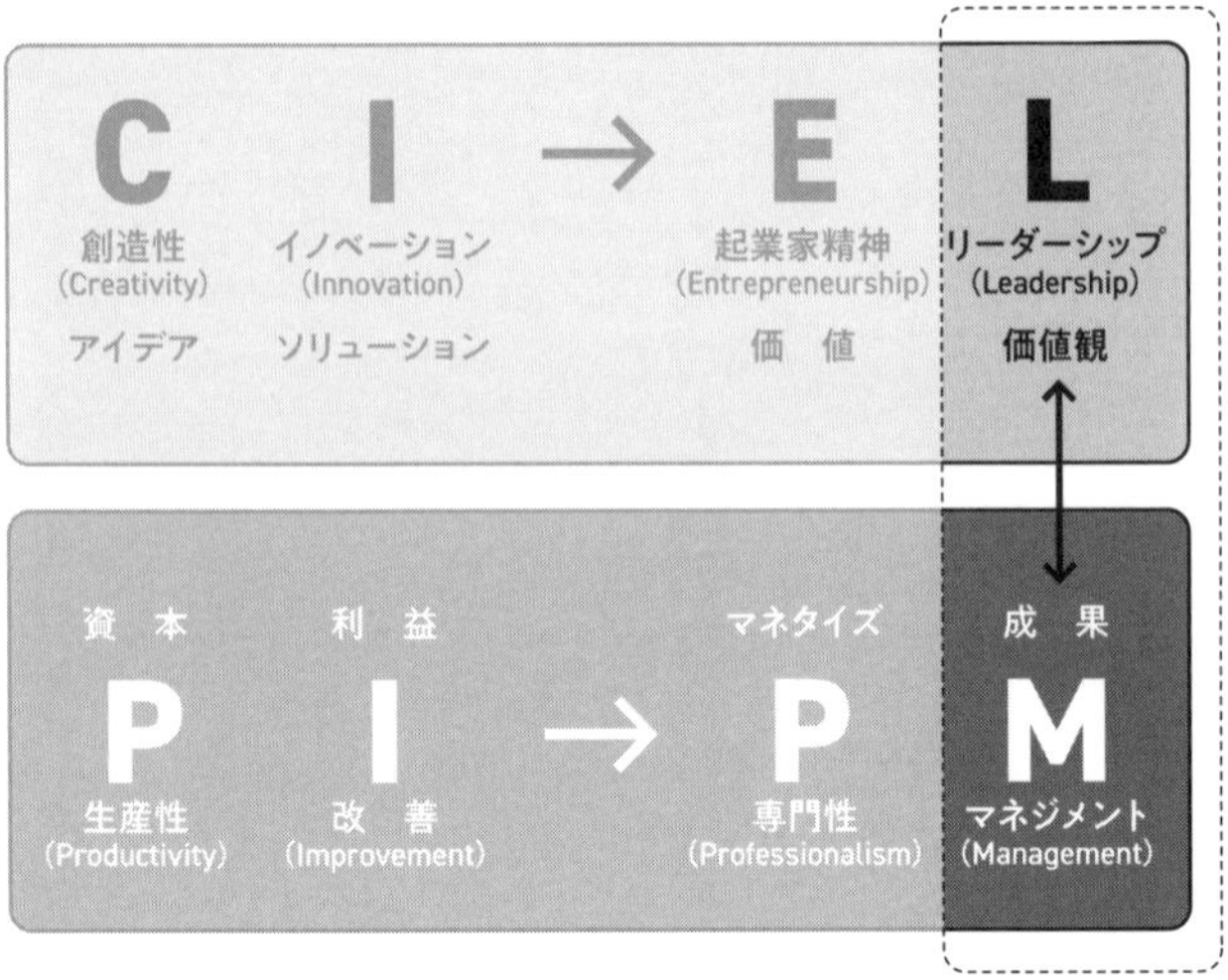

リーダーシップによく結び付けられる要素に、ビジョンがある。組織が将来、何を達成しようとするかという夢のことであり、組織の変革とも紐付けられることが多い。[5] この変革には、財務面だけでなく他の目標も含めることができる。ダニエル・ゴールマンはかつて、リーダーの主な仕事は財務面を超えた結果を達成することだと述べた。[6]

ギャラップの50年にわたる調査によれば、偉大なリーダーの主な役割は次の五つである。

- **チームを鼓舞して並外れた仕事をさせる**
- **チームが優れた仕事をするための目標を設定し、資源を提供する**
- **他者を感化して行動させ、逆境や抵抗を乗り越えさせる**
- **深い絆で結ばれた献身的で協働的なチームを**

築く

- **戦略や意思決定に分析的アプローチをとる**[7]

リーダーシップと起業家精神、リーダーシップとマーケティングは別々に論じられることが多い。そのため、リーダーシップと起業家的マーケティングの関係を扱っている資料を見つけるのは容易ではないだろう。学術文献のデータベースで、リーダーシップと起業家的マーケティングという二つのキーワードを一緒に検索しても、出てくる結果は、たいていその二つを一緒に論じてはいない。

⦿――リーダーシップと起業家精神

リタ・ギュンター・マグレイスとイアン・マクミランが、起業家的リーダーシップという概念を初めて提唱したのは2000年のことである。マクミランは『アントレプレナーの戦略思考技術――不確実性をビジネスチャンスに変える』(ダイヤモンド社、2002年)の中で、世界はあまりにも変化が激しく予測不可能になりつつあるので、従来のリーダーシップ戦術は使えなくなりそうだと指摘した。[8] この現象がビジネスの世界でどのように展開するかについては、今なお広く議論されている。

仕事の場で起業家的アプローチを用いる人は、適切なリーダーシップ・スキルを備えていなければならない。残念ながら、**このリーダーシップ能力、具体的にはビジョンの策定から、それを伝え、**

他者に手本を示し、新しいリーダーを生み出すことまでは、当たり前であると思われている。科学的な研究によれば、リーダーシップの開発では、先天的性質と後天的性質の複合的影響が重要な役割を果たす。リーダーシップの形成に与える影響は、環境的要因のほうが大きいことがデータから明らかになっている。[10]

起業家的リーダーシップは、企業のパフォーマンスにプラスの影響をもたらすことができる。強いリーダーシップとは、**自社の目標に沿ってマネジメント・チームを指揮し、チームの士気と自信を高める能力**のことである。マネジメント・チームの士気と自信が高まれば、それは従業員のエンゲージメントとコミットメントを強化する。[11] この意味で、強い起業家的リーダーシップは、企業の競争優位を築くために欠かせない要因の一つといえる。

起業家的リーダーシップはまた、組織内の人材の開発でも重要な役割を果たす。ある途上国の製造業を対象としたデータから、**起業家的リーダーシップと従業員の創造性との間にはプラスの関係**があることが明らかになった。[12] 中国で行われた別の調査では、起業家的リーダーシップには従業員の離職率を低下させる力があるという結果も得られている。[13] リーダーシップは基本的に、コーチング、メンタリング、実践的学習、その他の研修などの人材開発を通じて、競争優位をもたらすものでなければならない。

◉――リーダーシップとマーケティング

強いリーダーシップがなければ、マーケティングは手順に従って標準的に行われるにとどまり、デジタル技術がもたらす急変に対処できないだろう。もはや我々は、**「専門的」スキルだけをベースにマーケティングを実施することはできなくなっている。**マーケティング担当幹部によって実現されるビジネス・インパクトの55％以上がリーダーシップ要因によるもので、約15％が専門的なマーケティング・スキルによるものである。つまり、**マーケティングにおけるリーダーシップは、顧客にソリューションという形で価値を提供する上で、極めて重要な役割を果たす**ということである。[14]また、マーケティングは最適な結果を得るために、企業の資源を生産的に利用する。

マーケティング戦略の実行にも、強いリーダーシップが欠かせない。マーケティングはリーダーシップなくしては機能しないため、マーケティング・リーダーのポジションは重要性が高まってきている。これは新型コロナ・パンデミックのような不確実性の時期にますます明白になった。社内のすべての**潜在的チームを指揮して力強い顧客中心アプローチを実行させるためには、強いリーダーシップが必要**であり、このようなアプローチをとれるか否かが企業の市場シェアを左右するのである。[15]今日の動的な顧客に注視し続けることで、リーダーは自分のチームを常に適応できる状態にしておかなければならない。[16]

マーケティング・リーダーの責務が拡大して、より幅広い活動を含むようになる中で、CEOやCFOはマーケティング・リーダーを幹部会議に参加させるようになっている。上級職のマーケターの3分の1近く(31・5%)が、投資家向けの業績発表会のすべて、もしくは大半に参加していると述べており、半分以上(53・5%)が、取締役会のすべて、もしくは大半に参加していると述べている。[17]

優れたリーダーシップの見極めは、マーケティングの成功にとって、とりわけマーケティング・チームを団結させ、指揮し、やる気を起こさせて、既定の戦略や戦術に従って行動させるために極めて重要である。リーダーシップは、マーケティング戦略の策定・実行に際しても大きな役割を果たす。その策定・実行は、財務的結果はもちろん、顧客ロイヤルティ、製品リーダーシップ、堅固なブランド・エクイティなどの非財務的結果ももたらす。[18] ここからわかるのは、**リーダーが目標達成に向けてのマーケティングの役割を理解し、マーケティング機能を使って成長を実現することが極めて重要だという事実**である。[19]

デジタル時代にデータや情報を積極的に活用するマーケティング・リーダーは、成長リーダーになる。デロイトの調査によると、マーケターの56%はデータや情報が自分の成長プランを前進させる助けになると考えている。対して、製品群の深い理解が次の成長ステージに進む助けになるというマーケターは18%にすぎない。[20]

リーダーシップとマネジメント

激化する競争やいっそう動的になるビジネス環境を考えると、マネジメントにおけるリーダーシップ能力は極めて重要である。企業は標準的なマネジメント・アプローチに頼るだけでは成功できない。マネジメントを行うには、適性のあるリーダー、すなわち強いリーダーシップを持つリーダーが欠かせない。従って、企業は社内のリーダーシップ能力が現在はもちろん将来も適切であり続けるように注力しなければならない。[21]

ウォーレン・ベニスによれば、**リーダーシップはビジョンを現実に変える能力**である。だとすると、我々はまずビジョンをいくつかの具体的目標に変える必要があり、これらの目標達成のためには戦略が不可欠である。我々は次にこの戦略を、より実行しやすい様々な作戦プランへと落とし込む。ハーバード・ビジネス・スクール教授のデイビッド・ガービンによれば、戦略を適切に実行するとは、「計画もしくは約束されたことを不測の事態に直面した場合でも、期日内に、予算内で、質を維持して、最小限の変動で達成する」ことをいう。[22]

この新しい起業家的マーケティング・モデルでは、マーケティングの戦略・戦術はPDB三角形[図

図10-2／価値観とPDB三角形

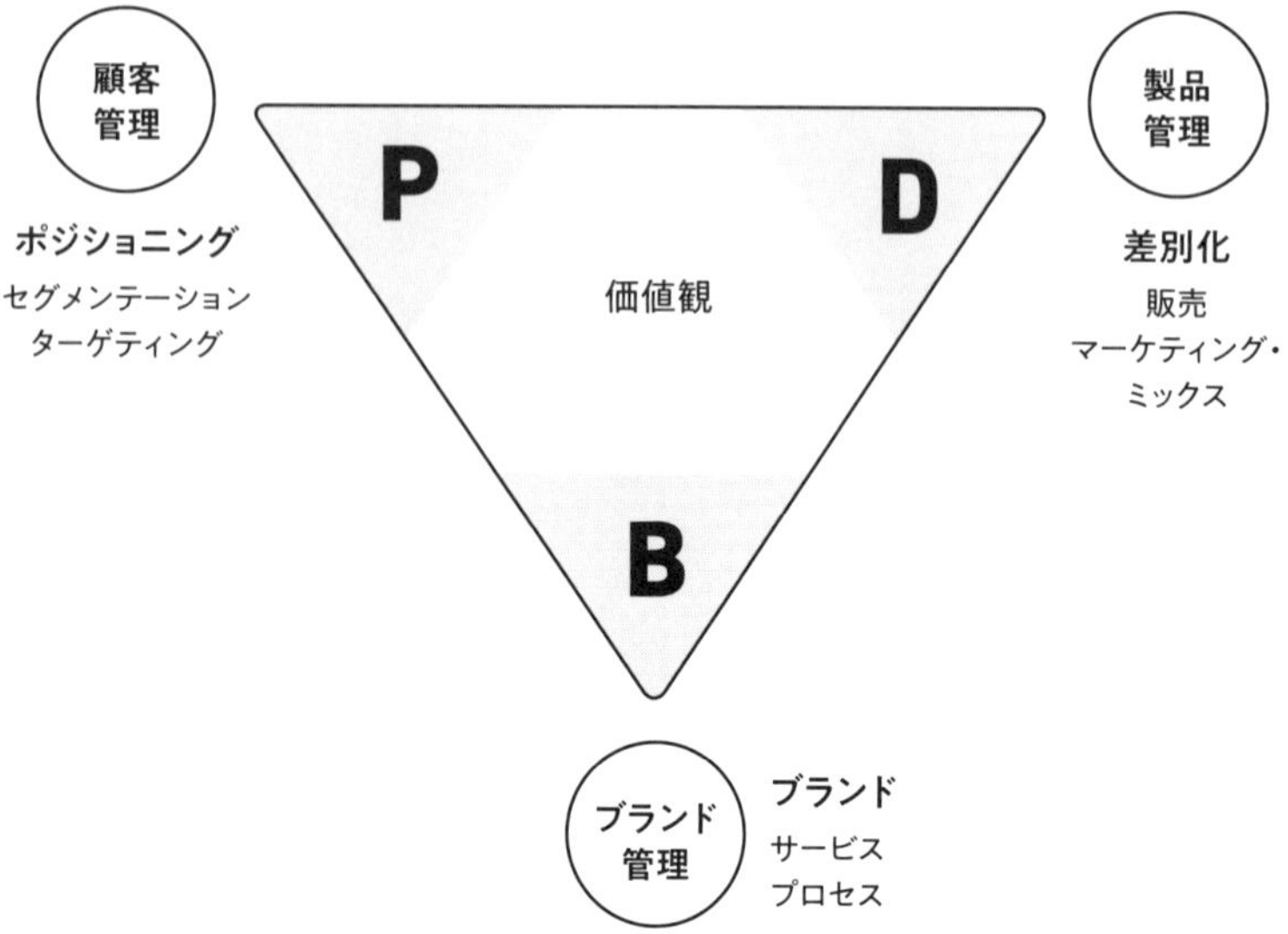

10-2」にまとめられた9要素（9E）を拠り所としている。これら9要素――ポジショニング、セグメンテーション、ターゲティング、差別化、販売、マーケティング・ミックス、ブランド、サービス、プロセス――は、主なマーケティング・マネジメント能力である、顧客管理、製品管理、ブランド管理の三つに分類できる。企業の価値観を維持し、それを九つのコア・マーケティング要素に落とし込める能力は、リーダーシップの実行性を示している。

価値観に結び付いている顧客管理、製品管理、そしてブランド管理には、短期的にはキャッシュフローの創出が期待される。将来的には企業の市場価値を高めることが求められる。企業は顧客・製品・ブランドの管理を通じて、これらの結果を実現しなければならない。

マーケティング戦略の一部である**顧客管理とは、ターゲット市場を認識、選択し、確立されたポジショニングに合致する優れた顧客体験を提供することである。**これは顧客エンゲージメント、ロックイン・メカニズムの形成、および強固なロイヤルティへと結び付く。

KPMGはかつて20カ国以上の1万8520人の顧客を対象に、顧客ロイヤルティに関連する調査を行った。ブランドと小売業者が顧客ロイヤルティ・プログラムを改良することで、顧客をどう引き付け、維持できるかに注目した調査だった。これによると、消費者の56％が、顧客サービスを通じた企業の顧客関係管理によって自らのロイヤルティは左右されると思っていた。[23]

製品管理とは、ターゲットである市場セグメントに向けたソリューション提供のために、製品ポートフォリオを開発から商品化まで管理することである。差別化の水準がどのようにマーケティング・ミックス戦術の諸要素とそれに続く販売努力へと結び付いているかも、ここに含まれる。製品の重要性については、休日の買い物習慣に関する2018年のデロイトのレポートによると、ほとんどの回答者が高品質（71％）と製品のバラエティ（68％）を求めると答えていた。[24]

ブランド管理とは、顧客価値を高めるサービスやプロセスによって支えられるブランド・エクイティを強化することである。効果的なブランド管理の実行は、Appleから学ぶことができる。Appleは情緒的側面を優先させるブランディング戦略によって、顧客の間で熱狂的支持を生み出してきた。Appleストアのネットワークから提供されるプレミアム・サービスは、Apple製品に対する顧客のブランド・ロイヤルティをさらに高めている。2021年には、Appleは世界で最も価値のあるブランドに輝いた。[25]

リーダーシップと市場価値

企業のトップ・マネジメントが持つリーダーシップ能力は、非専門的な質的スキルであることが多い。にもかかわらず、トップ・マネジメントの成果は通常、量的に評価される。企業の利益の増大、株価、従業員の生産性などが、一般にリーダーの主な成果指標とされてきた。

360度評価は、リーダーシップが企業の財務的結果に大きな違いをもたらすことを明らかにした。リーダーを評価結果によって上位10％、下位10％、中間80％の3グループに分けて、それぞれの財務的結果を調べたところ、下位10％のリーダーは赤字を出し、中間のリーダーは利益を出した。そして、上位10％のリーダーは会社の利益を他の90％のリーダーに比べ2倍以上に増大させた。[26]

企業でリーダーシップをとり入れる際には、**ステークホルダーの要求に応えるために、価値創造プロセスを適切に監督しなければならない。**ステークホルダーには従業員、顧客、社会、株主すなわち投資家が該当する。

アメックスの委託を受けてエコノミスト・インテリジェンス・ユニットが開発した「ビジネス・リアリティ・チェック」では、ビジネス・リーダーの視点を、国・国際機関・専門家団体から集めたデータと対比させている。この調査によれば、企業幹部の34％が、短期的成果を求める株主の圧力は戦略実行の障害だと考えている。その上、大きなステークホルダー集団に対する説明責任を求める圧力は、29％が無視できない障害だとしている。[27]

ウルリッチとフリードは、我々はもはや企業価値を従来のアプローチだけ、すなわち財務的側面だけでは決定できないと述べた。彼らの予測によれば、財務的側面は企業の市場価値の50％をカバーするだけである。企業における**リーダーシップという極めて重要な要因のおかげで実現される無形価値も、投資家は考慮する。**それゆえ、投資家は自身の意思決定プロセスで、このリーダーシップ要因について真剣に検討する必要がある。[28]

リーダーシップは堅固な企業文化に基づいて、マネジメント・チームを指揮、動員、動機付けすることで、企業のパフォーマンスに影響を与える。Ouslis の調査は、リーダーシップが企業のパフォーマンスに最高で14％貢献できること、またCEOは企業のパフォーマンスに差が生まれる様々な取り組みに30％近く貢献できることを示している。**リーダーシップ要因による無形価値の増大は、簿価と市場価値のさらに大きなギャップにも繋がっている。**２０００年以降、このギャップはより顕著になり、市場価値が簿価の6倍近くになることさえある。[29]

デロイトが発表した調査論文によれば、リーダーシップは今なお軽視されることが多い。リーダーシップ能力の向上は株主価値を高め、持続可能性の保証になるにもかかわらず、その育成は大きな効果をもたらすという考えに同意する企業幹部の割合は低い水準にとどまっている。一方、アナリストたちは、リーダーシップは重要だという見方を有しており、上級リーダーシップ・チームの効果性は企業の成功の判断基準として必要であり、収益予測や収益性分析の検討より重要だと考えている。もっとも、リーダーシップの効果は、産業によって異なる点に留意しなければならない。[30]

●顧客・製品・ブランド管理への影響

以上の説明を踏まえると、リーダーシップは顧客管理、製品管理、そしてブランド管理を含むマネジメント・プロセスを通じて、マーケティング戦略・戦術を実行する上で欠かせないといえる。顧客管理、製品管理、そしてブランド管理という三つの側面は、オムニハウス・モデルにおける屋根の右側に置かれている。強いリーダーシップは、誠実さ、責任感、品質へのコミットメント、環境への配慮など、社内のすべての人が共有している価値観をマーケティング戦略・戦術に組み込むことができる。

強いリーダーシップは、マネジメント・チームを指揮し、勇気づけて、マーケティング9要素に

集中させるためにも必要である。マーケティング9要素はいずれも企業の無形価値を増大させる。強いリーダーシップと、優れたマネジメント・プロセスからの支援は、企業の将来における市場価値を高めるだろう。これは、リーダーシップの貢献による無形価値の増大とも整合する現象である［図10-3］。

経営陣は、自社の価値観や文化に加えて社会的影響力も維持しながら、財務的にも非財務的にも実績を示さなければならない。具体的には、正当な利益を上げること、倫理的なやり方で顧客数を増やすこと、環境面に注意を払いながら市場を拡大することなどである。

リーダーシップとは、ある人物が企業の価値観をポジショニング、差別化、ブランディングで表し、それらの要素をセグメンテーション、ターゲティング、マーケティング・ミックス、販売、サービス、プロセスと整合させるということである。リーダーシップは実行役のマネジメント・チームを導き、指揮し、動機づけすることとも関係がある。従って、人間の側面に注意を払うことは、リーダーシップを適用する際の最重要事項の一つである。

リーダーは、チームの各メンバーに強い意欲を持たせ、事前に決められた目標達成のために各自のエネルギーと能力を総動員させなければならない。強いリーダーシップはポジティブな空気感を生み出し、投資家から見た企業の市場価値を高めてくれる。この市場価値は、株価収益率（ＰＥＲ）や株価純資産倍率（ＰＢＲ）によって測定できる［図10-4］。

図10-3 ／ リーダーシップとマネジメント：価値観から市場価値まで

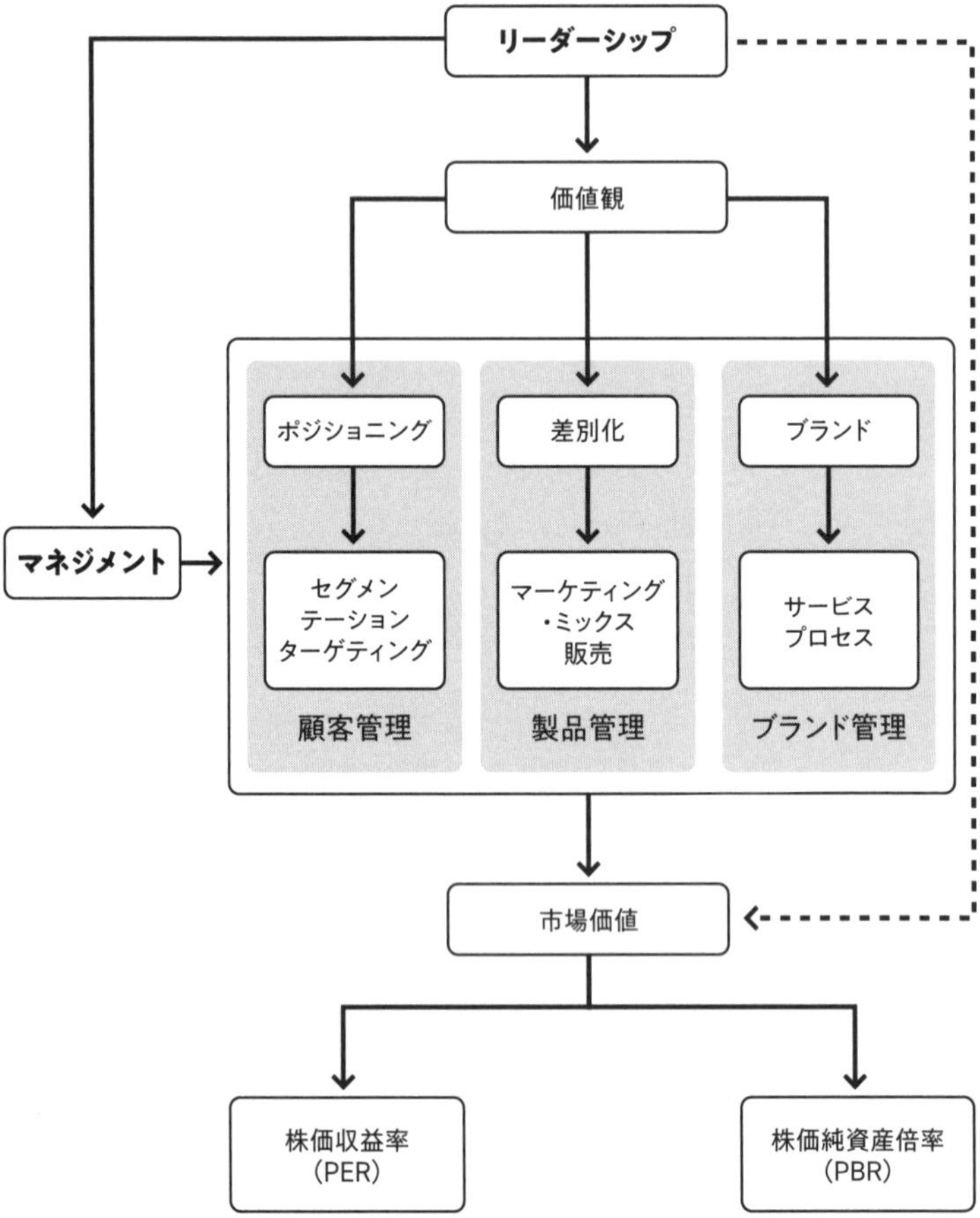

図10-4／株価収益率（PER）と株価純資産倍率（PBR）

	株価収益率（PER）[31]	株価純資産倍率（PBR）[32]
定義	企業の株価と一株当たり純利益の関係。一株当たり純利益に対して株価が何倍になっているかを表す。株価は市場価値に基づく。	企業の時価総額（すなわち市場価値）とその企業の純資産価値の関係。市場はその企業を簿価に対して何倍の価値があると見ているかを表す。株価は市場価値に基づく。
公式	株価／一株当たり純利益	株価／一株当たり簿価純資産額
用途	・企業の株価が（その企業の利益と比較して）過大評価されているか過小評価されているかという感触を提供する。 ・比較の根拠、すなわち似通った業界もしくはより広い市場の基準（例えばS＆P指数）を提供する。 ・過去または将来の利益を参照することによって、株式に対する現在の市場すなわち投資家の支払意思額を理解する。	・投資家が投資対象の潜在力を評価する際の検討の根拠を提供する。 ・企業が過小評価されているか過大評価されているかを測定し、それを使って、その企業への投資が投資家の目的をかなえるか否かを判定する。 ・企業の株式価値に関する市場の認識、すなわち公正な市場価値を示す。

顧客管理、製品管理、そしてブランド管理によって、経営陣は自社の基盤を堅固にできる。つまり、企業の市場価値が増大することであり、市場価値の増大は買収や投資にとってはもちろん、株式公開にとっても極めて重要である。[33]市場価値は、企業の価値をより総合的に見るエクイティ投資家、プライベートエクイティ・ファンド、ミューチュアルファンドやヘッジファンドのマネジャー、ポートフォリオ・マネジャー、ベンチャー・キャピタリストにとっても欠かせない参照情報である。[34]

投資家は企業の現在の市場価値すなわち株価に基づいて、株価収益率など様々な比率を算出し、投資決定の根拠として使用している。株価収益率は、株式の相対的価値の判定に投資家やアナリストが最もよく使う比率の一つで、株式が過大評価もしくは過小評価されているかの判定ツールとして用いることができる。[35]

●リーダーシップとマネジメントの融合

企業のリーダーが2人以上の複数人で構成される場合についても留意すべきである。組織のあらゆるレベルに、特定の責任範囲に特化したリーダーがいる。彼らは自分の責任範囲の目標を達成するために指揮下の人々を行動させなければならない。

起業家的マーケティングに対して、より総合的なアプローチを実行する際に直面する**課題の一つが、リーダーシップとマネジメントをどう融合させるかである。**企業において**指揮は過剰だが、管理は過小という状態は望ましくない。**この状態は多くの中小企業で見受けられる。管理は過剰だが指揮は過小という、大企業で起こりうる状態も回避しなければならない。

ハーバードの「National Preparedness Leadership Initiative（全米危機対応リーダーシップ・イニシアティブ）」のディレクター、エリック・J・マクナルティとレナード・マーカスは、大きなリスクと大きなプレッシャーがある状況に置かれた公的部門と民間部門のCEOについて、20年近く研究・観察してきた。そして、危機がともすると過剰に管理され、過小に指揮されることに気づいた。

複雑さと変化の両方を伴う危機の際には、CEOは効果的に指揮・管理しなければならない。マネジメントの仕事は喫緊の課題に対応することで、マネジャーは素早く決断し、資源を配分する必要がある。しかし、リーダーは危機の時期を越えて、可能なかぎり最善の帰結に人々を導かなければならない[36]。

リーダーシップとマネジメントの関係は、これまで論じてきた柔軟性と硬直性の関係と重なり合う。**リーダーシップは通常、漸進的なものから急激なものまで含めた変化に対処する。他方、マネジメントは安定を維持し、秩序立った活動を監督する**[37]。

この考えは、コロンビア・ビジネススクール教授リタ・ギュンター・マグレイスにも支持されている。マグレイスは、2009年までの10年間に純利益を年平均5％以上増加させた2300以上の重要なアメリカ企業から10社を選んで、その共通する点を調べた。高いパフォーマンスを示したこれら10社は極めて安定しており、長期にわたって変わらない特定の組織的特徴を備えていた。また、自社の資源を素早く変換、調整できる迅速なイノベーターでもあった[38]。

これまで述べてきた点から、**リーダーシップは単独では力を発揮できないことがわかる。**日々の活動を通じ組織を未来に向けて前進させるためには、リーダーシップは適切なマネジメントとセットでなければならない。加えて、**起業家的マーケティングは起業家的リーダーシップで強化される必要がある。**そうすることで、企業のパフォーマンスが強化されるからである。リーダーシップとマネジメントの適切な組み合わせは、投資家の目から見るとポジティブな空気感を生み出すなど、無形価値を高める点で、企業の市場価値にプラスの影響を与えるだろう。この市場価値は様々な形で把握できる。最もよく知られているのは株価収益率と株価純資産倍率で、この二つは投資家にとって重要な指標となっている。

重要なポイント

▼

- リーダーシップは通常、他者を鼓舞、感化すること、ビジョンを持つこと、および変革を導くことと関連付けられる。
- 起業家的リーダーシップは企業のパフォーマンスを向上させ、社内の人々の成長を促進することができる。
- 顧客、製品、ブランドを管理するためには強いリーダーシップが必要である。
- 経営陣は顧客、製品、ブランドの管理を通じて企業の市場価値を高めることができる。
- 投資家は企業を評価する時、リーダーシップに注目する。強力なチームは市場価値を高める助けになるからである。

第11章

機会を見つけてつかむ

事業の見通しから
マーケティングの構造まで

シンガポールに本社を置くDBS銀行のCEO、ピユシュ・グプタは、デジタル技術の活用による大きな成長機会をアジアに見いだした。若者世代はデジタルに精通していて、おまけにアジアの消費者はスマートフォンの採用率で業界をリードしていた。

法人業務、リテール業務、資産管理業務で幅広いサービスを提供していたDBS銀行は、新しいロードマップを描いた。そして、テクノロジーに多額の投資を行い、デジタル・イノベーションで組織全体を繋ぐために大胆な変革を行った。さらに、エマージング・テクノロジーのトレンドや顧客行動や技術インフラについて包括的な調査を行った。DBS銀行のチームは、世界の最先端のテクノロジー企業を訪問して、貴重な知見を得るとともに銀行産業のベスト・プラクティスをどのように実行すればよいかを学んだ。

調査結果に基づいて、DBS銀行の技術インフラ・チームは効果的な変革のために、業務の85%のアウトソーシングから85%のインソーシングに変更した。さらに、五つの重要なケイパビリティ、すなわちアクワイアリング、トランザクティング、エンゲージング、エコシステム、そしてデータを備えたデジタル・ビジネスモデルを開発した。これらの改革によって、DBSは様々なセグメントで事業目的を推進した。シンガポールと香港では課題予測のために急ピッチでデジタル化を進め、インドとインドネシアではオンライン・バンキング・アプリ「デジバンク」で市場に参入して、イノベーティブなフィンテック・ソリューションを提供した。

DBS銀行はマーケティング・コミュニケーションを変革戦略の一環と位置付けて、「銀行取引を楽しくする」「暮らしの時間を増やし、銀行に使う時間を減らす」という新たなミッションを打ち出した。簡単で手間いらずの銀行体験という認知をマーケティング戦術と統合したのである。このキャンペーンには多くの要素が盛り込まれていた。DBS銀行は顧客がインビジブル・バンキングでゆったり暮らせるようにし、銀行取引を顧客のカスタマー・ジャーニーに組み込んで、顧客がいつでも利用できる銀行を生み出すことを意図した。[1]

DBS銀行はシンガポール最大の車の売買サイト、DBSカー・マーケットプレイスに投資することによって、自行のデジタル・チャネルを強化した。また、住宅の所有者と買い手を結び付けるDBSプロパティ・マーケットプレイスを構築した。さらに、新品や中古品の売買プラットフォーム「カルーセル」に出資し、カルーセルと協働してこのプラットフォーム上で金融商品や決済サービスをオファーしている。[2]

その結果、シードリー・シンガポールの投資アナリストたちによれば、2020年にはストレーツタイムズ指数（STI）が約2％下落したのに対し、DBS銀行の株価は約23％上昇した（STIはシンガポール証券取引所上場銘柄のうち時価総額が大きくて、最も活発に取引されている30銘柄で構成される株価指数）。[3] DBS銀行は「最もイノベーティブなデジタル銀行」（2021年）、「世界最高の銀行」（2020年）などのタイトルを獲得している。[4]

ＤＢＳ銀行の事例から学べるのは、好ましいビジネス環境を理解して戦略的選択を行い、実行可能なマーケティング戦略や戦術を策定・実行することは、企業の競争力に影響を与えられるということである。競争力は多様な財務的・非財務的指標に基づいて、客観的にも主観的にも測定できる。

これまでの章で、オムニハウス・モデルの縦と対角線の両端、そして両者の相関関係を見てきた。今度は横の関係を見ていく。起業家的マーケティング戦略について論じていくが、これは三つの部分で構成される。戦略の準備、その戦略実行に必要な様々なケイパビリティ、および時間とともに市場価値を高めるための財務管理である。

まず、オムニハウス・モデルの二つの屋根について検討する［図11-1］。これらは、**ビジネス環境のダイナミクスがマーケティング構造を構築するための極めて重要な基盤であることを表している。** 右側の屋根はマーケティングの九つのコア要素（９Ｅ）からなる。ポジショニング、差別化、ブランド（ＰＤＢ三角形）を9要素のアンカーとして、マーケティング構造を構築することで、「競争力」が築けるという意味である。

見通しから選択へ

図11-1 ／ オムニハウス・モデルのダイナミクスと競争力の諸要素

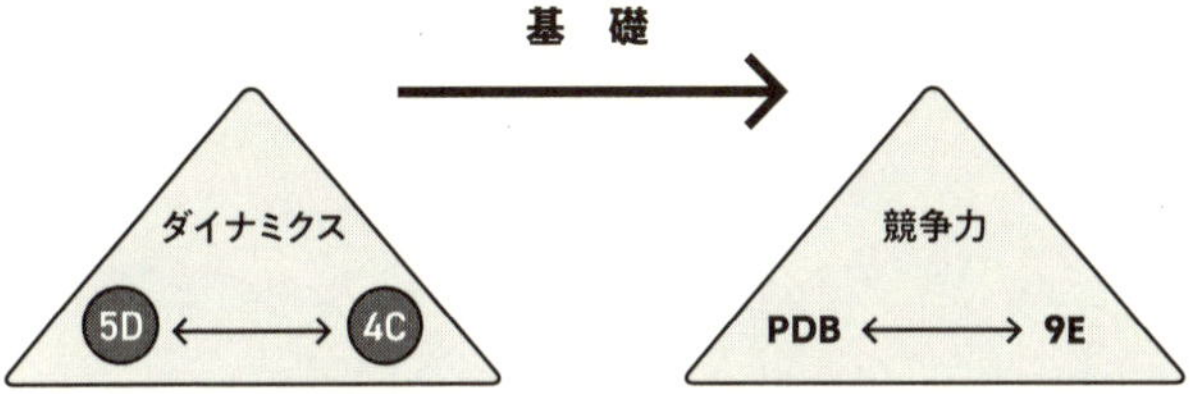

「ダイナミクス」の部分は五つのドライバー（5D）で構成され、第3章で説明したようにテクノロジー、政治・法律、経済、社会・文化、およびそれらが互いに影響を及ぼし合う市場を含む。これら五つのドライバーを一括して変化と呼ぶ。変化は競合他社、顧客、自社という三つの要素とともに4Cを構成する［図11-2］。

5D要素の分析では、どのドライバーの発生の可能性が相対的に高く、大きな重要性（すなわち意味）を持つかを理解しなければならない。これには五つのドライバーの影響の即時性を検討することも含まれる。影響は即時に現れるのか、それとも漸進的に現れるのか、また5Dの力は自社にどれくらい直接的に影響を及ぼすのかを知っておかなければならない。

変化と競合他社と顧客は、脅威と機会をさらに詳しく理解するために欠かせない外的要素である。だが、**自社内部の強みと弱みも理解する必要がある。**

図11-2 ／ 4Cモデルの社外の部分と社内の部分

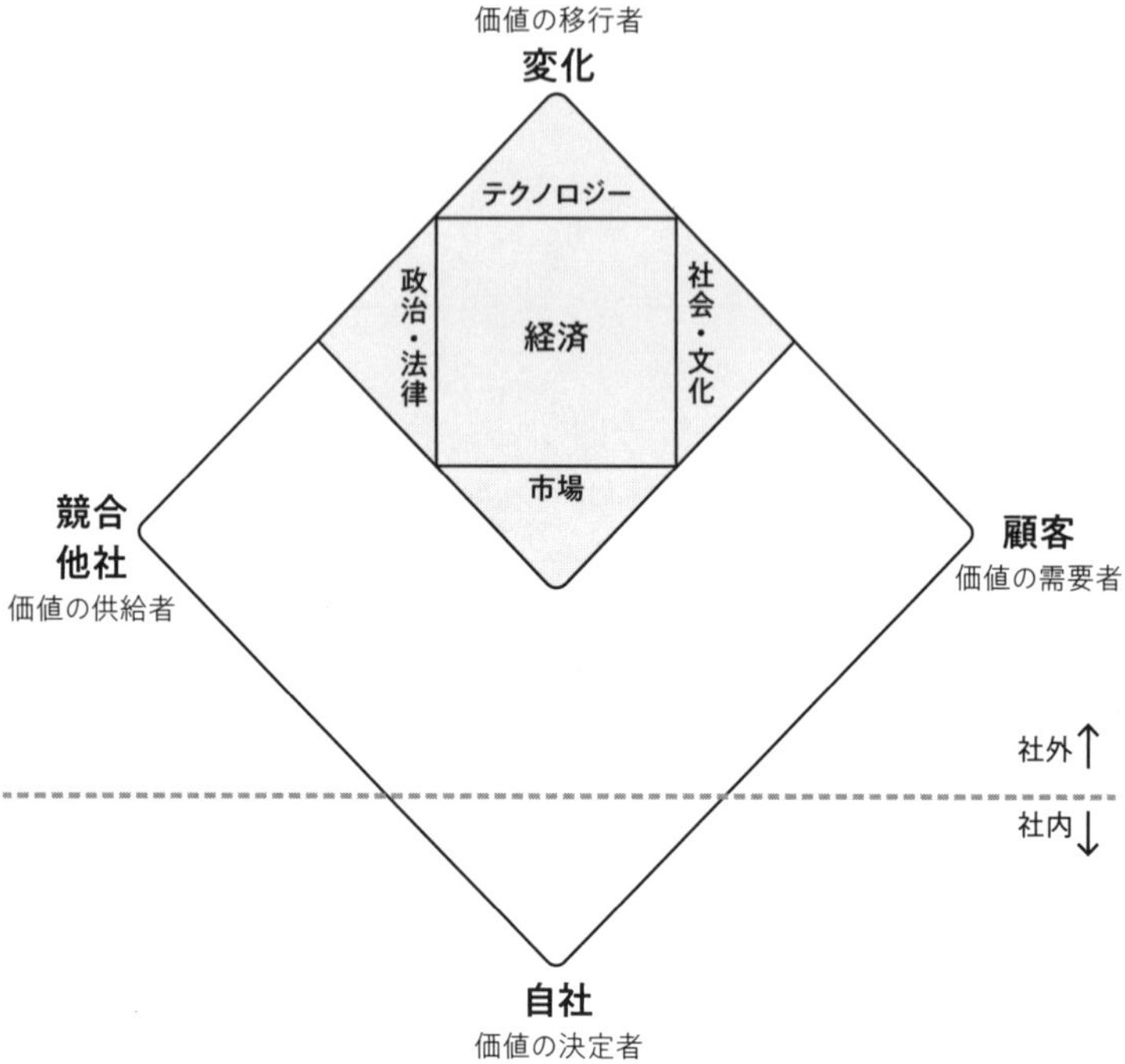

ドライバー1　テクノロジー

企業はテクノロジーの急速な進歩、デジタル技術の進化、およびオンライン・プレゼンスの拡大から生じる様々な変化要因を理解しなければならない。既述のように、テクノロジーの進歩は最も強力なドライバーの一つであり、ビジネス環境の変化に影響を与えている。2030年までに主流になりそうな有望なテクノロジーを挙げてみよう。

- 高度ロボティクス
- センサーとモノのインターネット（IoT）
- 3D印刷
- 植物由来の乳製品や人工乳製品
- 自動運転車
- ウェブ3・0（ブロックチェーン技術を基盤とする次世代の分散型インターネット）
- エクステンデッド・リアリティ（VR、AR、MR、およびメタバース）
- スーパーコンピューター
- 先進ドローン技術
- グリーン・環境技術

ドライバー2　政治・法律

国連は2015年、150以上の加盟国首脳が参加してニューヨークで開かれた持続可能な開発サミットで、すべての世代にとってより良い、より持続可能な未来を実現させるための設計図「持続可能な開発目標（SDGs）」を採択した。今後、サステナビリティ・ガイドラインが作成、順守されることでSDGsは支援されるだろう。銀行はESG（環境・社会・ガバナンス）格付けに基づき融資を提供し始めており、政府はグリーン・エネルギー、すなわち再生可能エネルギーを使う企業にインセンティブを与えている。[5]

ドライバー3　経済

シェアリング・エコノミー（コンテンツ・クリエーター、ライドシェアリング、オンライン個人間売買等）の興隆やリモートワークの機会増加、それにフリーランスの市場拡大により、一部の専門職労働者は「9時から5時まで」の働き方から離れ、その代わりにギグ・エコノミーが提供する柔軟性を選んでいる。イギリス政府はギグ・エコノミーを「売り手と顧客のマッチングを積極的に手助けするデジタル・チャネルを通じて、短期ベース、仕事ごとの支払いベースで行われる、個人や企業の間での活動と金銭の交換」と定義している。[6]

ギグ・エコノミーは、自身のキャリア開発を重視するフルタイム労働者主体の従来型経済を、契約ベースの労働者の経済に変換する。2017年には、推定5500万人のアメリカ人労働者、すなわち労働人口の36%がギグ・エコノミーに参加していた。[7] 2030年には、アメリカのギグ・ワーカーは労働人口全体の50%を構成するだろうと予測されている。[8]

最近は、廃棄物や汚染を生むことなく、製品や資材を(高い価値を保ったまま)循環させ、自然を再生させるという3原則を基本とするサーキュラー・エコノミーが登場している。このアプローチは間違いなくビジネスや人間や環境にプラスの影響を与え、生物多様性、廃棄物、気候変動、汚染に関連したグローバルな課題の解決にも繋がるはずである。[9]

サーキュラー・エコノミーは、より良い未来を築くための社会的責任の一環として企業のビジネスモデルを変える後押しをするだろう。[10] アクセンチュアによれば、このサーキュラー・エコノミーは2030年には、新たに4兆5千億米ドルの経済効果を生み出すという。国際労働機関(ILO)も、2030年には1800万人分の新たな雇用が生み出されると予測している。[11]

ドライバー4　社会・文化

Instagram や TikTok などのソーシャルメディア・プラットフォーム上での活動は、ユーザーの間で勢いを増し続けている。メタバースでのVR体験は、ソーシャルネットワークの進化における次の段階であり、個人の交流の仕方を変えるはずである。これらのトレンドは新しい文化の可能性を拓《ひら》くだろう。[12]

もう一つの社会的・文化的変化は植物由来の食品にある。オックスフォード大学とロンドン大学衛生熱帯医学大学院は、1万5千人以上を対象に「国民の食事および栄養調査2008〜2019年」を実施した。その結果、植物由来のミルク（オーツミルク、豆乳、ココナッツミルク等）、ヴィーガン・ソーセージ、野菜バーガーなど、植物由来の代替食品を摂取している人の割合は、2008〜11年の6・7％から2017〜19年には2倍近い13・1％に増加していることが明らかになった。[13]

ドライバー5　市場

第4次産業革命時における市場メカニズムは、テクノロジー、グローバルな接続性、2030年の達成が目指されている持続可能な開発目標（SDGs）といった野心的な目標に影響を受けている。一部の産業はすでに破壊されており、適応していくためには、テクノロジーの活用やSDGsの支持によって、DXのロードマップを作成しなければならない。[14]その実例を挙げてみよう。

- **自動車産業は、SDGsの目標7「エネルギーをみんなに、そしてクリーンに」を達成するために、自動運転の電気自動車を開発。**
- **医療産業は、SDGsの目標3「すべての人に健康と福祉を」を達成するために、遠隔医療を**

構築。

- 小売・ファッション産業は、SDGsの目標12「つくる責任、つかう責任」を達成するために、リサイクル原材料を使って再生可能もしくは持続可能な素材の開発に着手。[15]

五つのドライバーの変化は、我々が提供する価値提案を突然時代遅れにするかもしれない。それゆえ、我々は往々にして変化を製品の価値再評価変数と呼ぶ。変化は企業自体の価値を低下させることさえある。

◉――4Cの一つ、競合他社

企業は平均すると売上の7〜12%をマーケティングに使う。サムスン、ソニー、AppleなどエレクトロニクスI産業の企業を筆頭に、もっと多くの金額を使うプレーヤーもいる。一方、2010年4月に設立された中国のエレクトロニクス企業、シャオミのように、マーケティング費が極めて少ないところもある。シャオミは当初、オンライン・チャネルを通じた販売でコストを抑えていた。[16]同社のコスト・リーダーシップ・モデルによって生み出される、低価格で高性能な製品は顧客に支持されている。2022年には、シャオミはソニーやLGやノキアを破って、世界のスマートフォン・メーカーのトップ3に仲間入りした。[17]

我々は**競合他社が持つ競争優位の源泉、つまり資源やそれを活用するケイパビリティなどについて理解しなければならない。**強力なアジリティの基盤となるダイナミック・ケイパビリティを、競合他社がどれくらい持っているかに注意を払うべきである。資源やケイパビリティがユニークであればあるほど、競合企業が特徴的なコンピテンシーを築く可能性は高くなる。

シャオミはエレクトロニクス産業では珍しいマーケティング手法を用いている。世界中の何百万もの人々をソーシャルメディアに参加させる巨大なファン基盤「ミ・ファンズ」の構築である。同社はどんな新製品についても、一部ファンにその発売に注目するよう要請する。この戦略によって、シャオミはミ・ファンズからの推奨で売上を伸ばし、顧客からバグやユニークなアイデアをフィードバックしてもらうことで、研究開発費を抑えるダイナミック・ケイパビリティを得ている。[18]

産業内のプレーヤー数も競争のレベルを左右する。これは競合他社がどの程度、創造的戦略を策定し、効果的に実行できるかにも左右される。競合他社は顧客の望みを満たすため、変化に対応して様々な価値を提供するので、競合他社も価値供給者と呼べるだろう。競合他社によってオファーされる価値提案が、自社のオファーより市場で高く評価された場合、自社の顧客は競合他社にスイッチする可能性が高くなる。

シャオミがスマートフォン市場で大成功を収めたのち、オッポ、ビボ、リアルミーなどの競争相手が類似した価値提案と高性能で手ごろな価格の製品で競争に参加した。オッポとビボは広告とブランド・アンバサダー戦略を使い、シャオミの市場シェアを奪うために「最高のカメラ機能を持つスマホ」に関する積極的なキャンペーンを展開した。[19] 最終的に、シャオミはそのキャンペーンとは張り合わず、競合他社との差別化のためにMiOTエコシステムの構築に集中した。

顧客について常に測定する

我々は顧客に何が起こっているか、その現象は自社にとって初めてのことか、それとも長年続いていることかに、絶えず注意を払わなければならない。顧客が他社にスイッチするかをモニターしたり、既存顧客の満足度やロイヤルティを測定したりする必要がある。

Z世代（スマホ世代またはセンテニアル世代）とは、1997年から2012年の間に生まれた人々のことである。これらの人々はインターネット・ネットワーク、ソーシャルメディア、スマホと共に育ってきた。それまでの世代より金銭的にシビアで、リスクを嫌う傾向がある。Z世代はY世代と同じく、社会的大義や企業の責任や環境への配慮に関心を持っている。加えて、**他の世代とは異なる価値観を持っている。**YOLO、FOMO、JOMOが、彼らの感覚なのである。[20]

- **YOLO（人生は一度きり）：**今という時間は一度しかないのだから、思い切り生きようと考える。Z世代は新しい言語を学ぶことやバックパックを背負ってヨーロッパやアフリカを旅行することなど、自分の好きなことを追求し、そのためにお金を使う。この世代にとって、「人生は短い。

このバッグを買おう！」なのかもしれない。

- **FOMO（取り残されることへの不安）：**他の人々が経験している「何か」に参加していないことに対する不安や後悔を抱く。Z世代は自分の友人や仲間が持っているものを買ったり、社会に参加するために有名な場所で写真を撮ったり、夢を追いかけるために現在の仕事を辞めたりする。
- **JOMO（見逃すことの喜び）：**彼らはすでにYOLOとFOMOを経験し、今や、答えはJOMOだと理解している。彼らは特定の活動、特にソーシャルメディアやエンターテインメントに関する活動には参加しない。また、比較や競争を好まず、幸せは自分の生活や仕事から生まれると信じている。

我々は、**この世代が自社をどのように捉えるかを理解しなければならない。**彼らは自社の価値提案を正当に評価するのだろうか。様々なコミュニケーション努力に参加して、わくわく感を抱くのだろうか。彼らは通常どのような質問をするのだろうか。また、疑念を示すことがあるのだろうか。これらの点を検討しなければならない。

我々はデジタル時代のこの新しいカスタマー・パスを理解する必要がある。最初、顧客はおそらくテレビやソーシャルメディアで自社製品の広告を見るだろう（「認知」段階）。優れた広告が顧客の関心を引き、顧客はウェブサイトでもっと情報を得たいと思うだろう（「訴求」段階）。さらに、顧客は友人たちに彼らの体験について尋ねたり、営業担当者に問い合わせたりするかもしれない（「調査」段階）。自社製品から高い価値が感知されたら、顧客は来店して買ったり、通販サイトでカートに入れたりするかもしれない（「行動」段階）。最後に、顧客は自分が買った製品の質を評価し、ソーシャルメディアや仲間を通じて自分の体験を共有するかもしれない（「推奨」段階）[21]。

企業は、**いつでもどこでもよりよいサービス、パーソナライゼーション、スピード、合理化された購入プロセスを求める顧客に対処しなければならない**。消費者の71％がオンラインで買い物をし、ベストプライスを見つけるためにデバイスをブラウズする。そして、デジタル消費者の77％が、デジタル購入の際にパーソナライズされた体験を期待している。従って、企業はもはや製品中心のアプローチだけに頼ることはできないため、顧客中心の組織にならなくてはいけない[22]。

⦿——自社の抱える要因の検討

どの企業も社内の課題と強みを持っている。これらは通常、外的要因とともに分析されて、戦略的意思決定のための判断材料とされる。**外的要因と内的要因の分析を、我々はＴＯＷＳ分析と呼んでいる**[23]。一般的にはＳＷＯＴ分析〈強み〈strengths〉、弱み〈weaknesses〉、機会〈opportunities〉、脅威〈threats〉〉と呼ばれているが、ここでは考え方が内向き、内部志向というより、どちらかというと外向き、外部志向であることを強調するためにＴＯＷＳと呼ぶ。これについては、さらに三つの社内要因を検討する必要がある。

●既存のコンピテンシー：自社は現在どのようなコンピテンシーを持ち、それらはどのような資源やケイパビリティによって形成されるのか、また長期的に意味を持ち続けるのかを調べる必要がある。これらのコンピテンシーが本当に自社独特のものかどうかも判断しなければならない。自社独特のコンピテンシーは、「組織が持つ独自の特徴で、その組織が望む市場に参入して、競合他社より優位に立つことを可能にするもの」と定義される。企業はいくつかの方法で自社独自のコンピテンシーを築くことができる。[24]

—特定の専門技術で高品質の製品を生産

—腕のいいスペシャリストの採用

—未開拓のマーケットニッチの発見

—純然たるマネジメント力でイノベーティブになるか、競争優位の実現

—テクノロジーや研究・開発で卓越するか、製品ライフサイクルのスピードアップ

—低コストの生産か、優れた顧客サービスの提供

●可能性を広げられるか：コンピテンスをこれまで以上に活用できるだろうか。規模の経済を実現するだけでなく、範囲の経済も価値創造力で強化できるよう、自社がすでに持っているコンピテンシーの様々な活用法を模索しなければならない。

図11-3／TOWS分析から選択肢まで

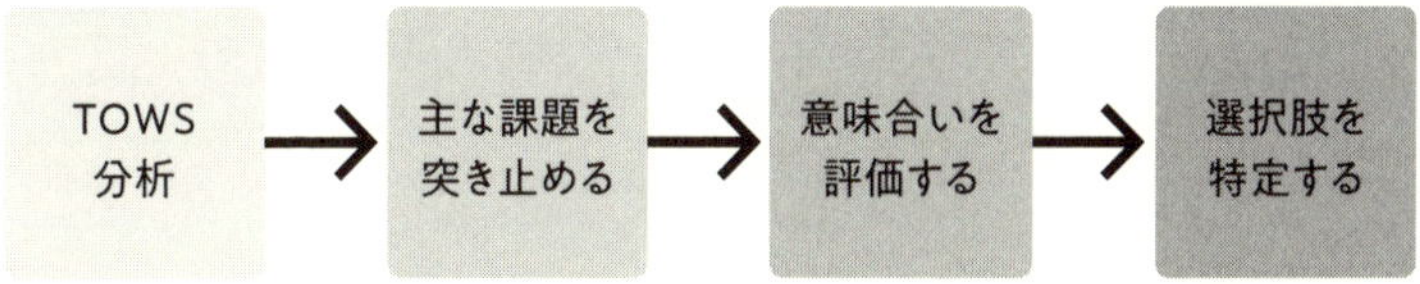

●**リスク態度：**意思決定プロセスにおける自社の考え方はどのようなものだろうか。様々なリスクを過大評価して最終的にリスク回避的になるかもしれないし、計算した上でリスクをとるかもしれない。後者の戦略はリスクテイクと呼ばれ、何の計算もせずにリスクをとるリスクシーカーとは異なる。

4C分析の次に、現在および将来の重要な問題の特定をしなければならない。これはあらかじめ行われている**TOWS分析の概要に基づいて判断される**［図11-3］。TOWS分析で判明した問題のすべてを解決しなければならないと考える必要はない。重要な問題を突き止めたら、自社にとっての影響の程度を分析し、それに基づいて選択肢を前進させるか否かを判断すればよい。

企業にとって戦略の選択肢はいくつかある。競争力を高めるために様々な資源や労力を投資するか、中止もしくは縮小するか、事業を売却して競争から撤退するか。[25] どの戦略を選ぶかは、利用できる資源とそれらをコンピテンシーに変えて競争優位を築く自社のケイパビリティによって決ま

図11-4 ／ イケアに関するVRIO分析

価値がある	イケアはモジュラー・デザイン技術で価値を高められた、手ごろな価格の家具を提供している。
希少である	競合他社が単独型家具を生産しているのに対し、イケアは顧客が一部を取り替えたり追加したりできるモジュール家具を生産している。
模倣できない	競合他社もモジュラー・デザインを生み出すことはできるが、他社のモジュールはイケアの製品とは適合しない。イケアは意匠法・特許法による保護を与えられているので、競合他社は模倣できない。従って、顧客は入れ替え用や追加用のモジュールをイケアからしか買うことができず、これがロックイン・メカニズムとして機能している。
組織	多くの経験豊富なプロダクト・デザイナーがイケアを支えている。

る。さらに、VRIO分析アプローチ（VRIOは、価値がある〈valuable〉、希少である〈rare〉、模倣できない〈inimitable〉、組織全体から支持されている〈organization-wide supported〉を表す）を使って自社の資源とケイパビリティを分析する場合もある。[26] **VRIO基準を満たす資源が少なければ少ないほど、築ける競争優位は弱いことになる。**基準の一部を満たせる場合には、一時的な競争優位を生み出せるだろうし、基準を完全に満たせる場合には、持続可能な競争優位を築ける可能性が高いだろう。[27]

例えばイケアは、競合他社の製品より速く組み立てられ、メインテナンスが容易で、長持ちするモジュラー家具を、手ごろな価格で販売している。顧客は新しい家具をまるごとすべて買うのではなく、一部を入れ替えたり、追加したりできる。VRIOフレームワークを使ってイケアを分析すると、このモジュラー・デザインはイケアが競争優位を築く助けになっていることがわかる[28]［図11-

4]。

この分析から、イケアは競争優位の持続に極めて有利であるとわかる。同社はVRIO基準をしっかり満たしており、自信を持って自社のビジョンとミッションを推進できる。

しかし、投資を選択したものの、達成目標とその選択との間にギャップがある場合、ギャップを埋める努力が求められる。企業はこれをビジネス・エコシステム内の他のプレーヤーとの協働によって埋めようとするかもしれない。必要な場合は直接競合する企業との協力、すなわちコーペティションを行うことさえあるだろう。

選択をマーケティングの構造に変換する

投資という選択がなされたら、マーケティングの構造を決める構成要素である、戦略、戦術、価値のそれぞれを検討しなければならない[図11-5]。

◉――マーケティング戦略

通常のマーケティング・アプローチでは、マーケティング戦略はセグメンテーションとターゲテ

図11-5 ／ 見通しからマーケティングの構造まで

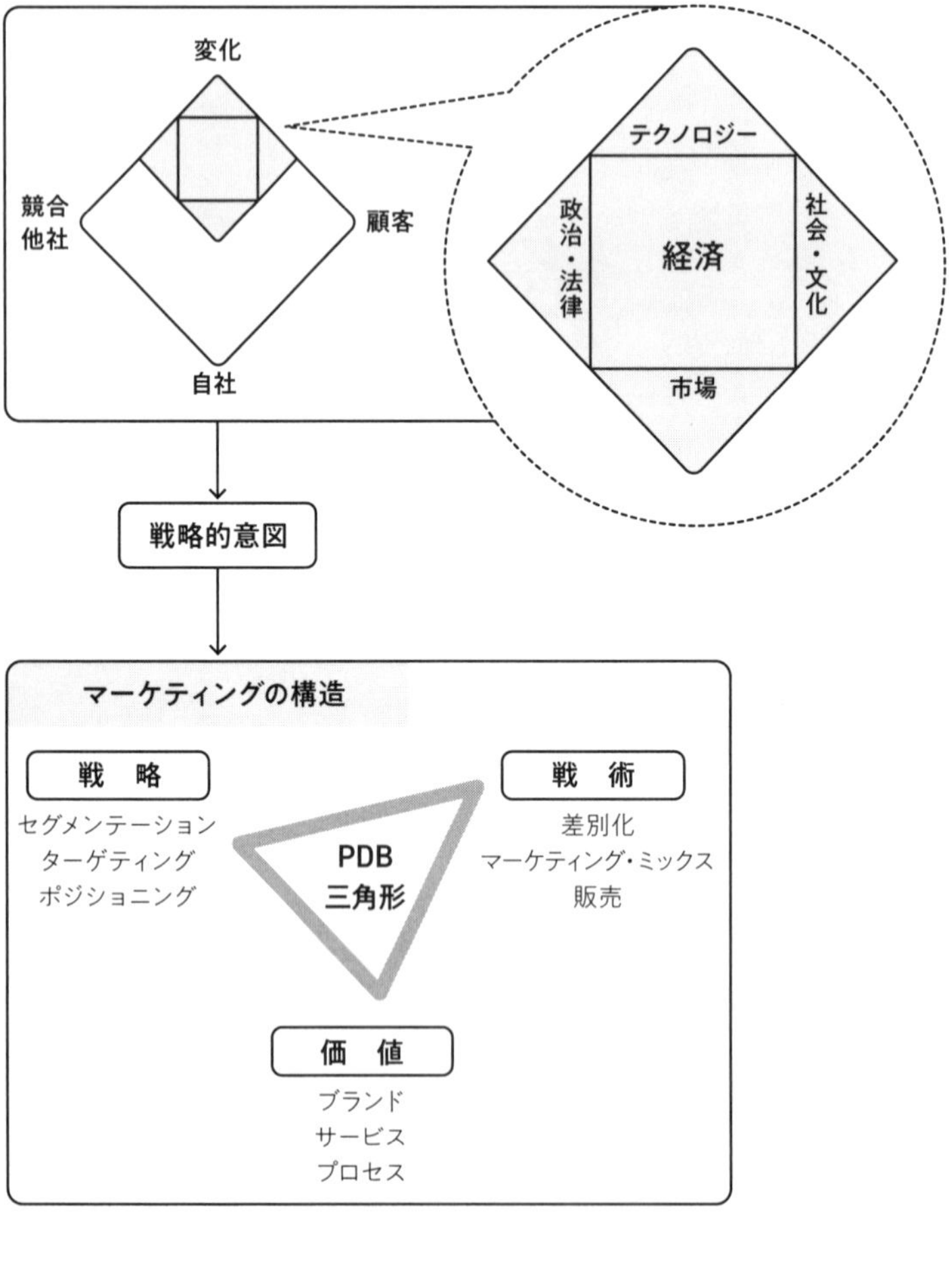

ィングとポジショニング（ＳＴＰ）で構成される。**特にセグメンテーションとターゲティングの過程では、市場をいくつかのセグメントに分けた次のステップとして、どのセグメントを対象にするか、対象にしないかを決定する必要がある。**

このマーケティング・コンセプトの開発過程では、いくつかの変化があった。一つのアプローチとしてニューウェーブ・マーケティングと呼ばれるものがあり、ここで示すようにセグメンテーションとターゲティングとポジショニングで構成される。[29]

●セグメンテーションからコミュニタイゼーション（コミュニティ化）へ

顧客は社会的生き物だという事実がある時に、もはや顧客を個人として静的に捉えることによって、セグメンテーションを行うことはできない。我々は地理的変数（ジオグラフィック変数）、人口動態的変数（デモグラフィック変数）、心理的変数（サイコグラフィック変数）、行動的変数（ビヘイビオラル変数）を用いたセグメンテーションに馴染んでいるが、今では**顧客の目的・価値観・アイデンティティ（ＰＶＩ）をセグメンテーションのプロセスに組み込んで強化する必要がある。**

自社と顧客の関係を垂直的な見方でのみ捉えて、顧客を受動的なターゲット・セグメントとみなしてはならない。顧客を能動的なコミュニティ・メンバーとみなし、より水平的なアプローチも検討する必要がある。加えて、結束力や影響力に関するコミュニティの潜在力を評価することで、類似性に基づく顧客のマッピングをさらに強化しなければならない。

●ターゲティングから確認へ

ターゲティングは、複数のセグメントに対して資源をどう配分するかの検討から始まる。それから**セグメントのサイズ、成長率、競争優位、競争状況に加えて、関連性、活動水準、コミュニティ・ネットワークの総数（NCNs）という三つの基準についても確認が必要である。**

関連性とは、コミュニティとブランドのPVIがどの程度、類似しているかをいう。コミュニティ・メンバーが互いにどれくらい活発に関わり合っているかについても、注意を払わなければならない。メンバーの人数ではなく、彼らが様々な活動にどれくらい活発に参加しているか、またNCNs、すなわちそのコミュニティ・ネットワークが影響を及ぼす範囲にも注目する。これには当該コミュニティ・ネットワークだけでなく、他のネットワークも含まれる。

●ポジショニングから明確化へ

顧客の交渉力拡大に伴って、企業によって決定される一方的なポジショニング・アプローチの有効性は低下している。通常いくつかの主要要素、すなわちターゲット市場、ブランド、参照枠、差別化ポイント、信じるに値する根拠を含むポジショニング・ステートメントを作成する。ポジショング・ステートメントは一般にタグライン作成の基礎になるものだが、このようなポジショニング重視の方法は、今では不十分である。過大なプロミスが実際には期待外れになるという現象を顧客が避けられるように、プロミスを明確に伝える新しいアプローチが求められる。

コンテンツが企業志向から顧客志向に移行しつつある中で、**ポジショニングはかつては単一のメッセージを伝えるものであったが、今では多面的なメッセージを含むようになっている。**加えて我々は複数方向のアプローチによって、多方向のコミュニケーションをとる必要がある。

このマーケティング戦略は顧客管理の実行の基礎になる。顧客管理では、顧客に関連する次の4項目に注意を払わなければならない。[30]

- **獲得：**潜在顧客を積極的に探し出して、彼らを自社の顧客にする
- **維持：**顧客ロイヤルティ・プログラム、もしくは堅固なロックイン・メカニズムを生み出すことによって、顧客ロイヤルティを築く
- **拡大：**クロスセルやアップセルを通じた価値の付加によって、規模の経済だけでなく範囲の経済も追求する
- **取り返す：**競合他社にスイッチした、重要かつ多大な貢献をもたらす顧客を奪い返す

◎——マーケティング戦術

古典的なマーケティング・コンセプトのもとでの戦術は、差別化、マーケティング・ミックス、販売という三つの要素で構成される。これら3要素は、STP要素を具体的な形に変える。**企業は差別化をポジショニングに沿って定義し、その差別化を製品・価格・流通・プロモーションで構成されるマーケティング・ミックスに変換する必要がある。**その後、**自社が市場にオファーするものを売上に変換しなければならない**が、これは自社の営業努力の一環である。

STP要素と同様にこれら三つの戦術要素も、ますます捉えにくく複雑になっている今日の顧客とともに変化してきた。

●差別化からコード化へ

内容（何を提供するか）、文脈（どのように提供するか）、その他のイネーブラー（テクノロジー、設備、人間など）によって生み出されてきたこれまでの差別化は、マーケターの視点だけに限定されている。単にマーケティング部門の業務の問題であり、ブランドのDNAになりうる組織文化に関心を向けてはいないからである。

従って、**マーケティング・チームは自社のDNAをコード化して、ブランドのDNAとして使わ**

れるようにするべきである。このブランドのＤＮＡ（シンボルやスタイル、システムやリーダーシップ、共有された価値観や本質を指す）は、全従業員によって理解され、内面化され、思慮深く適用されなければならない。

●マーケティング・ミックスも従来型からニューウェーブへ

従来のマーケティング・ミックスの要素も、**製品から共創へ、価格から通貨へ、流通から共同活動へ、プロモーションから対話へと変化した。**

新製品の開発段階では、企業中心のアプローチにとらわれることが多い。最初のアイデア出しから製品の実現まで、企業の役割が優位を占め、顧客は受動的になりがちで、意見を表明できるのはできあがった製品についてのみだ。だが、今日では、**製品開発に顧客を関与させる機会を提供しなければならない。**顧客は共創者になれるのである。

販売チャネルやマーケティング・チャネルの一部である流通は、通常、人々が製品を手に入れたり、製品のサポート・サービスを受けたりできる物理的プラットフォームのことである。オンライン流通という代替手段がある中で、物理的プラットフォームは、財・サービス取得のためだけに機能するなら魅力のないものになる。それゆえこの要素を、**コミュニティが出会いアイデアや体験を共有する、実世界のプラットフォームに変貌させなければならない。**物理的空間はコミュニティの繋がりの強化には不可欠である。この共同活動の成功は、企業がオンラインとオフラインのアプローチをどれくらい効果的に組み合わせられるかにかかっている。

●販売から商業化へ

従来の販売アプローチはまだ必要だが、**ソーシャルネットワークを最適化して新規顧客を獲得し、既存顧客を維持することによって、商業化が販売アプローチを支えなければならない。**オフラインとオンラインのアプローチを組み合わせると、販売スタッフは強力なネットワークを築きやすくなる。ソーシャルメディアを利用する顧客がますます増える中で、顧客は自分の意思決定プロセスの一部として他者の意見に耳を傾けるようになっている。販売スタッフ支援のためにソーシャルネットワークを効果的かつ効率的に利用する上で、商業化という視点を外すことはできない。

◎──マーケティング価値

マーケティング価値の最終グループには、ブランド、サービス、プロセスがある。ブランドは、価値賦《ふ》活《かっ》薬としてのサービスと価値イネーブラーとしてのプロセスを必要とする価値指標である。

マーケティング価値の部分では、認識しておくべき他の変化もある。

●ブランドから人格へ

マーケターは、ブランドを人格として扱い、顧客とのリレーションシップを構築しなければならない。ブランドは機能的・情緒的便益を提供するだけでは十分ではない。「人としてのブランド」というアイデンティティを強調するアプローチが求められる中で、[31]ブランドに対する顧客の信頼を築くのはますます難しくなっている。

●サービスからケアへ

テクノロジーの急速な進歩にもかかわらず、パラドックスがある。顧客はより人間的になっている。それゆえ、人と人(H2H)とのやり取りが、テクノロジーに支えられ、機械的になりがちなマシンと人(M2H)とのやり取りよりも重要なのである。つまり、受動的で機械的なアプローチで顧客に対応するのではなく、こちらが気にかけていることを示すために能動的で人間的なアプローチをとらなければならない。顧客サービスの時代ではなく、顧客ケアの時代なのである。

●プロセスから協働へ

原材料の調達から顧客に製品を届けるまでのプロセスは、価値創造における不可欠な部分である。企業はあらゆることが効果的かつ効率的に進むように、バリューチェーンの様々なプロセスを管理する必要がある。そのために、品質、コスト、デリバリーという三つの指標が通常ベンチマークとして使われる。

このマーケティング価値の部分は、「**人としてのブランド**」**というアプローチの重要性がますます高まっていることを示している**。この点を踏まえて、企業は極めて効果的に機能するブランド管理能力を持たなければならない。

ポジショニングと差別化とブランドの三角形

ポジショニング、差別化、ブランドという三つの主要素は、**マーケティングの九つのコア要素を統合しており、PDB三角形と呼ばれている**［図11-6］。ポジショニングは、ブランドが顧客に届ける価値の約束であり、マーケティング戦略の中核である。差別化は、顧客の満足度とロイヤルティの維持に向けて製品・サービスを検討しようとする企業の取り組みで、マーケティング戦術の中核をなす。そして、ブランドはマーケティング価値の中核である。

ブランドはアイデンティティとして、明確なポジショニングを持たなければならない。ポジショ

図11-6 ／ PDB三角形

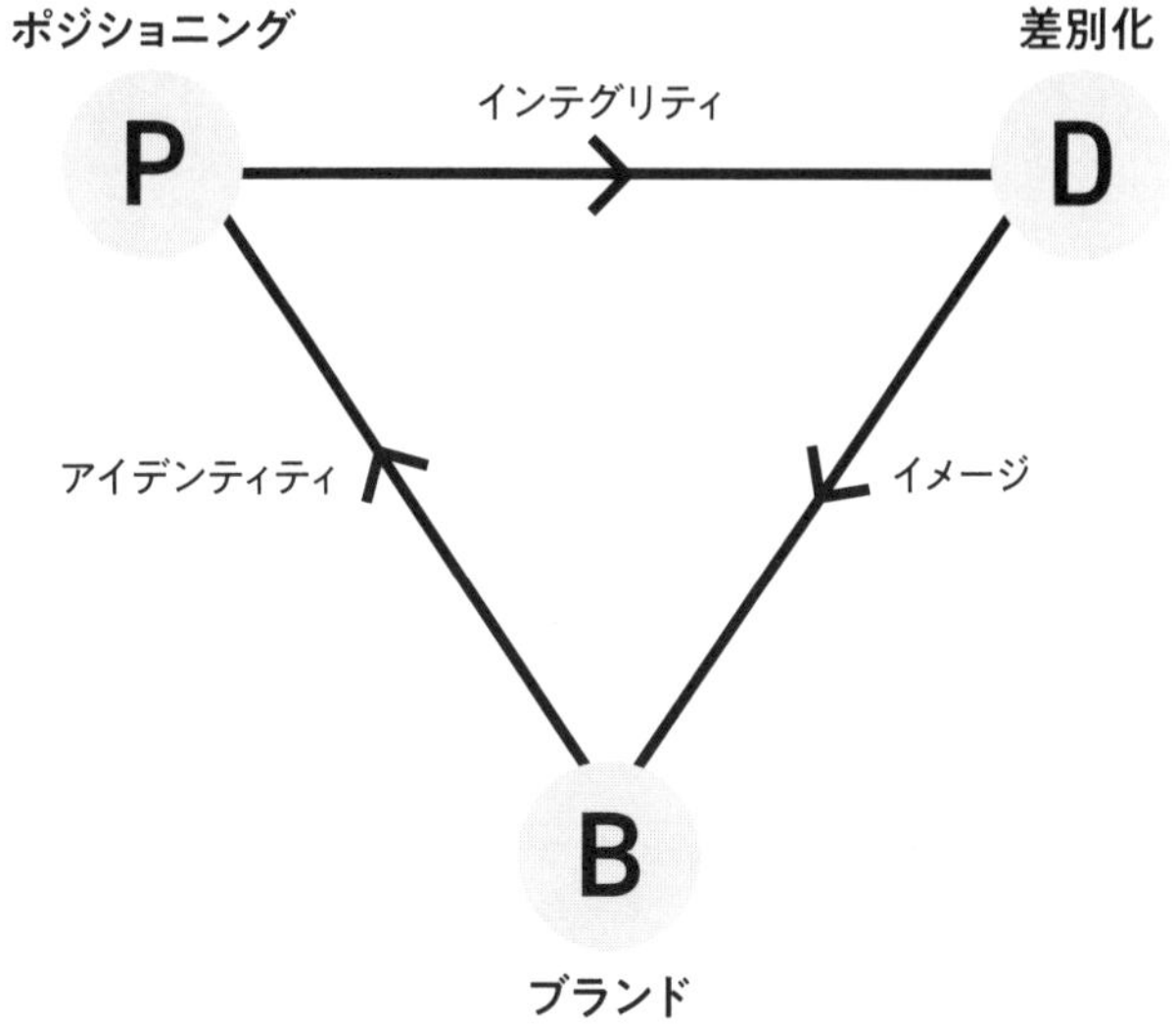

ニングは顧客に対する約束であり、ブランド・インテグリティ（誠実さ）を築く強力な差別化によって実現されなければならない。この**差別化を一貫して維持できれば、強力なブランド・イメージへと結び付く**はずである。

最初のDBS銀行の事例に戻ると、CEOのグプタはマクロ経済を分析してデジタル技術を生かす機会を見つけ、若い世代に焦点を合わせることによってもたらされる可能性に気づいた。

グプタは三つのセグメントを定め、それぞれに異なるマーケティング目的を持たせている。インドネシアやインドなどの途上国はデジバンクで潜在的ユーザーを引き付け、他の途上国はオペレーションにテクノロジーを埋め込むことによってコストを削減する。シンガポールや香港の市場の焦点は、破壊的な変革を遂げることで競争相手の動きから自社を守ることである。

DBS銀行は、単純さと手間のかからない銀行体験に基づいて、明確なポジショニングを築いている。差別化の中核であるテクノロジーがポジショニングを支え、ブランド・プロミスのインテグリティを提供する。また、マーケティング・コミュニケーションと、ブランド・プロミスの実現によって、肯定的なブランド・イメージを築く。DBS銀行のPDB三角形の三つの要素すべてが整合し、互いに支え合っていなければならない。

これまでの論考に基づいて、既存の機会を生かして競争優位を築くには、**戦略の作成は整合性を持ち、すべての側面を含めなければならない**ということがわかる。状況を理解したら、**戦略と戦術と価値で構成されるマーケティング構造に進むべきか否かを選択できる。**最後に、PDB三角形はマーケティングの九つのコア要素にとって拠《よ》り所となる。ブランドが強力なアイデンティティ、インテグリティ、イメージを持つために、**PDB三角形の各要素が互いに支え合い、整合性を持つ**ようにしなければならない。

重要なポイント

▼

- ５Ｄ要素（テクノロジー、政治・法律、経済、社会・文化、市場）の分析によって、どれが最も起こる可能性が高く、意味を持つかを理解できる。
- 変化、競合他社、顧客、自社について検討することで、強みと弱み、脅威と機会を把握できる。
- マーケティング戦略はセグメンテーションからコミュニタイゼーションへ、ターゲティングから確認へ、ポジショニングから明確化へ移行している。
- マーケティング戦術は、差別化からコード化へ、マーケティング・ミックスからニューウェーブのマーケティング・ミックスへ、販売から商業化へ、変化している。
- マーケティング価値は、ブランドから人格へ、サービスからケアへ、プロセスから協働へ、変化している。

第12章

オムニ・ケイパビリティの構築

準備から実行へ

シンガポールに本社を置く企業が構築したマーケットプレイス「ショッピー」は、2015年に10人の若者のチームとしてスタートした。2019年には700人の企業に成長し、ベトナムやインドネシアなどに事業活動を拡大していった。この急拡大により、ショッピーはマネジメントやオペレーションやクリエーションのポストに人材を採用しなければならなくなった。

人材採用にあたって、ショッピーはいくつかの課題に直面した。まず、企業文化の説明が必要だった。さらに、変化の激しいビジネス環境の中で会社を築くために若くフレッシュな人材を説得すると同時に、プロフェッショナルに運営される強固な組織にするために経験を積んだ人材を引き付けなければならなかった。

これらの課題に取り組むために、ショッピーはいくつかの方法を生み出した。まず、オンライン・プレゼンスを強化して自社のビジョン、ミッション、目標を発信した。第二に、新規採用者がペースの速い労働環境に適応できるように、定期的なオンボーディング・ミーティングを開いた。第三に、自社の日々の活動を広報し、ビジネス展開に関する考え(「ショッピーにとってなぜ9・9セールが重要なのか」など)を共有するために、LinkedIn(リンクトイン)に「ショッピーでの生活」というページを設けた。

人材市場がショッピーという企業について理解したら、人々は空きポジションを探すことができる。ショッピーは人事、法務、財務、クリエイティブ・デザイン、製品管理、ブランディングなどの空きポジションについて専門的な採用情報を載せた。今日、ショッピーには世界全体で3万7774人のチーム・メンバーがおり、同社のeコマース・アプリはメキシコやチリを含む13カ国で利用できる。[1]

ショッピーの事例は、企業はもはや一つか二つのケイパビリティだけに頼るわけにはいかないことを示している。**急拡大のためには、いくつかのケイパビリティを築き、それらを同時活用しなければならない**。それらのケイパビリティを融合させ、バランスをとり、活用することは、オムニ・ケイパビリティを築くという考えと整合している。これは我々の重要なモデルの名前に関連していることに加えて、組織がすべての必要なケイパビリティを備えていて、強い競争力を築くためにそれらを価値創造プロセスで活用できるということである。従って、**企業はこれらのケイパビリティを持つ人々を引き入れて、彼らを育て、自社にとどまり続けさせる必要がある**。

オムニハウス・モデルに関する次の論考では、CI―ELの要素とPI―PMの要素を水平に眺めることにする［図12‐1］。そして、戦略の実行に必要なオムニ・ケイパビリティを探っていく。

図12-1／CI－ELとPI－PMの水平的関係

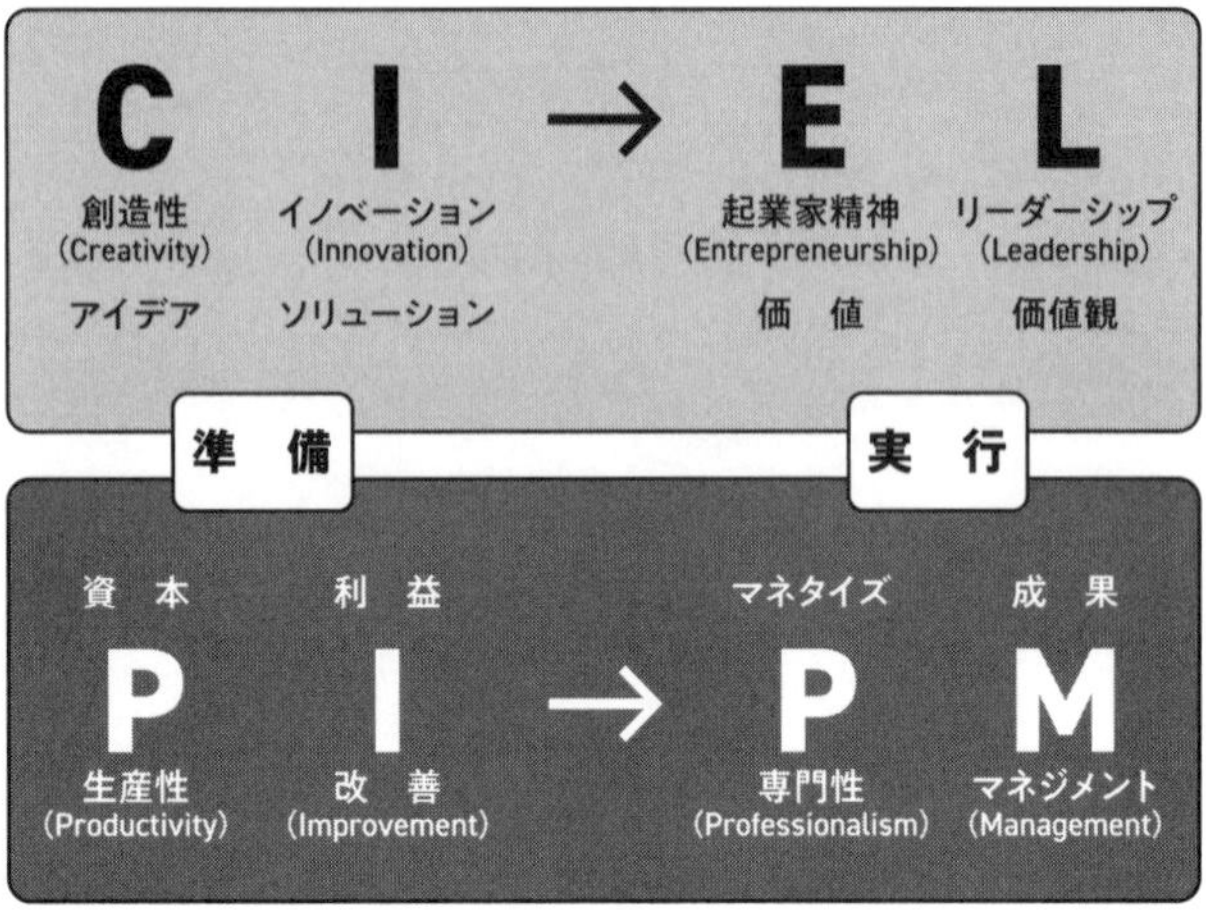

準備と実行

オムニハウス・モデルの左側には「準備」の領域（CIとPIの要素を含む）があり、右側には「実行」の領域（ELとPMの要素を含む）がある［図12-2］。［図12-3］には準備の領域で行う必要があること、また、［図12-4］には実行に必要なことが示されている。

成功を望む企業は、**自社のオペレーション、マネジメント、戦略に必要なケイパビリティとは何かを明確にしなければならない。**そして様々なケイパビリティを持つ人材に入社してもらい、統合された価値創造プロセスを実行し、最大限の結果を出すよう求めなければならない。

図12-2／「準備」と「実行」の枠組み

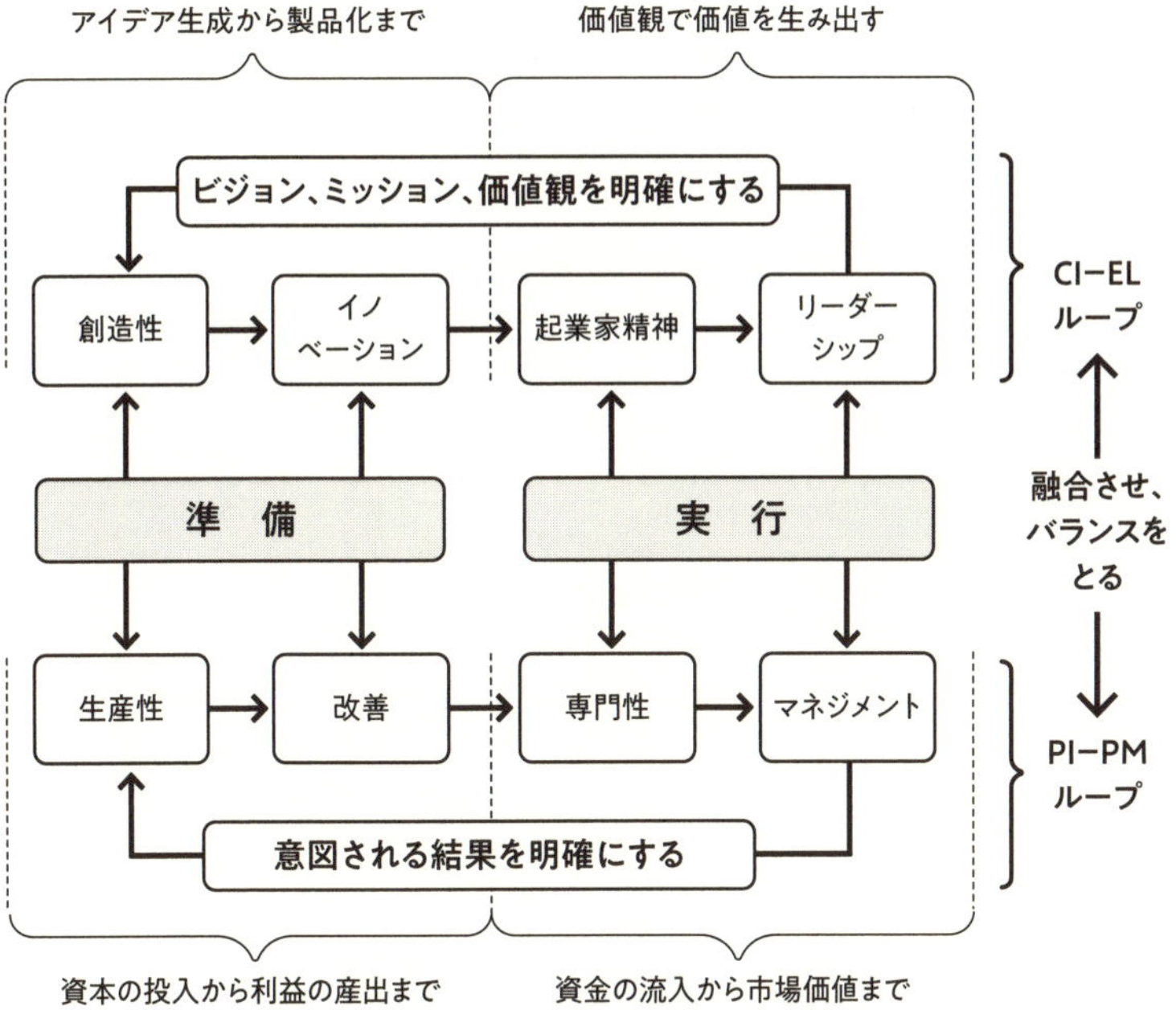

有能な人材を開発する

ちょっとした技術や情報拡散ツールの利用は、人々を解放し、単独で働き、考える力を与えてくれる。しかし、手ごろな技術や情報によって提供される便益は、長期的な競争優位の確立のためには十分ではない。個人としても、組織の一員としても、**人間こそが競争力をはるかに高いレベルに押し上げ、現在および未来の破壊を生み出す潜在的な源泉なので**ある。

現在、我々は様々な技術の結合による職場革命に直面していて、

図12-3 ／「準備」の概要

アイデア生成↓製品化	創造性	すべての進展をフォローし、創造性の参照物またはトリガーとして役立つドライバー要素を理解する。それから自社が解決すべき顧客の問題に基づいて、自社の戦略的意図を確認しながら、技術的に実現可能ないくつかの創造的アイデアを生み出す。
	イノベーション	変化－競合他社－顧客－自社で構成される4要素（4C）を理解する。それから、顧客の目に問題を解決してくれると映り、自社にとって価値を生み出す様々な製品の具体的な形を、いくつかのサポート・サービスとともに作成する。
資本投入↓利益の産出	生産性	創造プロセスを最適に支援するために、バランスシートの資産の部で確認できる十分かつ適切な資本を用意する。さらに、その資本に関して生産性を測定する様々な手法を用意しなければならない。
	改善	さらなるイノベーションのために、利益率を下げる多様なオペレーションを感知、特定し、改善する様々な方法を用意する。自社の損益計算書で利益率の改善を確認しなければならない。

企業は自社のビジネス手法を再構築せざるをえなくなっている。[2] すべての企業が社内の人々に、多様なテクノロジーと情報を提供している。テクノロジーと情報はやがて、様々なビジネス組織全体で企業の価値創造プロセスの標準的要素もしくは一般的要素になるだろう。基本的には、テクノロジーと情報は長期的な競争力を築くために必要だが十分ではない。

　競争力のある企業とない企業を分かつ決定的要因は、その企業が**有能な人材をどのように採用、開発、維持するかにある**。現在の第4次産業革命の時代には、技術進歩による環境の変化がもたらすオペレーション・チームの課題を、上級役員や部門リーダーが理解する必要がある。[3]

図12-4／「実行」の概要

価値観で価値を生み出す	起業家精神	ポジショニングと差別化とブランドに、起業家精神の三つの特徴（オポチュニティ・シーカー、リスクテイカー、ネットワーク・コラボレーター）を埋め込むことによって最適価値を生み出すために、企業は様々なビジネス・プロセスに対して起業家的アプローチを実行する必要がある。
	リーダーシップ	組織のあらゆるレベルのあらゆる個人が強いリーダーシップを発揮する。そして、自社の価値観を維持し、それらの価値観をマーケティングの九つのコア要素（9E）に表現するように、社内の人々を育成、奨励する。
資金流入↓市場価値	専門性	企業は、様々な価値創造プロセスに関与するすべての個人が、収益化プロセスにおける各自の義務を高いプロ意識を持って実行するようにしなければならない。このような実行によって、現在および将来、大きな資金流入を生み出すことができる。
	マネジメント	自社の市場価値を高めるために、顧客・製品・ブランド管理を含む、統合され、よく調整されたマネジメントを構築、実行する。マネジメント・システムは、望ましくない惰性や抵抗を生み出すサイロ化に陥らないようにしなければならない。

企業は様々な技術の活用法を理解し、情報を分析、解釈して、意思決定プロセスで使いこなせる人々を特に必要としている。このため、企業は従来の人事アプローチを捨てて、有能な人材の獲得、開発に重点を置く、より高度なアプローチに移行せざるをえなくなる。

●創造性を引き上げる

我々が創造的と評し、自社のビジネス・プロセスに参加させるべき人々の特性を、いくつか挙げてみよう。[4]

・**強い好奇心：**あらゆることを詳しく知りたがり、あらゆることに質問して、問題を深く理解しようとし、自分がすでに知っていることに満足しない。

好奇心とは人間の知識のとっかかりであり、自分の専門外についてももっと学んでいこうとする姿勢である。[5]

- **柔軟な考え方：**道理をすばやく理解でき、議論する用意があり、あえて多様な意見を調べ、あらゆる可能性を試し、修正を共有し、失敗をいとわず、ただちに代替案を探す。柔軟で、客観的で、協力的でもある。
- **一緒に働くのが楽しい：**話し好きで、わかりやすい言葉を使い、考えを明確に表明でき、他者を対等なパートナーとして遇する。立ち居振る舞いは、どちらかというと陽気で、エネルギッシュで、情熱的。
- **型にとらわれない思考：**高い知性と強い直観力で複雑なパターンを理解する。強い想像力を持ち、主要な目標に集中し続け、現実を忘れない。究極のアイデアを得るために、拡散的にも収束的にも考えられるので、次々にアイデアを生み出せる。[6]
- **あえて挑戦を歓迎する：**挑戦によってモティベーションをかきたてられる人は、進んで新しいことを学び、難しい問いに素早く答え、簡単にはあきらめないよう自分だけでなく、他者をも奮い立たせる。[7]

創造的な人々を受け入れるために、企業は次のような取り組みを行う必要がある。[8]

- **サイロの壁を払いのける：** サイロ化した組織は人々が結び付くのを妨げ、非生産的な協働に陥ってしまう。[9] 企業は様々な多様性を受け入れなければならない。多様なチャネルを通じた率直なコミュニケーションを可能にするためには、組織は完全に流動的でなければならない。コミュニケーションは組織構造上の地位の上下に妨げられず、水平であることも重要である。
- **自治を与える：** 企業は明確な指針を与えてもよいが、創造性の種が育つのに必要な自由を制限してはならない。組織内の自治は、持続的な信頼関係を形成する。[10]
- **失敗を許容する：** 企業は失敗に寛容であり、積極的にトライする姿勢を育成するとよい。[11] アプローチの試行錯誤を認め、実験を奨励し、可能性を探るべきである。優れたアイデアには賞賛を与えよう。
- **資源を適切に割り当てる：** 創造プロセスを支える多様な設備、すなわちインフラ（テクノロジーを含む）を築くためには資源が必要である。[12]
- **柔軟性を支える：** 企業は明確なプランを持つ一方で、必要に応じた即興の余地も備えておくべきである。さらに、理想主義と実利的な商業的目標とのバランスをとり、人々が個人としても集団としても自分の考えを表明できるよう支援する。柔軟性によって、才能ある人々は新しいものをつくりたい、アイデアを生み出したいといった欲求を持てるのである。[13]
- **戦略的意図を明確に示す：** 企業は創造性を自社の企業価値の一部と位置付け、創造的な人々を自社の欠かせない資産と認識しなければならない。また、挑戦的なビジョンとミッションを明示しなければならない。それによって創造的な人々を引き付け、彼らに会社のために自分の考えを提供し、会社の目標達成を全力で支援しようとする意欲を起こさせるのである。[14]

●イノベーション力を引き上げる

イノベーションが生まれるためには、次のような特性を持つ人材が必要になる。[15]

- **ソリューション志向：** 困難であったり、時にはリスクが高かったりする方法で、ソリューションを提供できる豊かな想像力を有している。リスクが高いのは、まったく新しい非主流のアイデアを打ち出すからである。彼らは複雑さと市場の潜在力や機会を検討して、時には乏しい資源を活用する。イノベーションは問題の解決策や予防策になりうる。[16]
- **継続的なイノベーション：** 企業は継続的なイノベーションによって顧客ロイヤルティを維持できる。[17] 継続的なイノベーションは、快適な領域から脱して突破口を開く必要があることを認識している人々によって推進される。
- **イテレーションを行う：** 最善の結果を得るために、アイデアから具体的な形になるまでの間にイテレーション（訳注　一連の工程を短期間で繰り返す開発サイクル）を行う。その過程で、情報や議論を求め、批判的な視点で検討してみる。一つのイノベーションに魅了されたり執着したりはせず、恐れずに実験し、様々な代替案を受け入れ、常にアイデアを実現させようとする。
- **精神的に強い：**周到で粘り強く、簡単にはあきらめない。倒れて、また起き上がるのは日常茶飯事だが、彼らは常に時間と競い、進行中の競争に立ち向かう用意がある。
- **前向きなエネルギーを広める：**自主性があり、情熱的で、真剣に努力する。常にチームプレーを意識し、共通利益のために他者に知識やスキルやイノベーティブなマインドセットを伝えることをいとわない。
- **細部に注意を払う：**重要な細部に気づく能力がある。高い知性を使って詳細な観察を行う。プロセスを完全に理解しているイノベーターだといえる。[18]

企業は真にイノベーティブなグループの創造力を受け入れるだけではいけない。創造力を育む環境を築くとともに、創造力を開発することも求められる。イノベーティブな企業の特徴をいくつか記してみよう。[19]

- **イノベーションを基盤とする戦略的意図を打ち出す：**企業は自社のビジョンやミッションや戦略にイノベーション精神を染み込ませなくてはいけない。また、それを理解しやすいように上手く伝えることも必要である。組織の価値創造プロセスには、わくわく感をもたらすイノベーションの思いが反映されていなければならない。

- **一貫性のあるイノベーティブな文化を提供する：**イノベーティブな企業は進行中のイノベーションに対するコミットメントを示す。また、イノベーションを促進するために適切な評価で支えられている適切な誘導的環境を築く。
- **幅広い機会を提供する：**イノベーティブな企業は意見表明の余地を与え、厳しく管理しすぎないよう気を配る。これによって信頼を示し、個人に自主性を与えることになる。また、訓練プログラムを通じて個人に力を与え、彼らによるイノベーションを奨励する。失敗はタブーではない。
- **協働を促進する：**柔軟な考え方と透明性は、多様性に富む環境における協力には欠かせない。リーダーは、この姿勢のお手本でなければならない。
- **強力なナレッジ・マネジメントを提供する：**ナレッジやデータに自由にアクセスできることは、自社の問題に関するソリューションを見つける上で役立つ。[20] ナレッジはリスクを理解するにとどまらず、より多くの情報に基づいて実行できる助けになる。

●**起業家精神を育む**

企業に必要なのは、起業家的メンタリティを持つ人材である。こうした人材が持つ特徴をいくつか挙げてみよう。[21]

- **資源を割り当てる：**豊富な知識を持ち、入手可能な資源やツールを上手く活用できる。自分の強みと弱みを認識しており、自分の能力で組織のために価値を生み出すことに注力する。

- **機会を追求する：**強い好奇心と学習プロセスに対する純粋な興味を持ち、科学技術の発展に抵抗感がない。既知のことだけでは満足せず、新しいことを知ろうとする。[22]
- **リスクをとる：**ためらうことなくリスクにアプローチし、リスクを軽減して価値を生み出そうとする。[23] 失敗を気にせず、過去の誤りから学び、許容可能な損失を見極めて、直面するリスクを引き下げることができる。また、実験してみることもためらわない。
- **自発的に行動する：**やる気に満ち、他者からの報酬には左右されない。最適な活動を引き出すための情熱を理解していて、自分の職務遂行の際、明確な目的を持っている。
- **ネットワークを築き、協働する：**他者との有意義な関係を築き、チームワークを重視する。物事を共同で行うことを好み、多様な能力を持つ他者や他の組織を巻き込んで、共通目標を支援することができる。

企業は市場の機会を突き止め、社内のイノベーションから生まれる多様なソリューションを提供するために、起業家的アプローチをとる必要がある。組織内で起業家的マインドセットを育成しようとしている企業の特徴をいくつか挙げてみよう。[24]

- **実験を促進する：**従業員による新しい試みを奨励し、成功の場合も失敗の場合も結果について建設的なアドバイスを与える。また、従業員を鼓舞して、プロトタイプなどを通じて自分のアイデアを市場もしくは顧客に直接試してみる勇気を奮い起こさせる。

- **学習する文化を育む：**従業員に過去の活動から得た教訓を生かすよう促す。学習の定義を拡大して、本などの文書情報だけでなく、体験や顧客とのやり取りを通じた学習も含めるべきである。顧客とのあらゆるやり取りが、自社の製品・サービスの改善のための貴重な教訓にならなければならない。学習機会はすべての従業員に与えられるべきである。[25]
- **当事者意識を高める：**起業家的従業員は会社への帰属意識を持つことで成長する。企業は適格な従業員に自社株を与え、成長を促進できる。プログラムやプロジェクトの指揮権を与えることも、従業員の帰属意識を高めるだろう。[26]
- **自治を与える：**企業は目標設定の際に、従業員を関与させるべきである。目標達成のプロセスではマイクロマネジメントを避け、従業員に自分で決定を下す自由を与えなければならない。それでも効果的な評価は必須で、しかも、あまり介入せずに実施しなければならない。従業員が自分の成果を披露できる場を設けることは、従業員のロイヤルティを保ち、彼らが価値創造プロセスに貢献し続ける上での貴重なモティベーションになる。[27]
- **部門横断型の協働を強化する：**部門横断型チームの結成を促進する。また、物理的に離れた場所にいるチーム間の協働を促すために、テクノロジーの利用も進めなければならない。

●リーダーシップ能力を築く

強いリーダーに共通して見られる特徴を、いくつか挙げてみよう。[28]

•戦略的に行動する：直面する課題や機会に応じて調整でき、目の前の課題に集中するだけでなく、問題の全体像を捉えることができる。[29]

•優れたコミュニケーター：他者に影響を与え、戦略目標に関連する問題についても、専門的業務についても、考えを明確に伝える能力がある。他者の意見に耳を傾け、一対一の状況でも一対多数でも、適切にコミュニケーションができる。優れた傾聴スキルによって、効果的なコミュニケーションを築く。[30]

•先見の明がある：将来の状況を予測し、それを組織の戦略に結び付けられる。チームのメンバーに、先のことを希望的に捉えさせることができる。さらに、安定と成長のバランスをとれる。

•他者に仕事を任せ、権限を与える：すべてを一人でやるのではなく、チームのメンバーをそれぞれの能力に応じて関与させる。仕事を任せるということは、リーダーが責任を逃れることではない。リーダーは依然としてその場にいて、技術的にも心理的にもメンバーに力を与えるのである。[31]

•誠実さと責任を示す：言行が一致している。命令や指示を与え、チームのメンバーにとってロールモデルになる。職務遂行に他のメンバーを関与させた場合でも、自分の責任を忘れない。

組織内でのリーダーシップ能力の開発を真剣に進めている企業には次の特徴がある。[32]

- **潜在候補者を認識する**：採用プロセスの段階から、個々の従業員の潜在力を見極める。企業が行う定期的な評価も情報源として用いる。
- **コーチングやメンタリングを提供する**：コーチングは従業員に自分の潜在的なリーダーシップ能力についての認識を促すだろう。一方、メンタリングは従業員が個人的な問題を克服する手助けになるはずである。[33]
- **新しい課題を与える**：従業員に多様な仕事を与える必要がある。より高度な新しい課題に対処できる従業員には、より大きな責任が与えられる。そうした新しい課題は、従業員のリーダーシップをチェックする手段にもなる。
- **成長を測定する**：個々の従業員の成長、とりわけリーダーシップ能力に関連する成長を評価する。評価は職務記述書に記載されている通常業務に基づいてでも、特別任務を通じてでもできる。一定の評価を得た従業員への褒賞も必要である。
- **個人の成長を促進する**：体系的な訓練は、リーダーシップに対する従業員の理解とスキルの向上に役立つはずである。チームでは、どの従業員も互いに個人的関係を築く機会を平等に持ち、将来のリーダーになるために、徐々に大きな責任を引き受けるプロセスを経験する必要がある。[34]

ＣＩ―ＥＬ能力の築き方については、［図12-5］を参照してほしい。

●**生産性能力を築く**

生産性の高い個人の特徴を、いくつか挙げてみよう。[35]

・**目標に注目する：**毎日達成しなければならない重要な目標に注目し、それらに優先順位をつけられる。目標を「小さなやるべきこと」に分解できる。[36]

・**優先順位のリストをつくる：**自分の私生活または職業生活における重要度によって、仕事を分類できる（公私融合や公私のバランスをとることさえできる）。どの仕事は達成する必要があり、どれは延期または中止できるかを理解する。

・**卓越したスケジュール管理：**スケジュール（ＴｏＤｏリストを含む）の管理は、適切な時間配分をするための方法である。生産的な人々は優先事項を持ち、それらから一つずつ完了させるために時間を組み立てる。

・**休憩を予定に入れる：**時間を上手く組み立てて休憩をとれるが、仕事がたまる原因になる先延ばしには陥らない。休憩に時間を割り当てることは、その後の集中力を高め、より正確に時間を

図12-5 ／ CI－EL能力の構築に関するまとめ

		個　人	企　業
能力	創造性	・強い好奇心 ・柔軟な考え方 ・一緒に働くのが楽しい ・型にとらわれない思考 ・あえて挑戦を歓迎する	・サイロの壁を払いのける ・自治を与える ・失敗を許容する ・資源を適切に割り当てる ・柔軟性を支える ・戦略的意図を明確に示す
	イノベーション	・ソリューション志向 ・継続的なイノベーション ・イテレーションを行う ・精神的に強い ・前向きなエネルギーを広める ・細部に注意を払う	・イノベーションを基盤とする戦略的意図を打ち出す ・一貫性のあるイノベーティブな文化を提供する ・幅広い機会を提供する ・協働を促進する ・強力なナレッジ・マネジメントを提供する
	起業家精神	・資源を割り当てる ・機会を追求する ・リスクをとる ・自発的に行動する ・ネットワークを築き、協働する	・実験を促進する ・学習する文化を育む ・当事者意識を高める ・自治を与える ・部門横断型の協働を強化する
	リーダーシップ	・戦略的に行動する ・優れたコミュニケーター ・先見の明がある ・他者に仕事を任せ、権限を与える ・誠実さと責任を示す	・潜在候補者を認識する ・コーチングやメンタリングを提供する ・新しい課題を与える ・成長を測定する ・個人の成長を促進する

管理する助けになる。[37]

- **一度に一つの仕事しかしない：**一つの仕事だけを行うことは、職場での気を散らす要因を減らし、大きな任務から電子メールやテキスト・メッセージのチェックなどの小さな業務まで、効率的に完了する助けになる。

生産的な人々が自分のスキルを維持して高めるために、次の点が配慮されなければならない。[38]

- **時間配分に注意を払う：**効果的な時間配分は、仕事中のストレス軽減に強いインパクトがある。[39] 企業は仕事を完了するのに十分な時間を与えなければならない。会議を短時間で終えることを慣習化したり、個々人が「ＴｏＤｏリスト」をまとめる時間や忙しい時間帯に短い休憩を設定したりしてもよいだろう。
- **会議を制限する：**企業は各チームが定期的に会議を行えるよう、会議実施のガイドラインを提供するとよい。議題の事前送付をルール化したり、会議の頻度や長さを制限したりするべきである。
- **目標を明確に伝える：**生産的に仕事ができるチームは例外なく、期待されている結果を認識している。メンバーが迅速に働けるのは、具体的な目的や業務や計画をすでに理解しているからである。

- **円滑なコミュニケーションを促進する：**生産的なチームには必ず、問題や障害を解消してより良い仕事をするために率直に議論する習慣がある。[40]
- **生産性向上ハックを提供する：**企業やチームは、ニーズに応じて生産性を高めるハック（コツ、工夫、発想法など）を使うとよい。リモート・チームのための協働作業領域の設定、作業達成度の測定、進行中の作業や完了した仕事の追跡なども、これに含まれるだろう。

●改善能力を築く

継続的に改善を加えようとする人は、次のような特徴を備えている。[41]

- **現状を問い続ける：**現状に問いを持ち続け、オペレーションを改善できるギャップ、すなわち現実が理想に及ばない点を見つける努力を日々行う。適切な問いを立て、改善できる分野を特定するためのシステム・オペレーションというものを理解している。[42]
- **問題の解決を目指す：**最初に問題を探すことによって、改善の余地を見つけることができる。現在の問題に解決をもたらすことが、改善の第一の、最も一般的な動機である。[43]
- **プロセスを明確にする：**プロセスをどうすればよいか。改善か、除去か、それとも破壊かを見極める。[44] 現行プロセスを評価して、可能な調整を行ってもよい。
- **学習し続ける：**改善できるギャップを見つけられるよう、自分の知識を随時アップデートする。[45]

・**どこからスタートするべきかを知っている：**問題を明確にし、根本原因を見つけることは、通常、困難な状況に対処する際の最善の出発点である。[46]

企業は従業員一人ひとりの絶え間ない改善の精神を維持しなければならない。こうした改善を後押しできる企業の特徴をいくつか挙げてみよう。[47]

・**改善の基盤を築く：**どの企業も、現行の作業基準でどの目標が未達成だったかを総括することによって、現行基準からの絶え間ない改善をスタートできる。この手法はその後、新しい基準として使える。

・**アイデアの流れを確保する：**各々の職務内で改善アイデアを提案するための簡単なプラットフォームを提供するとともに、マネジャーと他の従業員が協力して改善を行えるよう、水平的アプローチを築いている。顧客の問題をよく理解している現場スタッフをはじめ、組織内の誰でも素晴らしいアイデアを提案できる。[48]

・**習慣をつくる：**組織内の誰もが自分のチームを成長させられるよう、改善を追求する習慣をつくり、模範的なコミュニケーション環境を管理している。

・**励ます：**組織のメンバーが絶え間ない改善に貢献する際、彼らに影響を及ぼす障害を理解している。個々人が貢献できるよう、企業はメンバーの不安を特定し、最小限に抑えなければならない。[49]

- **学習機会を提供する：**従業員が絶え間ない改善に必要な知識やスキルを習得できるよう、適切な学習機会を提供している。[50]

●専門性能力を築く

専門性能力を持つ人を見つけようとする時、企業は通常、次のような特性を求める。[51]

- **用意周到で時間を守る：**会議やプレゼンテーションや電話のために、鏡の前で練習したり、原稿を作ったりと、あらゆる準備をする。準備のために15分から30分早く到着する。
- **優れたコミュニケーション・スキル：**職場での文書や会話には適切な言葉を使う。使う言葉、コメント、話題の選択、話し方はその人の専門性に関する評価を形成する。
- **適切な外見：**外見には服装だけでなく、デスクの使い方やファイル整理の仕方も含まれる。見苦しくない服装は、その人がすぐに職務に就け、プロとして他者と接する用意があることを示す。[52]
- **常に説明責任を負う：**契約に従って各種職務を遂行し、頼られることに強い責任を持つ。説明責任を負うとは、成功の功績を認められる一方で、失敗の責任もとるということである。[53]
- **誠実さを示す：**正直で、強い道徳的原則を備えている。[54] 専門家は他者から注目や批判をされやすいので、言葉や行動や生み出す仕事によって誠実さを示す。[55]

企業は次の事項の実行によって、専門性能力を体系的に強化、制度化できる。

- **職場のルールや文化を確立する**：小規模組織には強いリーダーが、中規模組織には企業の規則や標準作業手順（SOP）が必要である。大企業には人々の働き方を導くルールや規則や文化が求められる。
- **パフォーマンス管理システムを整備する**：規則に加えて、専門性を備えた人材を育成するために、すべての当事者を対象とする公正な測定方法を整備する必要がある。フィードバックとパフォーマンス管理システムは、誰もが自分の仕事を理解するために重要である。
- **従業員に訓練やセミナーの受講を促す**：企業には最新の状況への適応が求められる。それゆえ従業員は、職務を遂行し、価値を生み出し、企業の競争力を維持するために、訓練・教育プログラムによって自分の知識やスキルをアップデートしなければならない。[56]

●マネジメント能力を築く

マネジメント能力を示す人々の特徴を述べてみよう。[57]

- **俯瞰《ふかん》的な分析**：マクロ経済や産業や競合他社の動きを検討した上で計画を立てられる。俯瞰的な見方に基づいてビジョンやミッション、それにプロジェクトのより広い文脈をチーム・メンバーに伝えることで、彼らを指揮して専門的な仕事をさせることができる。[58]

- **効果的な意思決定：**いくつかの選択肢のメリットとデメリットを理解し、タイムリーな決定を下し、事業目的と整合する行動をとれる。[59]
- **プロジェクト管理に熟達：**組織オペレーションの実行には、計画策定（目標設定、資源計画、タイムラインの作成）、実行（作業プロセスの実行、または訓練の実施）、確認（監査または検査）、および行動（予防措置または修正措置）の能力が欠かせない。[60]
- **チーム構築能力：**プロジェクトや日常業務を完了させるため、誰に対してもチームとして働くことを奨励し、誰もがそうする能力を備えている。マネジャーは単独で仕事をするのではなく、堅固なチームをつくり、集団としての強みを生かして困難な組織目標を達成できる。[61]
- **適応力：**ビジネス環境の急速な変化により、マネジャーには社内外の変化に適応する能力が求められる。

企業は、絶えず進化を続ける今日的意味を持つマネジメント・システムを維持しなければならない。マネジメント能力を構築、維持するには、次のような取り組みが求められる。[62]

- **明確な継承プラン：**優れた組織は一人に指揮されるだけでなく、複数の人物に指揮される。従って、マネジメント・プロセスの継続性確保のために、マネジメント・チームの交代や回り持ちの計画を立てておく。組織の継承プランは、従業員のフィードバックやパフォーマンス管理レビュー、コミュニケーション・スキルや戦略的思考を評価する面談を通じて、多くの場合、従業員をランク付けすることから生まれる。[63]

- **パフォーマンスのフィードバック：**マネジャーがすべてのチーム・メンバーにフィードバックを与える機会をつくり、建設的なフィードバックの習慣を築く。[64] パフォーマンスに関する定期的なフィードバックは、それぞれの職務に期待されることを伝え、チームがこの先、より効果的に活動するためのヒントを与えるために必要である。
- **率直なコミュニケーション：**対話集会、週次または月次会議、もしくは内部通報制度を通じて、マネジャーとチーム間で双方向のコミュニケーションをとる。

PI—PM能力のまとめについては、［図12-6］を参照してほしい。

実際には二つか、三つで十分

個人がCI—EL能力とPI—PM能力を一度にすべて持つことは、不可能ではないにしても、

図12-6 ／ PI－PM能力の構築に関するまとめ

		個　人	企　業
能力	生産性	・目標に注目する ・優先順位のリストをつくる ・卓越したスケジュール管理 ・休憩を予定に入れる ・一度に一つの仕事しかしない	・時間配分に注意を払う ・会議を制限する ・目標を明確に伝える ・円滑なコミュニケーションを促進する ・生産性向上ハックを提供する
	改善	・現状を問い続ける ・問題の解決を目指す ・プロセスを明確にする ・学習し続ける ・どこからスタートするべきかを知っている	・改善の基盤を築く ・アイデアの流れを確保する ・習慣をつくる ・励ます ・学習機会を提供する
	専門性	・用意周到で時間を守る ・優れたコミュニケーション・スキル ・適切な外見 ・常に説明責任を負う ・誠実さを示す	・職場のルールや文化を確立する ・パフォーマンス管理システムを整備する ・従業員に訓練やセミナーの受講を促す
	マネジメント	・俯瞰的な分析 ・効果的な意思決定 ・プロジェクト管理に熟達 ・チーム構築能力 ・適応力	・明確な継承プラン ・パフォーマンスのフィードバック ・率直なコミュニケーション

極めてまれである。八つのうち二つ、三つ持っていれば十分であるかもしれない。だが、他のケイパビリティについても学ぶことによって様々なケイパビリティに秀でている同僚を理解できるようになる。

戦略的人材管理は、事業戦略を有形の結果に変えるために不可欠である。[65]企業は人材を見つけ、団結させ、育成し、任命し、保持するために明確なプランを持ち、また組織の目標や戦略と整合し、調和する人材を保持する必要がある。そのようなアプローチこそ、戦略ドリブンの人材管理の真髄であり、今日の環境に必須なのである。

重要なポイント

▼

- 人材の採用時に、企業は現在のCI―EL能力とPI―PM能力を検討することで、どのようなタイプの労働者が必要かを理解できる。
- 企業は創造性、イノベーション、起業家精神、リーダーシップ、生産性、改善、専門性、マネジメントといったケイパビリティを築かねばならない。
- 必要なケイパビリティを理解し、そうしたケイパビリティを企業に持ち込むことによって、誰もが企業のパフォーマンスに貢献できる。

終　章

一段上のオペレーションの卓越性

硬直性と柔軟性のバランスをとれ

顧客の求める半導体の生産に特化しているメーカー、台湾セミコンダクター・マニュファクチャリング・カンパニー（TSMC）は、TSMC方式として知られるアプローチでオペレーションを実行している。この方式は大きく分けて二つの側面で構成されている。第一に、TSMCは一定レベルの効率性を実現するために、1000社に及ぶ顧客からの受注量を自社の全工場に割り振っている（規模の活用）。第二に、同社はこれらの注文を生産するオペレーションで独自のモジュラー・デザインを使い、生産能力を注文に応じて配分することができる。[1]

加えて、TSMCは顧客の突発的なニーズにも応じられる、半導体のための設計検証・試験ツール、サイバーシャトルを有している。TSMC方式によって、緊急の注文に対応しつつ、なおかつ厳格な（すなわち硬直した）製造オペレーションの原則を順守できる。同社のオペレーションは、インテリジェント・マニュファクチャリングの原理に基づいているが、これは品質、生産性、効率性、オペレーションの柔軟性を最適化し、費用対効果を最大化し、全般的なイノベーションを加速するために使われる機械学習支援製造プロセスである。[2] これによって、TSMCは多種多様な市場の需要や世界各地の顧客の極めて多様な製品要求に対応できる。[3]

厳格な（すなわち硬直した）プロセスと柔軟性とのバランスをとることで、TSMCは世界最大の半導体メーカーになっている。同社の有名なクライアントとしては、AppleやAMDがあり、[4] 同社はグローバル・サプライチェーンで極めて重要な役割を果たしている。

図E-1 ／ オムニハウス・モデルのオペレーションの要素

本章では、オムニハウス・モデルの中央に位置する要素、オペレーションについて論じる。オペレーションはビジネスの極めて戦略的な要素であり［図E-1］、一方では直線的に前進できなければならないが、他方でダイナミックな環境に対応できなければならない。

オペレーションは企業の利益率に直接影響を与える要素の一つである。**オペレーションの改善は、企業の効率性を高め、コストを削減し、損益計算書の営業利益率に直接影響を与える上で必要不可欠といえる。**生産から流通、販売、サービスまでのプロセスの強さは、企業のオペレーション能力で決まる。

オペレーションは、インプットとアウトプットの観点から生産性にも影響を及ぼす。強力なオペレーション能力は、類似製品を扱う競合他社と比べると、同じ数量のインプットをより多くのアウトプットに変換できるからである。オペレーションは、あらゆることが準備から実行までつつがなく進むように構築されなければならない。オペレーションの重点は、**最高品質の製品とサポート・サービスを生み出すために企業の既存資源をできるかぎり効果的に用いることと、ある程度の柔軟性を保持する能力にある。**オペレーションは、通常、損益計算書の一番上の行、すなわち売上高に焦点を当てるマーケティングと、一番下の行、すなわち最終利益を最重視する財務との橋渡し役でもある。

硬直性は起こるべくして起こる

硬直性はどこにでもある。それは通常、スタートアップが運営の仕方をより確立させた時に生じる。この時点で、企業は決められた方法やシステムに腰を落ち着けてしまい、現状維持に快適さを見いだすかもしれない。第6章を振り返ってほしい。硬直性に繋がるいくつかの要因について簡単に説明しよう。

- **弱い起業家的マインドセット：**様々な障害や意思決定プロセスに対処する際の柔軟性には、起業家精神がはっきり表れる。これがないと、企業は硬直して失敗する可能性がある。

ＣＤやＤＶＤの販売を行っていたＨＭＶは、２０１８年に営業を停止した。営業を停止する前、同社には脅威になりそうな三つのトレンドに対処する機会があった。ディスカウント・スーパーマーケット、オンライン小売業者、音楽ダウンロード・サービスである。同社はこれらの予測を受け入れず、従来どおりの営業を続けた。１９９０年代末になってインターネットに投資を始めたが、すでに手遅れになっていた。[5]

- **創造性とイノベーションの停滞**：企業は活動の初期段階では通常、情熱にあふれ、アイデアが豊富で、常にイノベーションの用意がある。しばらくすると型にはまった行動が始まり、創造性が薄れてゆき、チーム・メンバーはアジャイルや適応といった言葉を敬遠するようになる。この時点で、硬直性が根を下ろす。
- **競争を無視**：既存の競争相手も新規の競争相手も、最善の市場ポジションのために走り続けているにもかかわらず、成功に満足して周囲が見えなくなる企業がある。この自己満足の姿勢は、企業を停滞へと導く。残念なことに、死のスパイラルに陥らなければ危機に気づかないことがある。
- **顧客ケアを怠る**：多くの顧客を獲得した企業は、彼らがいつまでも留まるわけではないことを往々にして忘れてしまう。忘れていないにしても、現在の顧客が離れても新規顧客を容易に見つけられると思い込んでいるかもしれない。このような考えや姿勢は、忍び寄る硬直性の印である。

- **ビジネスモデルを変えない：**変化の激しいビジネス環境は、企業のビジネスのやり方に影響を与える。長年ビジネスを続けている組織は、自社のビジネスモデルがまだ有効かを確認する必要がある。残念ながら、組織は往々にして時代遅れのシステムにとらわれ、変化に消極的である。
- **マクロ環境の変化を無視：**マクロ環境の諸要素は急変しており、往々にして予測不可能である。これらのトレンドに注意を払わなければ、企業は新しい機会を見逃すおそれがある。また、方向転換や変化が必要だという警報サインに気づかないかもしれない。
- **デジタル化志向が弱い：**デジタル・モデルやデジタル・ツールの採用が遅れている企業もあれば、多額の投資を行ってはいるが、自社の全体的な目標や戦略を考慮できていない企業もある。また、デジタル・ツールを実装してはいるが、将来的に必要になるかもしれない今後の変化を見極めようとしていない企業もある。これらの場合、企業は硬直性のせいで、利益をもたらしてくれる重要なデジタル・ツールを見落としている。

バリューチェーンは死んではいない

1980年代半ばにマイケル・ポーターが打ち出したバリューチェーンという概念は、もはや当てはまらないと指摘されることがある。この考えは、デジタル化によって世界が現在ほど繋がっていなかった時代に登場した。従って、すべてがデジタルで接続されるようになった時代には、バリューチェーンという概念は説得力がなくなる、というのである。

だが、**デジタル技術の発展により、我々は不必要なサブ要素のいくつかを簡素化、統合、除去して、そうした要素を回避したり、パートナーにアウトソースしたりできる。**従って、重要な価値を生まないような活動は避け、アイデア創出から商品化までの時間を短縮し、コストを削減し、有形・無形の資産の利用を高められるようになる。

例えばWhatsApp（ワッツアップ）は、ロシアのITチームと契約してエンジニアをアウトソースした。この決定がされた初期のころ、同社の資金は極めて乏しく、アメリカでエンジニアを雇えなかった。そこで、他国でより安い賃金で有能なエンジニアを見つけ、[6]２０１４年にFacebookに買収されるまで続けられた。この方法はWhatsAppのオペレーション管理を簡素化し、同社の競争優位を下支えした。

●バリューチェーンの継続的な調整

前項の説明と実例から、バリューチェーンという概念は死んではおらず、企業が自社のバリューチェーンの調整を続ける限り、重要であり続けるといえる。バリューチェーンのすべての主要・サポート要素が、デジタル的に完全統合されるとともに、モジュラー式にも機能すべきである。企業は最終的に**どの活動を社内で行い（これらの活動はコア活動と呼ばれる）、どの活動をパートナーに任せるべきかを決断する勇気も持たなければならない。**

現在のビジネス状況では、大企業も小企業も時としてアウトソースの必要がある。アウトソースの共通の理由は、コスト削減である。もう一つの理由は、小規模なスタートアップ企業にとって、アウトソーシングは社内のチームがキャパシティの限界に達しても、通常どおり業務を行う助けになるという点である。[7]

バリューチェーンの簡素化で、企業は不要なコストを削減しながら創造性やイノベーションなどの分野に集中でき、製品の質を高めることもできる。一部のカスタマイズ製品においてさえ、より効率的なバリューチェーンの構築によって、デリバリー・プロセスをスピードアップすることができる。サポート・サービスは、バリューチェーンの差別化を生み出す基盤になるのである。

サプライチェーンはさらに重要に

頑健なサプライチェーンの役割は、上流（供給側）も下流（需要側）も、現在のデジタル時代においてさらに重要になっている。サプライチェーンの諸要素がより一層接続されるので、企業は供給側と情報共有して自社の柔軟性を下支えできる。上流から下流までのパートナーとの優れた調整は、企業がサプライチェーン・プロセスで高レベルの効率性を実現する助けになり、これによってB2BであれB2Cであれ、顧客の需要の変化に対応できる。[8] **サプライチェーンの強力な統合は、厳密性をもたらし、同時に市場のダイナミクスに対応する柔軟性を与えてくれる。**さらに、サプライヤーにとっては、需要を満たすための素早い適応が可能になる。

統合と戦略的柔軟性

自社をサプライチェーンと統合することで、企業は戦略的柔軟性を持てるようになる。企業は外部の変化をより敏感に感知し、資源とオペレーション活動を用いて実行すべきことを検討、策定できる。だが、企業は必ずしも全資源を所有する必要はなく、オペレーションの一部をアウトソースしてもよい。

企業は自社のコアコンピテンシーに集中し、残りはアウトソースする。さらに、コアコンピテンシーに関連する活動に重点的に取り組み、独特なコンピタンスを築くことさえできる。この状態は、シェアリング・エコノミーという概念と一致する。デジタル時代にますます広まっているシェアリング・エコノミーは、様々なパーティが特定のビジネス領域で繋がることを可能にする。

マイクロソフト、アメックス、デル、GEなど、アメリカに本社を置く企業の中には、何十億とはいわないまでも何百万ものグローバルな顧客を相手にする企業がある。これらの企業は、自社のヘルプデスク・サービスをインドのサードパーティ企業にアウトソースしている。インドは安い人件費、豊富なIT人材、英語の流暢さ、それに24時間休みなしのコール・センター・サービスを提供可能にする12時間の時差という点から、カスタマー・サポート活動の拠点として欠かせない国なのである。[9]

QCDを左右する統合と交渉上の立場

今井正明によるQCD（品質〈quality〉、コスト〈cost〉、納期〈delivery〉）という概念を用いると、統合と交渉上の立場が理想的な状態でないかぎり、QCDは最適化されないことがわかる。**サプライヤーと買い手企業の統合の強さと、相手企業との交渉上における立場の強さが、QCDの脆弱性《ぜいじゃくせい》のレベルを決定するのである**［図E-2］。

図E-2 ／ QCDに対する統合と交渉上の立場の影響

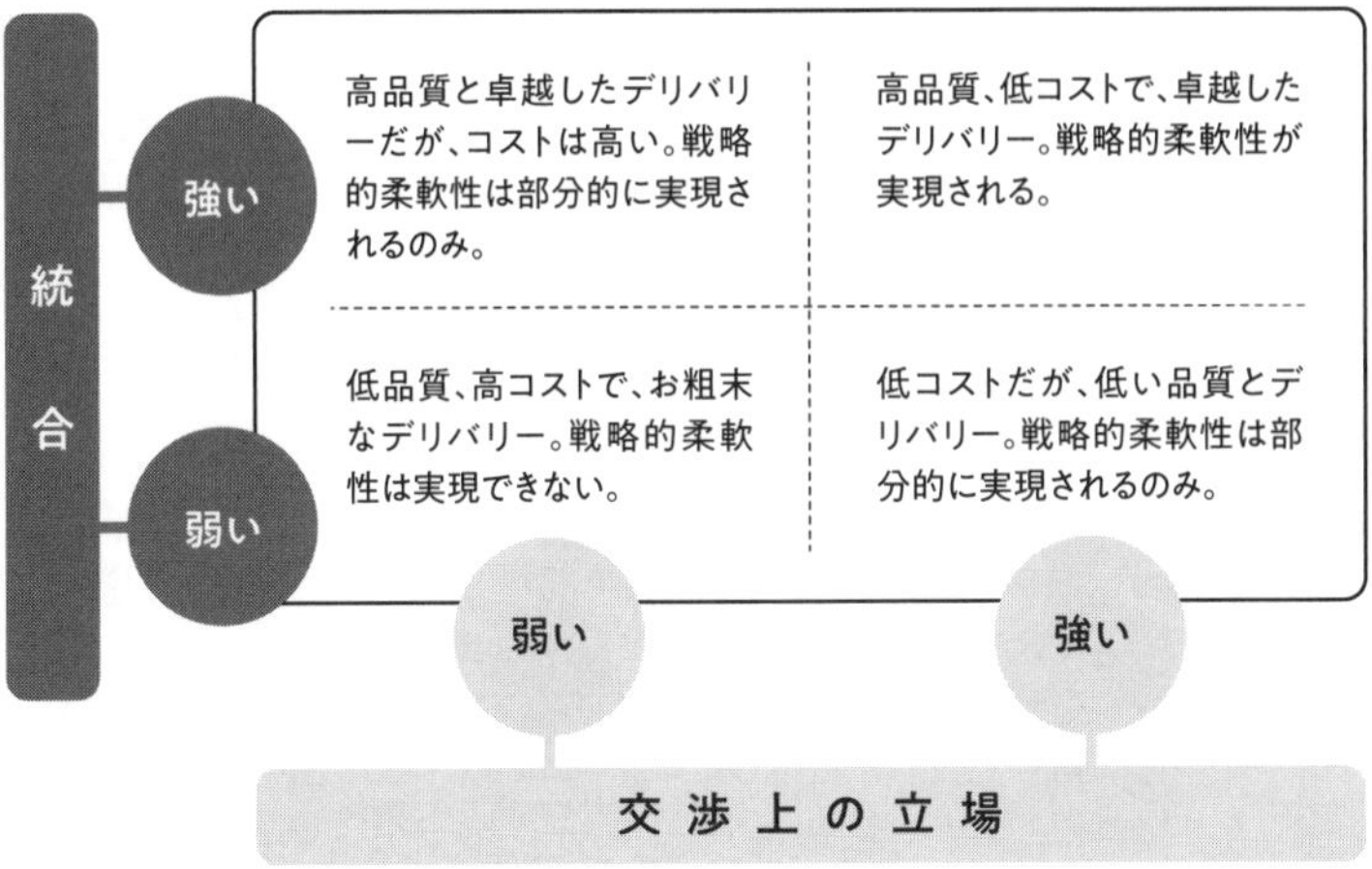

企業のバリューチェーンがどれほど優れていても、生産要素へのアクセスが限られていたら、高品質の製品・サービスの提供は難しいだろう。B2B企業であれば、買い手企業としての交渉上の立場が弱く、さらに統合も弱い場合、QCDの全要素が極めて脆弱になる。サプライヤーが生産要素の価格を決定するので、企業にとって様々なコストの削減も難しくなる。企業への生産要素の供給が円滑でなければ、デリバリーを混乱させることになる。

他方、買い手としての立場は十分強いが、統合が弱い場合、その企業はコスト要素だけに注力し、品質とデリバリーは脆弱なままになる。買い手としての立場は弱いが、統合は強い場合、高品質の製品・サービスと顧客への卓越したデリバリーを提供する可能性が高まる。しかし、コスト要素は脆弱なままである。これら二つの状態は、企業にとって柔軟性の低さと競争優位を形成する余地の大きさに繋がる。

例えば、TSMCにとって強力な買い手であるAppleは、巨大なエコシステムを持っており、自社の全製品のために最高品質の半導体を要求する。イノベーティブなコンシューマー・エレクトロニクス製品のリーディング・ブランドの一つとして、AppleはTSMCに特定の半導体の製造を要求した。回路線幅3ナノメートルというこの半導体は、TSMCのオペレーションの改善を促進し、TSMCだけがこの半導体を完成させることができた。こうした形のビジネス関係は、AppleとTSMCの健全な相互依存を成立させている。[10]

買い手としての交渉上の立場が強く、サプライチェーンとの統合も強いとしよう。その場合、自社のバリューチェーンだけに頼って、高品質の製品・サービスを生み出し、コストをできるだけ低く抑え、(顧客を満足させるために)顧客の期待どおりに、もしくは(顧客を喜ばせるために)顧客の期待より早く納品しなければならない。

このような**強い統合と強い交渉上の立場は、企業の戦略的柔軟性すなわちビジネス環境の急変、とりわけ市場の変化への迅速な対応能力をさらに強化する。**企業は変化に応じて自社の資源と戦略的決定を素早く調整できる。[11] 自社の全活動をサプライチェーンの諸要素と統合する強力なオペレーション管理能力を持っている限り、企業は強力な競争優位を有するはずである。[12]

図E-3／企業のバリューチェーンとサプライチェーンの直線的関係

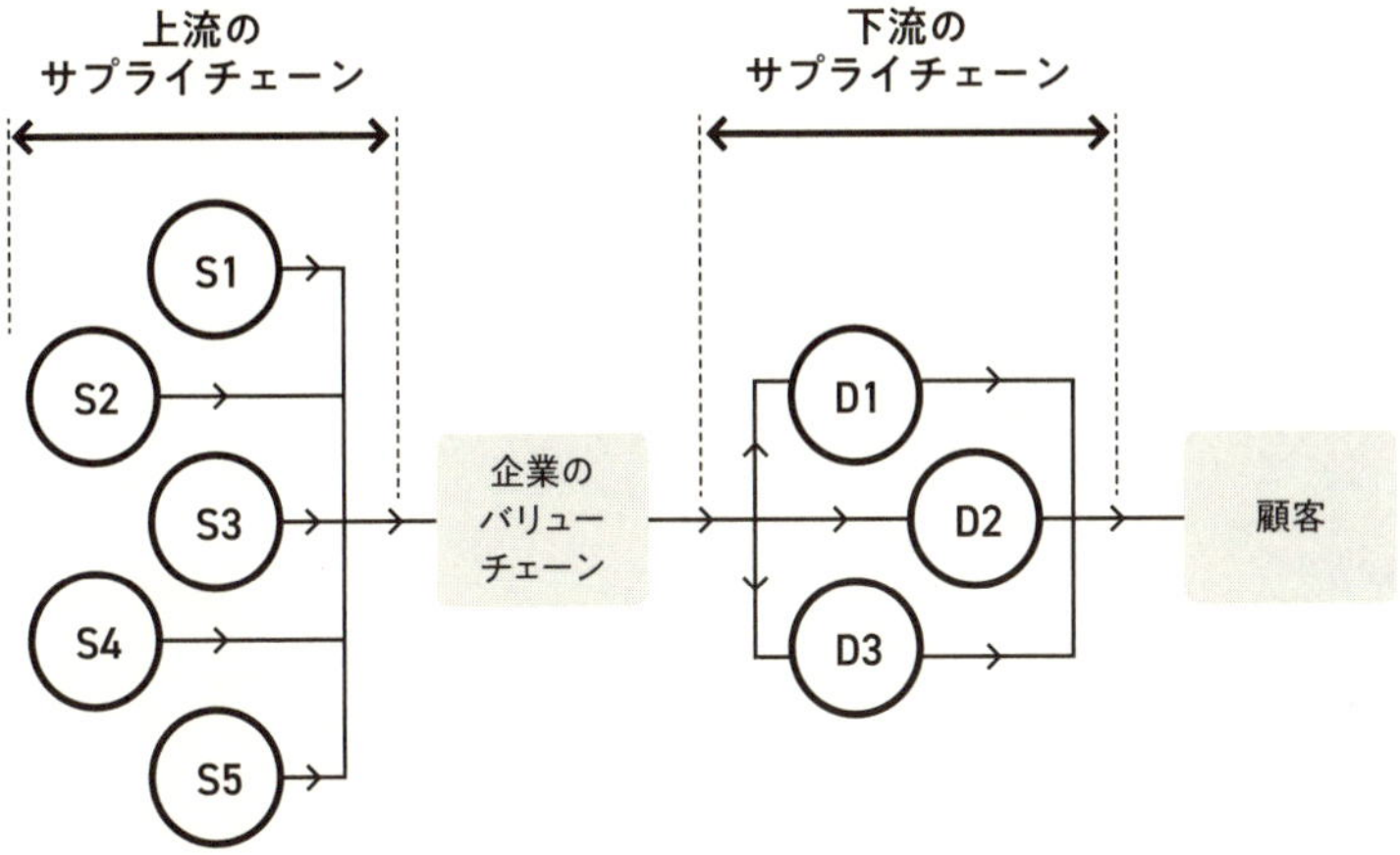

●直線的関係の不十分さ

サプライチェーンの上流（すなわち供給業者、S1～S5）から下流（すなわち流通業者、D1～D3）までバリューチェーンがしっかり統合されていたとしても、必ずしも理想的な状態ではない［図E-3］。企業がビジネス・エコシステムの統合された一部になっていない場合は、そういえる。その上、関係がまだ直線的なら、企業とサプライチェーンの動きは全体的なビジネス環境の変化、とりわけ顧客サイドの変化の速度と必ずしも一致しないかもしれない。

ダイナミックで混とんとした状況では、**直線的なサプライチェーン、とりわけ独立した、もしくは統合されていないサプライチェーンに頼るアプローチは適切ではない。** この不十分さゆえに、バリューチェーンを極めてダイナミックなエコシステムに進化させる必要性がある。そうしたエコシステムは、関与する全要素を最適化するバリューウェブとして機能することになる。[13]

企業が供給、生産、販売、流通など、サプライチェーンの一側面だけに頼っていたら、それは事業に害を及ぼしかねない。企業は未払い金や値上げのせいで、窮地に追いやられるかもしれない。組織が原材料を受け取れなかったり、機械が故障したり、ウェブサイトがダウンしたり、倉庫で在庫を見つけられなかったりしたら、オペレーション全体の停止を強いられるだろう。[14]

ビジネス・エコシステムは究極の領域

ボストン・コンサルティング・グループ（BCG）によれば、ビジネス・エコシステムはビジネス上の課題解決と、具体的な価値提案の実現のために構成されるべきだという。多様な能力を利用できること、迅速に拡大できること、柔軟性とレジリエンスがあることは、すべてビジネス・エコシステムの利点である。例えばスティーブ・ジョブズは、iPhoneをサードパーティのアプリ開発企業に開放し、新しい独創的なアプリが次々と生まれるという効果をもたらした。[15]

詰まるところ、**企業は従来型とデジタル両方のビジネス・エコシステムの活発な一部にならなけ**

図E-4 ／ ビジネス・エコシステム

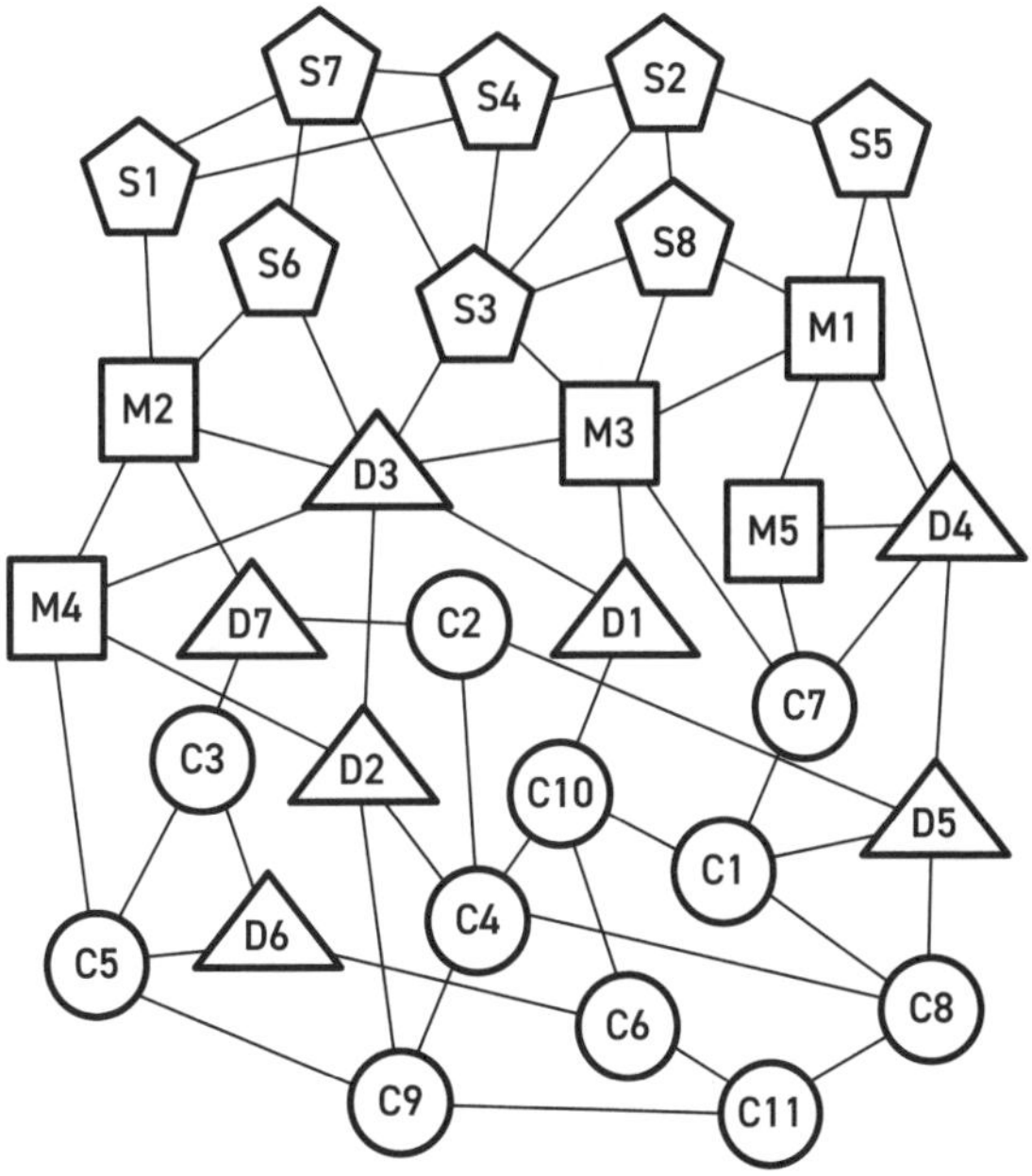

ればいけない。エコシステムの全要素を繋ぐことによって、サプライヤー（S）、メーカー（M）、流通企業（D）、顧客（C）で構成されるすべてのパーティが、協働や共創のための膨大な手段と柔軟性を持つことになり、優れたパフォーマンスを実現できるようになる。[16] 強力なビジネス・エコシステムの一部になっている企業には、競争優位に欠かせない基盤であるダイナミック・ケイパビリティを高められる大きな可能性がある［図E-4］。

　企業とそのパートナーは、エコシステムからの恩恵を享受することになる。エコシステム内の相互依存が強ければ強いほど、硬直性は強くなる。その半面、エコシステム内の全パーティに急速な環境変化に対処する際の柔軟性ももたらしてくれる。こうした状態は戦略的柔軟性の原則に沿っている。

●ビジネス・エコシステムのメリット

ビジネス・エコシステムは、それを構成しているパーティにいくつかのメリットをもたらしてくれる。

- **実質的な参入障壁の提供：**ビジネス・エコシステムは、新規参入を阻む強力な障壁として機能できる。新規参入者が競争に勝つには、特定企業のバリューチェーンの強さに頼るだけでは十分ではない。新規参入者はエコシステム全体、すなわち全パーティの集団的な力に立ち向かう必要がある。
- **より広範な問題に対するソリューション：**最適化されたエコシステムは、企業によるイノベーションの実施や、ソリューションの提供を容易にする。これは個々の企業の問題を解決する際にも、グローバル規模の社会・環境問題に集団として取り組む際にもいえる。[17]境界がぼやけていき、資源や能力を共用できるダイナミック・エコシステムの一部になることで、企業は新しい価値観を見いだす。それは企業にとって、今日の厳しい世界に単独で立ち向かう助けになるだろう。[18]

● **多用途プラットフォームの提供：**ビジネス・エコシステムは学習プロセスを加速し、アイデアを発展させ、知識を共有し、全員で使えるテクニックやテクノロジーを生み出すプラットフォームである。イノベーションの促進剤であり、複数のパーティが分野横断的なネットワークの中で協働、共創して、製品化のプロセスを可能にする。このプラットフォームでは、営業費用や投資費用をエコシステム内の多くのパーティで分担できるため、企業単体としても全体としても効率性と効果性を高めることができる。[19]

オペレーションが中心になる

企業がビジネス・エコシステムに統合されていくにつれて、オムニハウス・モデルが示すように、オペレーションの役割が中心を占めるようになる。一方で、企業内のマーケティング機能は主として市場を理解し、様々な製品・サービスを通じてソリューションを提供することになる。そして、財務機能によって、多様なマーケティング・イノベーションが高い利益率をもたらし、企業の資本を生産的に利用しているか否かの判定をするようになる。**オペレーション機能の役割は、それら二つの機能の目的を達成できるように価値創造を実行させることである。**

様々なテクノロジー、とりわけ現在のデジタル化が進む世界に見合ったテクノロジーが、オペレーションを支援する。こうしたテクノロジーは、企業がビジネス・エコシステムの一部になって役割や負担を分担することを可能にする。企業はエコシステムの様々な利点を活用して、顧客や株主やコミュニティに最善の成果を提供できる。**オペレーションは、人間のためのテクノロジーという考えの現実化に欠かせないものでもある。**

新しいオペレーションの卓越性

企業にとって、ビジネス・エコシステムへの参加の重要度が増すにつれて、オペレーションの卓越性は、社内マネジメントや社内規律に頼るだけでは実現できなくなっている。実際、企業は今なお社内プロセスに真剣に注意を払わなければならない。同時に、ビジネス・エコシステム内の他のパーティを巻き込むインタラクションと、社内プロセスを整合させる方法も見つける必要がある。

社内オペレーションの卓越性を維持することに加えて、ビジネス・エコシステムの一部になってからは、どのような状態が自社のオペレーションを高められるのか、その点を理解することが極めて重要である。企業間の硬直した相互依存にもかかわらず、最適な柔軟性を実現するための、新しいオペレーションの卓越性の特徴をいくつか挙げてみよう。

●**シームレスな相互依存：**企業は同じビジネス・エコシステム内の他のパーティとどれくらい協力するのか。企業と他のパーティとの相互依存はどの程度で、関係はシームレスか。企業と協力するパーティが多ければ多いほど、相互依存の度合いが高ければ高いほど、また関係や繋がりがシームレスであればあるほど、必要とされる統合のレベルは高くなる。

●**完璧な互換性：**自社のオペレーション活動で使われているテクノロジーは、エコシステム内の他組織との互換性が求められる。つまり、それらの組織が類似するプロセスや方法論を用いているか、自社は他のパーティと同じ手順なのか、全パーティがエコシステム内のユニバーサル・ガバナンス（普遍的統治）に関心を向けているか、従業員の文化が他組織の文化と調和しているかを確認する必要がある。エコシステムとインタラクトするにあたっては、これらが完全に合致し、問題のない状態でなければならない。ビジネス・エコシステムにおける組織の互換性が完全であるほど、その組織は新しいオペレーションの卓越性を強く示すことになる。

●**即応性：**ビジネス・エコシステムの一部であることで、企業は絶えず変化するビジネス環境の中で重要性を維持できる。企業はビジネス・エコシステムを利用して、たとえ不連続な軌跡を示す変化であっても迅速に対応できる。エコシステムに支援された企業のオペレーション対応が速いほど、その企業は新しいオペレーションの卓越性を実現しやすくなる。

図E-5／柔軟性のフロンティア

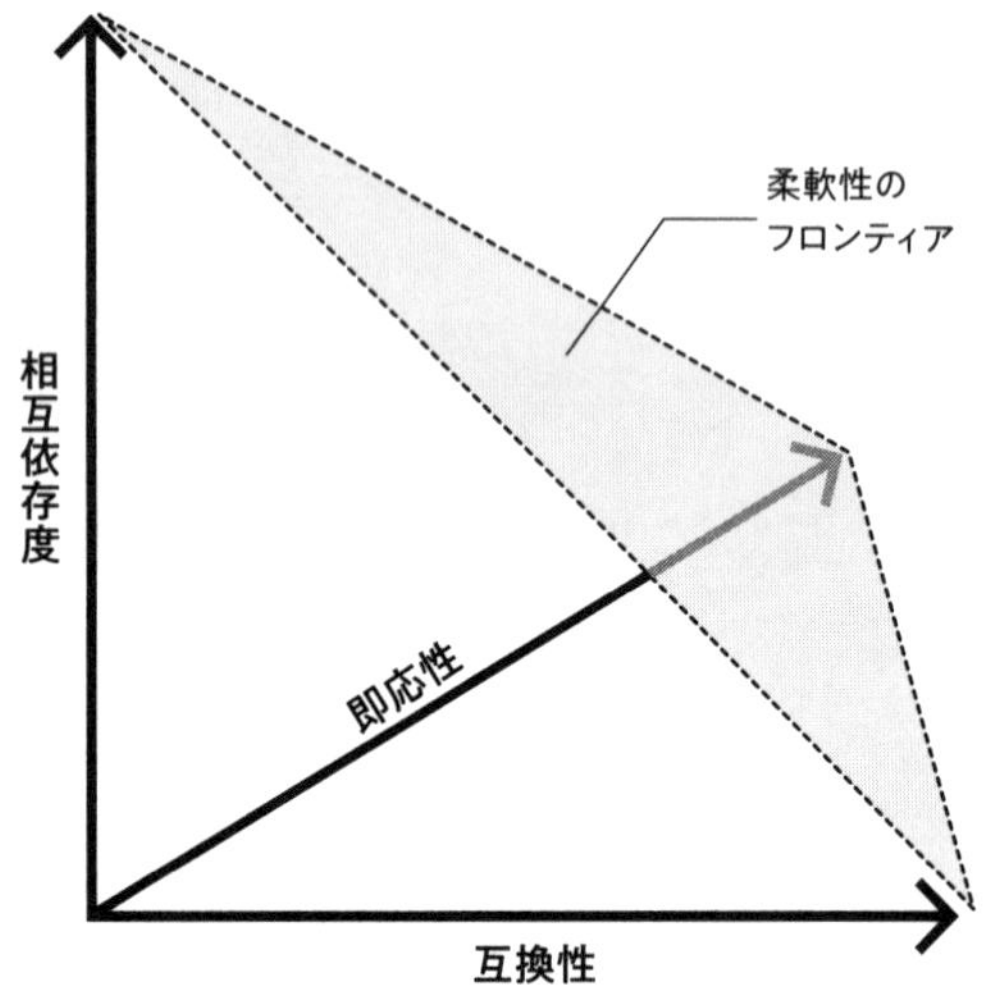

この新しいオペレーションの卓越性を実現する能力は、我々がポスト・オペレーションの卓越性と呼ぶものである。**ポスト・オペレーションの卓越性の三つの面、すなわち相互依存、互換性、即応性を組み合わせることで、高い柔軟性が実現される。**企業はオペレーション・プロセスをモジュラー方式で実行し、必要に応じて簡単に調整する。三つの面の最大値点は、柔軟性のフロンティアを形成する［図E-5］。

ビジネス環境が、想像上の柔軟性のフロンティアを上回るダイナミクスを示しているとしよう。その場合、エコシステム内の全パーティが相互依存の利点を集団的な力として共同で利用し、互換性と即応性を高めるための努力をしなければならない。こうした努力はビジネス環境のダイナミクスを超えて柔軟性のフロンティアを外に押し広げるので、ビジネス・エコシステム内の全パーティが重要性を持ち続けられるだろう。だが、柔軟性のフロンティアがすでにビジネス・ダイナミクスを超えている場合、利用できる機会と可能性は、エコシステムの一部である各企業の努力にかかっている。

この柔軟性を持つことで、マネジメントは企業の拡大を加速できる。市場は大きく開かれつつあるので、利用可能な物流システムがある限り、企業は間違いなくその市場に進出できるようになっている。その上、企業は製品開発プロセスやサポート・サービスの簡素化もできる。多角化の可能性もさらに重要になってきている。最後に、企業は自社のコアコンピテンシーについて、またそれがどれくらい重要であり続け、自社に独特なコンピテンスをもたらすかについて、根本的な問いに改めて答えなければならない。

QCDの限界を押し広げる

企業は、部門横断的な協働による社内プロセスだけでなく、ビジネス・エコシステム内の多様なパートナーによって左右されるＱＣＤという3要素で成果を改善できる。設計段階から製品の販売までの効率性と、ビジネス・エコシステムの集団としての効率性によって、コストを削減できるし、製品・サービスを顧客の要求に応じて、より短期間で納品することもできる。[20]

ＱＣＤは当初、企業の限られたバリューチェーンの柔軟性だけに頼っていた。より進化した場合でも、上流、下流のサプライチェーンとの直線的関係に頼るだけだった。しかし今日では、自社の全オペレーション・プロセスを自社の参加するエコシステムとの適合性が高まるように再配置すれば、そして自社を柔軟性のフロンティアにより近いところに位置付けたならば、はるかに大きな柔軟性を持つことができる。つまり、企業は自社のＱＣＤの限界を押し広げられるのである［図Ｅ-６］。

硬直性と柔軟性を管理する

我々は新しいビジネス風景が広がるまったく新しい時代に入っている。多くの産業で軌道の断絶が見られる。これらのすべてが企業のオペレーションに影響を及ぼす。三つの面、すなわち相互依存、互換性、即応性を管理することで、より高度なビジネス・エコシステムに基づく「ポスト・オペレーションの卓越性」の実現が求められている。

諸部門の統合は重要だが、現在および将来のビジネス環境のダイナミクスに対処するだけでは十

図E-6 ／ QCDの限界を押し広げる

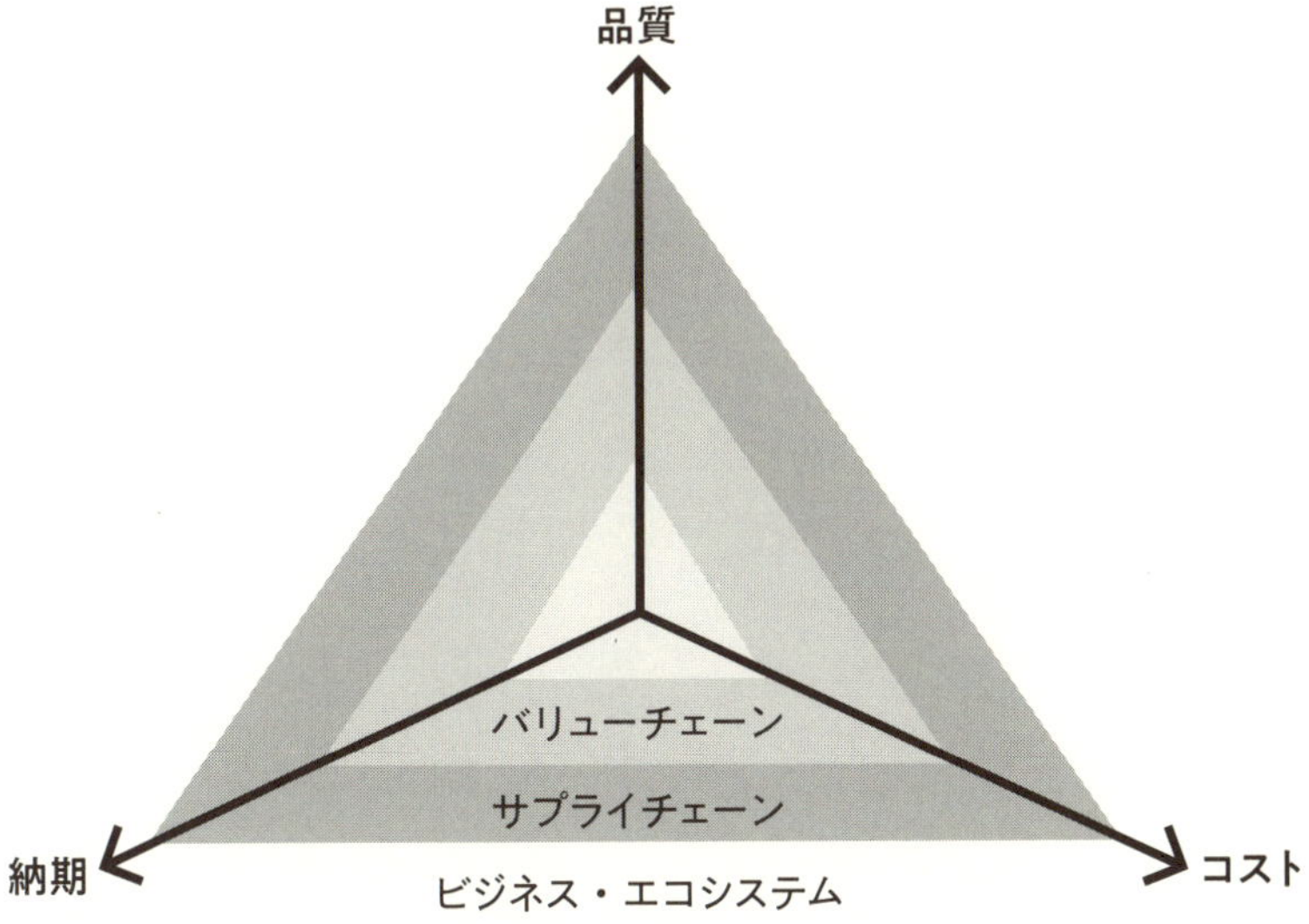

分ではない。マイケル・ポーターによって打ち出された有名なバリューチェーンという概念は、一方通行のプロセスではなく、バリューチェーンの各段階でインタラクティブなプロセスと柔軟性を許容するプロセスと捉えれば、さらに魅力的になるはずである。**このインタラクティブなプロセスと柔軟性は、企業が外的変化に適応しながら、継続的な顧客価値をより短期間で届けるのを可能にするだろう。**

企業は競争力を生み出すために、部門内の資源、ケイパビリティ、コンピテンシーを使うことができる。だが、それに加えて、柔軟な価値創造プロセスを確実にするために、重要なパートナーとの外部ネットワークも使うべきである。戦略的パートナーとのネットワークが築かれバリューチェーンの統合が進むことによって、企業の競争優位は高められる。この統合は価値創造プロセスにおける企業のオペレーション管理にも影響を与える。

ビジネス・エコシステムとの接続を可能にするテクノロジーを使うことで、企業はエコシステムの利点を活用できる。[21] 企業は「ポスト・オペレーションの卓越性」を自社の新しい価値または特性に変えて、利用すべきである。大きな慣性を抱える組織に、もはや居場所はない。考え方に柔軟さがなく、新しいことを毛嫌いする企業文化は、ただちに取り除かなければならない。エコシステム、とりわけデジタル・テクノロジーに支援されたエコシステムと繋がることで、企業は新しい価値を見つけ、実現することができる。従来のバリューチェーンに頼るのみでは、それは不可能なのである。[22]

結局のところ、企業は硬直性と柔軟性を同時に管理する能力を持たなければならない。調整力を含むこの能力は、範囲の経済を実現し、より重要な機会を開くだろう。[23] 要するに、今日の企業は、**2030年に向かって前進するために戦略的柔軟性を構築する必要があり、それは後の数十年に向かう重要な踏み台にもなる。**[24]

重要なポイント

▼

●企業の硬直性が生じる原因は、弱い起業家的マインドセット、創造性とイノベーションの停滞、競争を無視すること、顧客のケアを怠ること、ビジネスモデルを変えないこと、マクロ環境の変化を無視すること、デジタル化志向の弱さである。

●サプライチェーンの強力な統合は、硬直性を生み出す一方で、企業が市場のダイナミクスに対応する柔軟性も与える。

●ビジネス・エコシステムは参入障壁、広範な問題に対するソリューション、および多用途プラットフォームを提供する。

エピローグ

次の曲がり角を想像する

オムニハウス・モデルの中心部分である「CI―EL」と「PI―PM」は、企業が未来への歩みを確実にするために必要である。だが、我々は現状の理解に加えて、将来、何に直面する可能性があるかを予測できなければならない。将来を予想して先手を打つ用意がなければ、起業家的マーケティングを実施しても最適なものにはならないだろうし、大した影響ももたらさないだろう。

近年の様々な進展から考えると、我々は現在、次のような状態に直面している。

- **協働は不可欠：**すべての企業が、将来の課題に立ち向かう上での優位を単独で備えているわけではない。優位の源泉が乏しい、または不十分な企業は、ただちに競争の定義を見直し、様々な他のパーティとの、さらには競合他社との協働について考えるべきである。協働は、企業を将来へと導く上で極めて重要な言葉である。
- **極めて賢い顧客：**２０１０年代初めから、顧客は、膨大な量の情報を楽々と見つけ、吸収できることから、新しいタイプに変化してきたように思われる。顧客は極めて賢くなり、より強い交渉力を持つようになっている。新規顧客の獲得はもちろん、既存顧客を満足させることさえ、より一層難しくなっている。それゆえ、顧客に対処する新しい方法が必要になる。

- **二項対立を融合させる必要性：**企業は柔軟性とアジリティ（機敏性）を使って、ビジネス環境の大きな変化に適応できなければならない。長期にわたって存続するためには、継続的な自己変革が求められる。そのため、様々な二項対立、例えば世代間の対立やテクノロジーの対立を融合させ、起業家的マインドセットをプロフェッショナリズムと融合させなければならない。この実行は、企業全般にとっての課題である。
- **健全な戦略と戦術は不可欠：**ますますダイナミックで複雑になるビジネス環境を考えると、自分が経営している企業に対するあらゆる変化の影響を深く分析する必要がある。そして、様々な選択肢を特定し、同時に自社が持つ様々なコンピテンシーを考慮に入れた上で、強力な戦略と一貫性のある戦術を策定しなければならない。
- **有能な人材の重要性：**成功を確実にするためには、様々なケイパビリティを持つ有能な人材が必要である。一人の人間が必要な資質をすべて備えていることは期待できないため、企業は最高の人材を見つけ、引き付け、育成し、保持しなければならない。また、これらの人材が自分の潜在力を解き放ち、会社に全面的に関与し、自己実現できる状況を提供しなければならない。
- **内と外を統合する：**社内のすべての垣根を取り払う必要がある。こうした垣根のせいで部門間の協働ができないなら、外部パーティと上手く協働して社会利益のために重要なことをなし得るとは到底思えない。そこで、社内の全部門をまず確実に統合する必要がある。持続可能な組織であり続けるには、企業は自社のバリューチェーンをアップデートし、従来型ならびにデジタル両方のビジネス・エコシステムの一員となって、その利点を活用しなければならない。

● **技術主導マーケティングの時代：**技術主導マーケティングは、現在および将来における顧客・製品・ブランド管理の方法を変化させている。テクノロジーは広く人類全体の幸福も目指さなければならない。社内的には、従業員を支援するために様々なテクノロジーを提供し、彼らが価値創造を最大化できるようにする。社外的には、顧客が自社のソリューションを利用できるようにするために、さらに社会や環境が最善の形でケアを受けられるようにするために、様々なテクノロジーを利用する必要がある。

● **オペレーションの柔軟性は必要不可欠：**オペレーションももちろん影響を受けるだろう。企業は厳格で硬直したオペレーション・プロセスと、極めて柔軟な需要とのバランスをとらなければならない。同時に、B2B企業もB2C企業も、顧客の期待に応えて（さらには顧客を喜ばせるために）コストやデリバリーの効率とともに、自社の製品や様々なサポート・サービスの質を高める必要がある。すべてのタッチポイントで、卓越した顧客体験を提供できなければならない。

行く手にあるものは間違いなく重要

迫り来るグローバルな不安定さをよそに、近い将来起こると予想しておくべき興味深い現象がいくつかある。

●**足踏みしているZ世代の黄金時代：**世界経済フォーラムの資料によると、Z世代の失業率は2020年のデータにおいて、ほぼすべてのOECD諸国でそれ以前の世代の2倍近い。この高い失業率は、Z世代が職探しの時期にあり（彼らのほとんどが大学か高校を卒業したばかり）、しかも、新型コロナ・パンデミックで深刻な打撃を受けた旅行やレストランなどのサービス産業で働く人の割合が他の世代より高いからである。Z世代は、能力構築に欠かせない労働・研修経験を積む機会を失っており、それは将来、彼らのキャリアパスに影響を与えるだろう。[1] Z世代の黄金時代は到来が少し遅れているようである。

●**メタバースの始まり：**ウェブ・コミュニティの進化は今なお続いている。ウェブ1・0からウェブ2・0に進化し、今ではウェブ3・0、メタバース時代に入っている。メタバースは我々の社会的交流の仕方やビジネスの方法を変え、インターネット経済における飛躍の仕方さえ変える可能性がある。

・**ESG指標の重要性の高まり：**企業の真のリスクと成長可能性を理解するための基盤である投資家分析において、ESGは重要な非財務的指標になっている。ESG評価は今日、投資選択プロセスにおいて不可欠となっている。[2] この指標の使用は、様々な企業でステークホルダー・アプローチが広く採用されていることを示す。さらに、企業の価値を判定し、その企業が様々な価値をどれくらい実現するかを把握する上で、非財務的指標がますます重要になっていることも示している。ESGは今では世界標準になり、広く採用されるようになっている。[3]

・**近づくSDGsの達成期限：**国連は貧困をなくし、地球を守り、2030年までに誰もが平和で豊かな生活を送れるようにするために、2015年に持続可能な開発目標（SDGs）を採択した。SDGsのどの目標に重点を置くかは各社異なるだろうが、企業にとって重要な目標であり、自社の様々な戦略を今日の社会的関心と一致させる上で無視できない。興味深いことに、SDGsは起業家的マーケティングとも方向性が一致する。どちらもイノベーションと新しい市場を開く機会を重視しているからだ。[4]

・**ウィキッド7（七つの深刻な問題）：**SDGsと同様に「ウィキッド7」は、世界に打撃を与える様々な問題に対する知見を与えてくれる。「ウィキッド7」とされる問題は、自然の死、不平等、憎しみと対立、権力と腐敗、仕事とテクノロジー、健康と生活、人口と移住である。これら七つの問題は、変化の五つのサブ要素の一部でもある。[5]

- **シェアリングの時代とサーキュラー・エコノミー：**シェアリング・エコノミーという言葉は、それを採用するパーティの数が増えるにつれて、なじみ深いものになっている。シェアリング・エコノミーの発達は、誰もが多様なデジタル・ネットワークやデジタル・プラットフォームを通じて簡単に繋がるようになっている事実と切り離せない。[6] シェアリング・エコノミーに加えてサーキュラー・エコノミーも、なじみのある言葉になっている。サーキュラー・エコノミーは、廃棄物や汚染をなくす、製品や原材料を高い価値を保ったまま循環させる、自然を再生させるという三つの原則を基盤としている。[7] 企業はリユース（再利用）、リデュース（削減）、リサイクルという戦略について検討すべきである。

次の曲がり角

次の曲がり角は、２０２２年から２０３０年までにかけてである。

ＩＭＦの予測によると、２０３０年に向けての世界経済の成長は暗く不安定になる。その原因はいくつかある。その一つが、経済大国とみなされている国々、すなわち中国、ロシア、アメリカのパフォーマンスの低下であるとＩＭＦは見ている。ウクライナでの戦争もグローバル経済の状態が悪化する一因になり、とりわけヨーロッパではロシアからのガス・パイプラインの停止が大きな打撃を与えた。地政学的分断も引き続き影を落としており、グローバルな協力や貿易を妨げるおそれがある。世界のインフレ率も上昇すると予想される。[8]

グローバル経済は２０２３年を過ぎてから改善するかもしれないし、停滞もしくは悪化するかもしれない。**現在から２０２５年までの様々な可能性に対処するための姿勢が、決定的な意味を持つ。**このポスト・ノーマル時代の次の曲がり角で何が起ころうと、我々はただ立ち止まっているわけにはいかない。不確実で極めて困難になる世界に対処するにあたり、起業家的マーケティングに対する全体的アプローチがますます重要になっている［図1］。

新型コロナ・パンデミックの最悪の時期には、多くの企業が業績悪化を経験した。あまり成長はしなかったものの、生き残れた企業はたくさんある。また、プロフェッショナル・アプローチを、起業家的マインドセットと見事に融合させたことが一因となって成長できた企業もあった。

●資源、ケイパビリティ、コンピテンシーに関する方針

成長を目指す企業は、**資源を最適化し、自社の戦略に合わせて様々なケイパビリティを調整し、成長状態における独自のコンピテンシーを特定すべきである。**成長段階にある企業は、多角化を検

図1／次の曲がり角

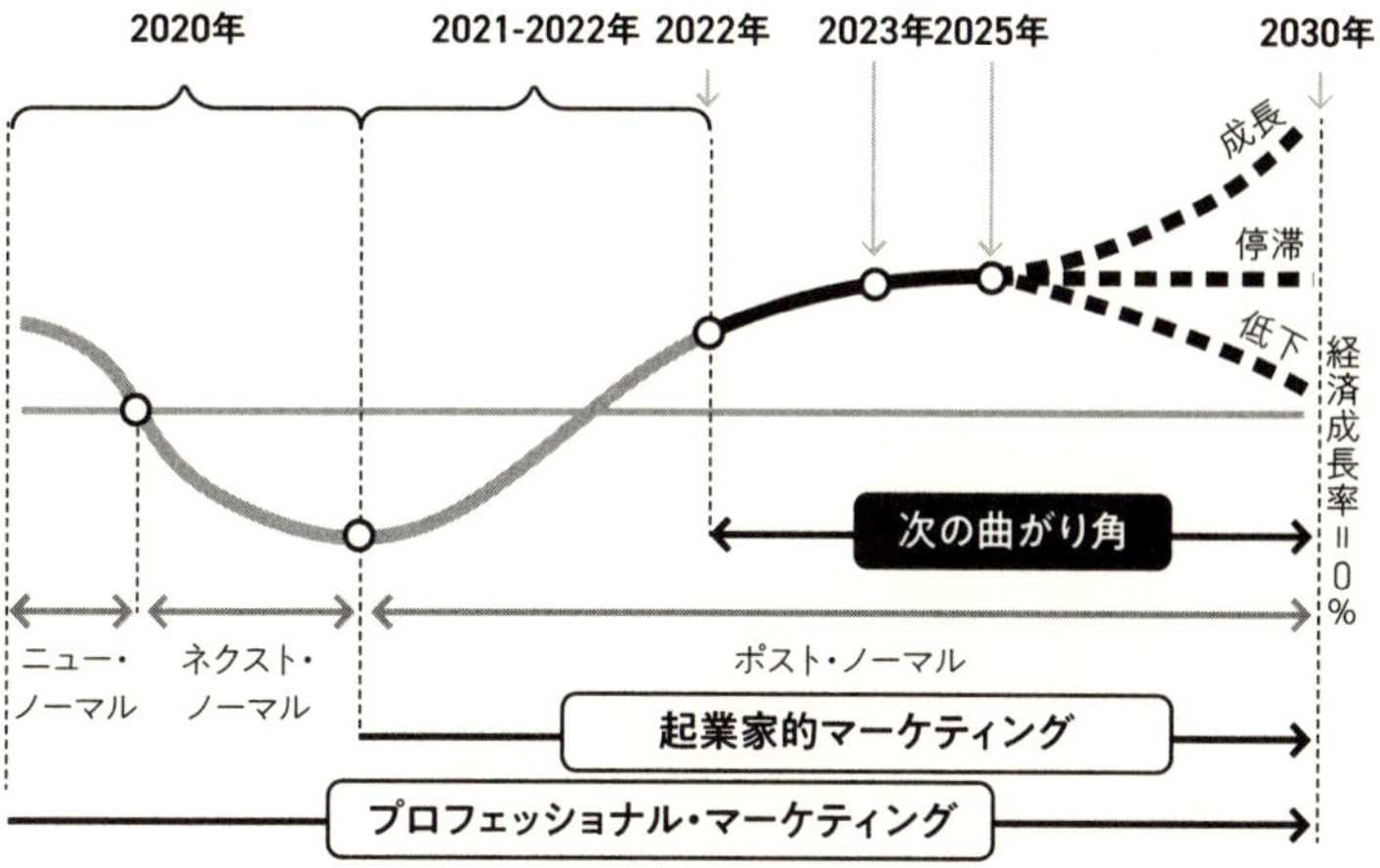

討することさえできる。

業績が停滞している企業は、効率性、効果性、全体的な生産性を高める取り組みに注力するとよいだろう。マーケティング戦略・戦術の調整も必要かもしれない。この調整には、資源の追加、既存のケイパビリティの向上、それらのケイパビリティを戦略の方向性と一致させること、さらにコアコンピテンシーに改めて集中することが求められるかもしれない。

業績が低下している状態では、企業はどのようなビジネス機会でも利用して、再生プロセスを実行しなければならない。様々な既存の資源に加えて、資源の追加、さらには新しい資源を探す必要さえある。現在のケイパビリティを向上させ、新しい独自のケイパビリティを確立することも必要である。結局、既存のコンピテンシーを復活させ

図2／企業の業績と次のステップの選択肢

企業の業績	資源	ケイパビリティ	コンピテンシー
成長	利用できる資源を最適化する	ケイパビリティを目的主導の戦略と整合させる	独特なコンピテンシーを見つけ出す
停滞	資源を追加する	既存のケイパビリティを向上させ、戦略の方向性と一致させる	コアコンピテンシーに改めて集中する
低下	資源を追加し、さらに（または）新しい資源を取得する	既存のケイパビリティを向上させ、および（または）再生のための新しい（独自の）ケイパビリティを築く	既存のコンピテンシーを復活させる、もしくは新しいコンピテンシーを築く

るか、新しいコンピテンシーを築くか、どちらかが必須なのである［図2］。

ＩＭＦが述べたように、行く手は不確実性に満ちている。不確実性は多くの人が恐れている。ある調査によると、予測不能な状態は人々の不安感を大幅に高める。エマ・タノヴィッチによると、悪いことが起こりそうな状況について抱くネガティブな感情は、不確実性によってさらに強められるという。[9] だが、将来の様々な課題に立ち向かう時、我々は楽観的であると同時に現実的であることも必要である。

一方で、**変革を先延ばしにする期間が長いほど、やがて厄介な問題が生じ、企業の状態を悪化させ、最終的に破綻《はたん》させる可能性は高くなる。**他方で、デビッド・ティースが明らかにしたように、ただちに再生プロセスを実行したとしても、不確実性への対処を避けることはできない。

従って、**協働を躊躇してはいけない**。起業家的マインドセットとプロフェッショナリズムを一緒に活用しなければならない。**様々な二項対立を融合させ、健全な戦略・戦術を策定、実行すべきである**。有能な人材が社内のサイロに閉じ込められることなく、いつでもビジネス・エコシステムの一部になれることが必要である。

我々は警戒を怠らず、Z世代の登場やメタバースの誕生など、将来的に大きな影響に繋がる出来事を先読みして対処する必要がある。変化には柔軟に対応し、テクノロジーに対して拒否反応を起こしてはならない。強い利益動機を持つことは少しも悪いことではないが、それは社会・環境面に関する様々な責任課題を忘れてもよいということではない。ビジネスモデルに持続可能性という側面を組み込むべき時が来たのである。

次の曲がり角に関する課題は簡単ではないが、乗り越えられないわけではない。その証拠に、人間は何千年もの間、無数の大惨事や課題を乗り越えて生き延びてきた。**人間が自らの精神を絶えず強化し、良心を働かせ、それをマーケティングの指標として使うならば、未来は制御できる**。従って、あきらめることは選択肢にはならないのである。

次の曲がり角へようこそ！

本書『コトラーの起業家的マーケティング』は、私たちが接してきた多くのマーケティング書とはかなり異質といえる。従来のマーケティングでは、顧客理解に始まり、ターゲットを設定し、新製品開発を進め、プロモーション戦略、価格戦略、顧客維持戦略、ブランド戦略などをどのように実施するかを中心に語られてきた。一方、本書ではタイトルの「起業家的マーケティング」からもわかるように、起業家精神やリーダーシップを中心に語られている。

起業家精神もリーダーシップも、いずれも重要なビジネス用語ではあるが、マーケティングと直接的に絡めて深く論じられることはなかった。本書のユニークさは、まさにこの点にある。序文でも触れられているように、マーケティングの上級テキストとして知られているコトラー教授らによる『マーケティング・マネジメント』の続編として、新しいマーケティングを論じた書として位置付けていただけるとよいだろう。

多くの学問と同様に、マーケティングにも定義が存在している。わが国では、日本マーケティング協会が2024年に、「顧客や社会と共に価値を創造し、その価値を広く浸透させることによって、ステークホルダーとの関係性を醸成し、より豊かで持続可能な社会を実現するための構想でありプロセスである」と定めている。同協会による定義の見直しは、実に34年ぶりだが、ビジネスを主たる研究対象とするマーケティングは、時代とともに大きく変化しているのだ。

近代マーケティングが成立した1950年代から60年代、マーケティングでは市場調査とともにプロモーションなどが中心に議論されていた。組織全体から見ると、かなり限られた守備範囲だといえる。それが今日では、価値の創造、価値の浸透、持続可能な社会の実現など、マーケティングの守備範囲は著しく拡大している。そうした中、マーケティングは限られた管理者のマターから、経営全体のマターとなっている。

本書を読んでいると、経営全体のマーケティングを理解し、それを遂行する上での視点が論じられていることに気づく。今日的なマーケティングの要諦が整理されているのだ。マーケティングの基本的枠組みを理解した上で、経営全体に結び付いたマーケティングを理解するための書といえるだろう。

＊　＊　＊

本書の一貫した骨子として、オムニハウス・モデルがある。これは、組織が複数の変数からなることを示している。具体的な変数としては、創造性（Creativity）、イノベーション（Innovation）、起業家精神（Entrepreneurship）、リーダーシップ（Leadership）、そして生産性（Productivity）、改善（Improvement）、専門性（Professionalism）、マネジメント（Management）である。前者の四つはＣＩ―ＥＬで起業家精神グループ、後者の四つはＰＩ―ＰＭでプロフェッショナリズム・グループとしてまとめられている。このＣＩ―ＥＬとＰＩ―ＰＭの中央にオペレーションが位置付けられており、周囲を囲んでいるのが、ダイナミクスと競争力、過去と未来の成果である。これら一つひとつの変数を正しく認識し、変数間の結び付きを理解することにより、今日的なマーケティングが展開できる。

このモデルが提唱される背景には、ビジネス環境における不確実性の高さがある。顧客も技術も競争も大きく変化している。そうした中、ＰＩ―ＰＭ変数からなる伝統的マーケティングでは、もはや対応できなくなっている。本書では、これをプロフェッショナル・マーケティングと呼んでいる。このプロフェッショナル・マーケティングを補うのが、ＣＩ―ＥＬ変数からなる起業家的マーケティングである。

起業家的マーケティングでは、これまで以上に財務部門や技術部門などとの交流が進むので、結果変数に対しても意識が高められている。つまり、マーケティングの個別目的から、実際にそれを実行し、財務目標の達成までの流れに光が当てられているのである。そのため、ファイナンスの視点が多く盛り込まれているのも本書の特徴であるが、特に技術的と思われる四つの章については、本書では外し、読者には該当章のページデータをネット上で確認していただける工夫をした。

＊　＊　＊

原著の翻訳にあたっては、『コトラーのマーケティング3・0』から続く本シリーズでお願いしてきた藤井清美氏にお引き受けいただいた。上で述べたように、本書では会計分野やリーダーシップなどの話題が頻繁に出てくる。これまでとはかなりテイストの異なる内容ということもあり、丁寧な翻訳作業を進めていただいた。その際、私たちの橋渡し役を果たしてくれたのが、朝日新聞出版書籍編集部の海田文氏である。海田氏、藤井氏、そして私は、長らく本シリーズに携わってきたこともあって、書籍としての完成度を高めるために全力で向き合った。何度となく、調整やすり合わせにお付き合いいただいた2人には、心よりお礼を申し上げたい。

最後になったが、本書の校正作業を進めるにあたり、私のゼミに所属する学生に協力をお願いした。早稲田大学大学院商学研究科の岩田彩、詹合翔、そして同商学部の世耕洸樹、鶴岡茉紘、成田さくら、の5名である。彼らは、マーケティングの基礎をしっかりと学んできており、まさに本書が対象としている読者層といえる。そこで、読者の一人として読み進めてもらい、読みにくい箇所、疑問に感じる箇所を指摘してもらった。多忙にもかかわらず時間を割き、忌《き》憚《たん》のない意見を述べてくれた彼らにこの場を借りて感謝したい。

2025年2月

早稲田大学商学学術院教授　恩藏直人

value-webs-business-trends.html
17 https://www.investopedia.com/terms/b/business-ecosystem.asp
18 https://smallbizclub.com/run-and-grow/innovation/how-is-a-business-ecosystem-a-key-driver-to-success/; https://www2.deloitte.com/content/dam/insights/us/articles/platform-strategy-new-level-business-trends/DUP_1048-Business-ecosystems-come-of-age_MASTER_FINAL.pdf
19 https://www.timreview.ca/article/227; https://smallbizclub.com/run-and-grow/innovation/how-is-a-business-ecosystem-a-key-driver-to-success; https://www.tallyfox.com/insight/what-value-business-ecosystem
20 Masaaki Imai, *Gemba Kaizen: A Commonsense Approach to a Continuous Improvement Strategy* (New York,NY: McGraw-Hill,2012).
21 https://www.jbs.cam.ac.uk/wp-content/uploads/2020/08/wp1006.pdf
22 https://www.linkedin.com/pulse/death-value-chain-new-world-order-requires-ecosystem-analysis-shwet
23 調整メカニズムに関する詳しい論考については次を参照。https://www.bptrends.info/wp-content/uploads/05-02-2017-COL-Harmon-on-BPM-Value-Chains.pdf
24 Michael A. Hitt, Barbara W. Keats, and Samuel M. DeMarie, "Navigating in the New Competitive Landscape: Building Strategic Flexibility and Competitive Advantage in the 21st Century," *Academy of Management Perspectives* 12, no.4(November 1998). https://doi.org/10.5465/ame.1998.1333922

エピローグ

1 https://www.weforum.org/stories/2021/03/gen-z-unemployment-chart-global-comparisons/#:~:text=There%20are%20more%20than%202,about%2027%25%20of%20the%20workforce
2 https://www.cfainstitute.org/en/research/esg-investing#:~:text=ESG%20stands%20for%20Environmental%2C%20Social,material%20risks%20and%20growth%20opportunities.&text=This%20guide%20takes%20fiduciary%20duty,important%20ESG%20issues%20into%20account
3 https://cglytics.com/what-is-esg/
4 https://www.17goalsmagazin.de/en/the-relevance-of-the-sustainable-development-goals-sdgs-for-companies/
5 Christian Sarkar and Philip Kotler, *Brand Activism: From Purpose to Action* (Idea Bite Press, 2021)
6 https://english.ckgsb.edu.cn/knowledges/what-happened-sharing-economy-in-china/
7 https://ellenmacarthurfoundation.org/topics/circular-economy-introduction/overview
8 https://www.imf.org/en/Publications/WEO/Issues/2022/07/26/world-economic-outlook-update-july-2022
9 https://www.bbc.com/worklife/article/20211022-why-were-so-terrified-of-the-unknown

code_ethics_conduct.pdf*
56 https://www.forbes.com/sites/forbesbusinesscouncil/2021/03/11/three-lessons-on-creating-a-culture-of-learning/?sh=6e03101a5d13
57 https://www.pmi.org/learning/library/core-competencies-successful-skill-manager-8426; https://bizfluent.com/info-8494191-analytical-skills-management.html; https://distantjob.com/blog/helicopter-manager-remote-team/; https://www.lucidchart.com/blog/plan-do-check-act-cycle; https://www.teamwork.com/project-management-guide/project-management-skills/など
58 https://www.forbes.com/sites/forbescoachescouncil/2021/07/27/achieve-more-success-by-leading-from-your-helicopter/?sh=681b362d57e8
59 https://www.pmi.org/-/media/pmi/documents/public/pdf/learning/thought-leadership/pulse/pulse-of-the-profession-2017.pdf
60 同上
61 https://www.forbes.com/sites/brianscudamore/2016/03/09/why-team-building-is-the-most-important-investment-youll-make/?sh=1657a771617f
62 https://www.investopedia.com/terms/s/succession-planning.asp; https://www.vital-learning.com/blog/how-to-build-better-manager; https://thepalmergroup.com/resources/blog/the-importance-of-open-communication-in-the-workplaceなど
63 https://hbr.org/2016/10/the-performance-management-revolution
64 https://hbr.org/2014/06/how-to-give-your-team-feedback
65 Rob Silzer and Ben E. Dowell, *Strategy-Driven Talent Management: A Leadership Imperative* (San Francisco,CA: Jossey-Bass,2010)

終章◉一段上のオペレーションの卓越性

1 Willy C. Shih, Chen-Fu Chien, Chintay Shih, and Jack Chang, “The TSMC Way: Meeting Customer Needs at Taiwan Semiconductor Manufacturing Co.,” *Harvard Business School Case 610-003*(2009).
2 https://www.tsmc.com/english
3 Shih, Chien, Shih, and Chang, “The TSMC Way.”
4 https://www.forbes.com/sites/ralphjennings/2021/01/11/taiwan-chipmaker-tsmc-revenues-hit-record-high-in-2020-stocks-follow/?sh=220c30343077
5 https://www.theguardian.com/commentisfree/2013/jan/15/why-did-hmv-fail
6 https://www.daxx.com/blog/development-trends/outsourcing-success-stories; https://www.timedoctor.com/blog/outsourcing-examples/
7 https://www.forbes.com/sites/forbestechcouncil/2021/06/09/why-poland-should-be-the-next-go-to-it-outsourcing-for-us-startups/?sh=40d0dc1a74d9
8 https://jougdesign.springeropen.com/articles/10.1186/s41469-018-0035-4
9 https://www.magellan-solutions.com/blog/companies-that-outsource-to-india/; https://www.outsource2india.com/india/outsourcing-customer-support-india.asp
10 Shih, Chien, Shih, and Chang (2009); https://appleinsider.com/articles/21/11/02/apple-gets-preferential-treatment-in-close-tsmc-partnership
11 Katsuhiko Shimizu and Michael A. Hitt, “Strategic Flexibility: Organizational Preparedness to Reverse Ineffective Strategic Decisions,” *The Academy of Management Executive* (1993-2005) 18, no.4 (November 2004):44-59.
12 https://keydifferences.com/difference-between-supply-chain-and-value-chain.html
13 次のEamonn Kelly and Kelly Marcheseの論文を参照。https://www2.deloitte.com/content/dam/insights/us/articles/platform-strategy-new-level-business-trends/DUP_1048-Business-ecosystems-come-of-age_MASTER_FINAL.pdf
14 https://smallbusiness.chron.com/strengths-weaknesses-supply-chain-75987.html
15 https://www.bcg.com/publications/2019/do-you-need-business-ecosystem
16 https://www2.deloitte.com/us/en/insights/focus/business-trends/2015/supply-chains-to-

33 https://www.forbes.com/sites/forbesbusinesscouncil/2021/08/05/three-ways-you-can-be-a-leader-and-mentor-to-those-on-your-same-path/?sh=738f6f8044ad
34 https://hbr.org/2019/03/as-your-team-gets-bigger-your-leadership-style-has-to-adapt
35 https://scienceofzen.org/productivity-state-mind-heres-get*; https://hbr.org/2020/05/want-to-be-more-productive-try-doing-less; https://sloanreview.mit.edu/article/own-your-time-boost-your-productivity/; https://www.nytimes.com/guides/business/how-to-improve-your-productivity-at-work; https://news.mit.edu/2019/how-does-your-productivity-stack-up-robert-pozen-0716; https://www.cnbc.com/2019/04/11/mit-researcher-highly-productive-people-do-these-5-easy-things.htmlなど
36 https://hbr.org/2020/05/want-to-be-more-productive-try-doing-less
37 https://www.inc.com/samira-far/5-monotasking-tips-that-will-save-your-brain-and-make-you-more-successful.html
38 https://www.forbes.com/sites/theyec/2021/09/20/five-tips-to-increase-productivity-in-the-workplace/?sh=49f09626257b; https://www.businesstown.com/8-ways-increase-productivity-workplace/; https://www.forbes.com/sites/forbeslacouncil/2019/09/18/12-time-tested-techniques-to-increase-workplace-productivity/?sh=4a7d6b9c274e; https://www.forbes.com/sites/theyec/2020/07/13/want-a-more-productive-focused-team-encourage-these-10-habits/?sh=2d64cc5f2ef9; https://www.lollydaskal.com/leadership/6-powerful-habits-of-the-most-productive-teams/; https://blogin.co/blog/7-habits-of-highly-productive-teams-74/など
39 https://clockify.me/blog/productivity/team-time-management/
40 https://www.fearlessculture.design/blog-posts/pixar-culture-design-canvas
41 https://www.spica.com/blog/kaizen-principles; https://createvalue.org/blog/tips-creating-continuous-improvement-mindset/; https://mitsloan.mit.edu/ideas-made-to-matter/8-step-guide-improving-workplace-processes; https://hbr.org/2012/05/its-time-to-rethink-continuous; https://hbr.org/2010/10/four-top-management-beliefs-thなど
42 https://www.velaction.com/curiosity/
43 https://hbr.org/2012/09/are-you-solving-the-right-problem
44 https://hbr.org/2012/05/its-time-to-rethink-continuous
45 https://hbr.org/2021/05/break-down-change-management-into-small-steps
46 https://au.reachout.com/articles/a-step-by-step-guide-to-problem-solving
47 https://tulip.co/blog/continuous-improvement-with-kaizen/; https://www.mckinsey.com/business-functions/operations/our-insights/continuous-improvement-make-good-management-every-leaders-daily-habit; https://sloanreview.mit.edu/article/americas-most-successful-export-to-japan-continuous-improvement-programs/; https://theuncommonleague.com/blog/2018618/creating-a-mindset-of-continuous-process-improvement*; https://www.zenefits.com/workest/top-10-ways-to-improve-employee-efficiency/*など
48 https://www.viima.com/blog/collect-ideas-from-frontline-employees
49 https://www.industryweek.com/talent/education-training/article/21958430/action-learning-key-to-developing-an-effective-continuous-improvement-culture
50 https://hbr.org/2021/05/break-down-change-management-into-small-steps
51 https://smallbusiness.chron.com/build-professionalism-709.html; https://www.robinwaite.com/blog/7-ways-to-develop-and-practice-professionalism/; https://www.umassglobal.edu/news-and-events/blog/professionalism-and-workplace-etiquette; https://www.conovercompany.com/5-ways-to-show-professionalism-in-the-workplace/など
52 https://www.robinwaite.com/blog/7-ways-to-develop-and-practice-professionalism/
53 同上
54 https://www.oxfordlearnersdictionaries.com/definition/american_english/integrity#:~:text=noun-,noun,a%20man%20of%20great%20integrity
55 https://www2.deloitte.com/content/dam/Deloitte/sk/Documents/Random/sk_deloitte_

ownership-how-to-foster-creativity-internally/?sh=58de6d3d4087
19 https://www.fastcompany.com/90597167/6-habits-of-the-most-innovative-people; https://hbr.org/2002/08/inspiring-innovation; https://quickbooks.intuit.com/ca/resources/uncategorized/common-characteristics-innovative-companies/*; https://innovationmanagement.se/2012/12/18/the-seven-essential-characteristics-of-innovative-companies/; https://smallbusiness.chron.com/top-three-characteristics-innovative-companies-10976.html; https://www.linkedin.com/pulse/eight-traits-innovative-companies-ashley-leonzio; https://innovationone.io/six-traits-highly-innovative-companies/; https://www.forbes.com/sites/marymeehan/2014/07/08/innovation-ready-the-5-traits-innovative-companies-share/?sh=69c83db01e28; https://miller-klein.com/2020/06/15/what-are-the-characeristics-of-innovative-companies/など
20 https://www.forbes.com/sites/forbestechcouncil/2019/03/28/spur-innovation-by-sharing-knowledge-enterprisewide/?sh=1d03e0b55ce0
21 https://www.babson.edu/media/babson/site-assets/content-assets/about/academics/centres-and-institutes/the-lewis-institute/fund-for-global-entrepreneurship/Entrepreneurial-Thought-and-Action-(ETA).pdf; https://online.hbs.edu/blog/post/characteristics-of-successful-entrepreneurs; https://www.forbes.com/sites/theyec/2020/05/11/six-personality-traits-of-successful-entrepreneurs/?sh=505d02470ba9; https://www.forbes.com/sites/tendayiviki/2020/02/24/the-four-characteristics-of-successful-intrapreneurs/?sh=5546a5b17cadなど
22 https://www.forbes.com/sites/forbesbusinesscouncil/2021/07/29/three-steps-to-find-the-best-opportunities-for-your-business/?sh=1dc8f6e34d87
23 https://www.forbes.com/sites/chriscarosa/2020/08/07/why-successful-entrepreneurs-need-to-be-calculated-risk-takers/?sh=17d917142f5b
24 https://www.inc.com/peter-economy/7-super-successful-strategies-to-create-a-powerfully-entrepreneurial-culture-in-any-business.html; https://www.fastcompany.com/90158100/how-to-build-an-entrepreneurial-culture-5-tips-from-eric-ries; https://hbr.org/2006/10/meeting-the-challenge-of-corporate-entrepreneurship; https://medium.com/@msena/corporate-entrepreneurship-in-8-steps-7e6ce75db88a; https://www.business.com/articles/12-ways-foster-entrepreneurial-culture/など
25 https://www.forbes.com/sites/forbesbusinesscouncil/2021/03/11/three-lessons-on-creating-a-culture-of-learning/?sh=6e03101a5d13
26 https://www.forbes.com/sites/forbesfinancecouncil/2020/04/15/how-an-ownership-mindset-can-change-your-teams-culture/?sh=4b1987434b8b
27 同上
28 https://www.forbes.com/sites/deeppatel/2017/03/22/11-powerful-traits-of-successful-leaders/?sh=5fe70ebc469f; https://online.hbs.edu/blog/post/characteristics-of-an-effective-leader; https://www.gallup.com/cliftonstrengths/en/356072/how-to-be-better-leader.aspx; https://asana.com/resources/qualities-of-a-leader; https://www.briantracy.com/blog/persona-success/the-seven-leadership-qualities-of-great-leaders-strategic-planning/など
29 https://www.pmi.org/-/media/pmi/documents/public/pdf/learning/thought-leadership/pulse/pulse-of-the-profession-2017.pdf
30 https://www.forbes.com/sites/theyec/2021/01/19/nine-communication-habits-of-great-leaders-and-why-they-make-them-so-great/?sh=1c87617b6ec9
31 https://www.forbes.com/sites/forbescoachescouncil/2021/07/27/achieve-more-success-by-leading-from-your-helicopter/?sh=681b362d57e8
32 https://www.entrepreneur.com/article/335996; https://learnloft.com/2019/07/24/how-the-best-leaders-create-more-leaders/; https://www.inc.com/tom-searcy/4-ways-to-build-leaders-not-followers.html; https://hbr.org/2003/12/developing-your-leadership-pipeline; https://www.themuse.com/advice/5-strategies-that-will-turn-your-employees-into-leadersなど

ikea
29 マーケティング・コンセプトの変化(いわゆるニューウェーブ・マーケティング)については、Philip Kotler, Hermawan Kartajaya, and Den Huan Hooi, *Marketing for Competitiveness: Asia to the World!* (Singapore:World Scientific,2017)(邦訳『コトラー　競争力を高めるマーケティング』)で論じられている
30 ゲット、キープ、グロウ活動(ウィンバックを除く)は、Steve Blank and Bob Dorf, *The Start-Up Manual: The Step-by-Step Guide for Building a Great Company*(Hoboken, NJ: Wiley,2020), Figure 3.10 と Table 3.3に言及したもの
31 David A. Aaker, *Building Strong Brands*(New York, NY: Free Press,1995).

第12章◉オムニ・ケイパビリティの構築

1 https://hrmasia.com/talent-search-shopee/; https://www.linkedin.com/company/shopee/about/; https://careers.shopee.co.id/; https://careers.shopee.co.id/job-detail/6078*; https://medium.com/shopee/the-role-of-brand-design-incultivating-a-powerful-employee-brand-6bc574143bca; https://www.reuters.com/article/us-sea-mexico-idUSKBN2AM2BS
2 https://www.weforum.org/agenda/2016/01/the-fourth-industrial-revolution-what-it-means-and-how-to-respond/
3 同上
4 https://www.indeed.com/career-advice/finding-a-job/traits-of-creative-people; https://resourcemagonline.com/2020/01/what-are-the-characteristics-of-creative-people-and-are-you-one-of-them/181380/*; https://www.verywellmind.com/characteristics-of-creative-people-2795488; https://www.tutorialspoint.com/creative_problem_solving/creative_problem_solving_qualities.htm; https://thesecondprinciple.com/understanding-creativity/creativetraits/など
5 https://www.fastcompany.com/90683974/how-and-why-to-train-your-brain-to-be-more-curious-at-work
6 https://www.inc.com/martin-zwilling/how-to-grow-your-business-by-thinking-outside-the-box.html
7 https://hbr.org/2016/10/help-employees-innovate-by-giving-them-the-right-challenge
8 https://kantaraustralia.com/what-stands-in-the-way-of-creative-capability/; https://www.googlesir.com/characteristics-of-a-creative-organization/; https://slideplayer.com/slide/14881811/; https://www.slideshare.net/gdpawan/creative-organisation; https://www.iedp.com/articles/managing-creativity-in-organizations/; https://hbr.org/2017/05/how-to-nourish-your-teams-creativityなど
9 https://www.forbes.com/sites/forbescoachescouncil/2019/05/13/how-to-break-down-silos-and-enhance-your-companys-culture/?sh=41f35a5d4ab1
10 https://www.forbes.com/sites/forbeshumanresourcescouncil/2020/09/09/how-autonomous-teams-enhance-employee-creativity-and-flexibility/?sh=66cf7415538e
11 https://hbr.org/2019/01/the-hard-truth-about-innovative-cultures
12 https://www.workamajig.com/blog/creative-resource-management-basics
13 https://www.flexjobs.com/employer-blog/companies-use-flexibility-foster-creativity/
14 https://hbr.org/2019/03/strategy-needs-creativity
15 https://www.forbes.com/sites/rebeccabagley/2014/01/15/the-10-traits-of-great-innovators/?sh=192e0b7f4bf4; https://dobetter.esade.edu/en/characteristics-innovative-people?_wrapper_format=html; https://ideascale.com/blog/10-qualities-of-great-innovators/*; https://inusual.com/en/blog/five-characteristics-that-define-successful-innovators; https://hbr.org/2013/10/the-five-characteristics-of-successful-innovatorsなど
16 https://www.forbes.com/sites/larrymyler/2014/06/13/innovation-is-problem-solving-and-a-whole-lot-more/?sh=301612c233b9
17 https://www.techfunnel.com/information-technology/continuous-innovation/
18 https://www.forbes.com/sites/forbestechcouncil/2019/10/17/innovation-starts-with-

37 https://leadershipfreak.blog/2016/04/27/over-led-and-under-managed/
38 Rita Gunther McGrath, "How the Growth Outliers Do it," *Harvard Business Review*(January-February 2012).

第11章◉機会を見つけてつかむ

1 https://www.finextra.com/pressarticle/73937/dbs-to-roll-out-live-more-bank-less-rebrand-as-digital-transformation-takes-hold
2 https://www.dbs.com/newsroom/DBS_invests_in_mobile_and_online_classifieds_marketplace_Carousell
3 https://blog.seedly.sg/dbs-ocbc-uob-valuations/
4 https://www.dbs.com/about-us/who-we-are/awards-accolades/2020.page
5 https://sdgs.un.org/2030agenda
6 World Economic Forum, "What Is the Gig Economy and What's the Deal for Gig Workers?"(May 26,2022). https://www.weforum.org/agenda/2021/05/what-gig-economy-workers/
7 https://www.entrepreneur.com/article/381850
8 https://www.northbaybusinessjournal.com/article/opinion/outlook-for-the-gig-economy-freelancers-could-grow-to-50-by-2030/
9 https://ellenmacarthurfoundation.org/topics/circular-economy-introduction/overview
10 https://www.dnv.com/power-renewables/publications/podcasts/pc-the-rise-of-the-circular-economy.html
11 https://wasteadvantagemag.com/the-rise-of-the-circular-economy-and-what-it-means-for-your-home/#:~:text=The%20Rise%20Of%20The%20Circular%20Economy%20and%20What%20It%20Means%20For%20Your%20Home,-July%2024%2C%202019&text=According%20to%20research%20by%20Accenture,new%20jobs%20by%20then%20too*
12 https://www.forbes.com/sites/forbesagencycouncil/2021/12/21/what-is-the-metaverse-and-how-will-it-change-the-online-experience/?sh=21a761f52f32
13 https://www.newfoodmagazine.com/news/158831/plant-based-consumption-uk/
14 https://www.weforum.org/agenda/2019/09/technology-global-goals-sustainable-development-sdgs/
15 https://www.fastcompany.com/1672435/nike-accelerates-10-materials-of-the-future
16 https://www.themarcomavenue.com/blog/growth/how-xiaomi-is-dominating-the-global-smartphone-market/
17 https://gs.statcounter.com/vendor-market-share/mobile
18 https://www.themarcomavenue.com/blog/growth/how-xiaomi-is-dominating-the-global-smartphone-market/
19 https://www.quora.com/Why-are-Oppo-and-Vivo-spending-so-much-on-advertising
20 https://www.livemint.com/news/business-of-life/yolo-fomo-jomo-why-gens-y-and-z-quit-1567429692504.html
21 Philip Kotler, Hermawan Kartajaya, and Iwan Setiawan, *Marketing 4.0:Moving from Traditional to Digital* (Hoboken, NJ: Wiley,2017)(邦訳『コトラーのマーケティング4.0－スマートフォン時代の究極法則』)
22 https://egade.tec.mx/en/egade-ideas/research/experience-demanding-customer
23 ここでSWOTの代わりにTOWSという略語を使っているのは、単に気持ちが内向き(社内志向)というより、外向き(外部志向)であることを示すため
24 https://www.referenceforbusiness.com/encyclopedia/Dev-Eco/Distinctive-Competence.html
25 「戦略的意図」という言葉はゲイリー・ハメルとC・K・プラハラードによって1980年代につくられた
26 このVRIOフレームワークは、ジェイ・バーニーによって1991年に編み出された
27 次を参照。Jay B. Barney; https://thinkinsights.net/strategy/vrio-framework/*
28 https://www.designnews.com/design-hardware-software/what-can-design-engineers-learn-

"Entrepreneurial Leadership: The Key to Develop Creativity in Organizations," *Leadership & Organization Development Journal*(February 2021). DOI:10.1108/LODJ-01-2020-0008
13 Juan Yang, Zhenzhong Guan, and Bo Pu, "Mediating Influences of Entrepreneurial Leadership on Employee Turnover Intention in Startups," *Social Behavior and Personality: An International Journal* 47, no.6 (2019):8117.
14 https://thomasbarta.com/what-is-marketing-leadership/
15 https://engageforsuccess.org/strategic-leadership/marketing-strategy/
16 https://www.forbes.com/sites/steveolenski/2015/01/07/4-traits-of-successful-marketing-leaders/?sh=48796a83fde8
17 https://deloitte.wsj.com/articles/the-cmo-survey-marketers-rise-to-meet-challenges-01634922527
18 https://cmox.com/marketing-leadership-top-5-traits-of-the-best-marketing-leaders/
19 https://www.launchteaminc.com/blog/bid/149575/what-s-the-leader-s-role-in-marketing-success
20 https://www2.deloitte.com/us/en/pages/chief-marketing-officer/articles/cmo-council-report.html*
21 https://courses.lumenlearning.com/principlesmanagement/chapter/1-3-leadership-entrepreneurship-and-strategy/
22 https://online.hbs.edu/blog/post/strategy-implementation-for-managers*
23 https://home.kpmg/tw/en/home/insights/2019/11/customer-loyalty-survey.html
24 https://www2.deloitte.com/content/dam/insights/us/articles/4737_2018-holiday-survey/2018DeloitteHolidayReportResults.pdf
25 https://www.statista.com/statistics/264875/brand-value-of-the-25-most-valuable-brands/
26 https://www.forbes.com/sites/jackzenger/2015/01/15/great-leaders-can-double-profits-research-shows/?sh=3b6094776ca6
27 https://businessrealities.eiu.com/insights-field-balancing-stakeholder-expectations-requires-communication*
28 https://hbr.org/2015/04/calculating-the-market-value-of-leadership
29 https://blog.orgnostic.com/how-can-investors-measure-the-market-value-of-leadership/*
30 https://www2.deloitte.com/content/dam/Deloitte/global/Documents/HumanCapital/dttl-hc-leadershippremium-8092013.pdf
31 Gabriel Hawawini and Claude Viallet, *Finance for Executives* (Mason, OH: Cengage Learning,2019); https://en.wikipedia.org/wiki/Price%E2%80%93earnings_ratio; https://www.investopedia.com/terms/p/price-earningsratio.asp; https://www.investopedia.com/investing/use-pe-ratio-and-peg-to-tell-stocks-future/; https://www.moneysense.ca/save/investing/what-is-price-to-earnings-ratio/; https://corporatefinanceinstitute.com/resources/knowledge/valuation/price-earnings-ratio/; https://ycharts.com/glossary/terms/pe_ratio; https://www.forbes.com/advisor/investing/what-is-pe-price-earnings-ratio/; https://cleartax.in/s/price-earnings-ratio
32 Gabriel Hawawini and Claude Viallet, *Finance for Executives*(Mason, OH: Cengage Learning,2019); https://www.investopedia.com/terms/p/price-to-bookratio.asp; https://www.investopedia.com/investing/using-price-to-book-ratio-evaluate-companies/; https://corporatefinanceinstitute.com/resources/knowledge/valuation/market-to-book-ratio-price-book/; https://en.wikipedia.org/wiki/P/B_ratio; https://www.fool.com/investing/how-to-invest/stocks/price-to-book-ratio/; https://groww.in/p/price-to-book-ratio/; https://gocardless.com/en-au/guides/posts/what-is-price-book-ratio/
33 https://www.forbes.com/sites/martinzwilling/2015/11/03/10-leadership-elements-that-maximize-business-value/?sh=418f3b4568a1
34 https://www.leaderonomics.com/articles/leadership/market-value-of-leadership
35 https://www.investopedia.com/terms/p/price-earningsratio.asp
36 https://hbr.org/2020/03/are-you-leading-through-the-crisis-or-managing-the-response

library.smu.edu.sg/lkcsb_research/5196*; Andrew Stein, "9 Differences Between Market-Driving and Market-Driven Companies." https://steinvox.com/blog/9-differences-between-market-driving-and-market-driven-companies/
11 https://www.ideatovalue.com/inno/nickskillicorn/2019/07/ten-types-of-innovation-30-new-case-studies-for-2019/
12 https://www.linkedin.com/pulse/subscription-economy-did-start-power-by-the-hour-gene-likins
13 https://www.23andme.com/en-int/; https://www.mobihealthnews.com/news/23andme-heads-public-markets-through-spac-merger-vg-acquisition-corp; https://www.virgin.com/about-virgin/virgin-group/news/23andme-and-virgin-groups-vg-acquisition-corp-successfully-close-business
14 https://www.retailbankerinternational.com/news/n26-transferwise-expand-alliance-to-support-fund-transfers-in-over-30-currencies
15 https://open-organization.com/en/2010/04/01/open-innovation-crowdsourcing-and-the-rebirth-of-lego
16 https://www.pwc.com/us/en/library/case-studies/axs.html
17 データの出所はPwCとインターブランド。この分析は、PwCによって発表された調査の年と一致するよう、2018年のインターブランドのデータを使っている
18 同上
19 同上
20 同上
21 同上
22 同上

第10章◉リーダーシップとマネジメントの融合

1 https://about.netflix.com/en/sustainability
2 https://press.farm/founder-eco-netflix-reed-hastings-definitive-startup-guide-successful-entrepreneurs/#:~:text=Born%20in%20Boston%2C%20Massachusetts%2C%20Reed,a%20Master's%20in%20artificial%20intelligence*
3 https://www.bbc.com/news/business-60077485
4 Alan Gutterman, *Leadership: A Global Survey of Theory and Research* (August 2017). 10.13140/RG.2.2.35297.40808
5 変革型リーダーシップについてより詳しく理解するためには、次を参照。James M. Kouzes and Barry Z. Posner, *The Leadership Challenge: How to Make Extraordinary Things Happen in Organizations*,6th ed.(Wiley, 2017); Abdullah M. Abu-Tineh, Samer A. Khasawneh, and Aieman A. Al-Omari, "Kouzes and Posner's Transformational Leadership Model in Practice: The Case of Jordanian Schools," *Leadership & Organization Development Journal* 29,no.8(2009). https://www.researchgate.net/publication/234094447
6 Daniel Goleman, "Leadership That Gets Results," *Harvard Business Review*(March-April 2000).
7 Jim Clifton and Jim Harter, *It's the Manager: Moving From Boss to Coach*(Washington, DC:Callup Press,2019).
8 Rita Gunther McGrath and Ian C. MacMillan, *The Entrepreneurial Mindset: Strategies for Continuously Creating Opportunity in an Age of Uncertainty*(Boston, MA: Harvard Business School Press,2000).
9 https://www.bdc.ca/en/articles-tools/entrepreneurial-skills/be-effective-leader/7-key-leadership-skills-entrepreneurs
10 https://www.ccl.org/articles/leading-effectively-articles/are-leaders-born-or-made-perspectives-from-the-executive-suite/
11 https://www.antoinetteoglethorpe.com/entrepreneurial-leadership-why-is-it-important/
12 Muhammad Shahid Mehmood, Zhang Jian, Umair Akram, and Adeel Tariq,

13 https://www.oecd.org/dac/results-development/what-are-results.htm
14 結果はアウトプットとアウトカムとインパクトで構成されるという考えは、OECDの説明を参照した
15 https://businessrealities.eiu.com/in-brief-shifting-customer-demands*
16 Robert J. Sternberg and Todd I. Lubart, "An Investment Theory of Creativity and Its Development," *Human Development* 34, no.1(January-February 1991):1-31.
17 同上
18 https://www.inc.com/marc-emmer/95-percent-of-new-products-fail-here-are-6-steps-to-make-sure-yours-dont.html
19 https://www.vttresearch.com/en/news-and-ideas/business-case-creativity-why-invest-organizational-creativity
20 クリス・サベージの意見に同調。次を参照。https://wistia.com/learn/culture/investing-in-creativity-isnt-just-a-money-problem
21 https://www.forbes.com/sites/adamhartung/2015/02/12/the-reason-why-google-glass-amazon-firephone-and-segway-all-failed/?sh=69676682c05c

第8章◉創造性とバランスシート

1 https://www.bbc.com/news/business-58579833; https://www.investopedia.com/terms/v/venturecapital.asp
2 https://www.topuniversities.com/student-info/careers-advice/7-most-successful-student-businesses-started-university
3 https://newsroom.airasia.com/news/airasia-group-is-now-capital-a
4 https://www.wired.com/story/great-resignation-tech-workers-great-reconsideration/
5 https://hbr.org/2021/05/why-start-ups-fail

第9章◉イノベーションと改善の融合

1 https://www.scmp.com/tech/big-tech/article/3156192/tiktok-owner-bytedance-post-60-cent-revenue-growth-2021-media-report
2 https://asia.nikkei.com/Business/36Kr-KrASIA/TikTok-creator-ByteDance-hits-425bn-valuation-on-gray-market
3 https://hbr.org/2020/07/how-spotify-and-tiktok-beat-their-copycats
4 https://www.ycombinator.com/library/3x-hidden-forces-behind-toutiao-china-s-content-king; https://digital.hbs.edu/platform-digit/submission/toutiao-an-ai-powered-news-platform/
5 デザイアビリティ、フィージビリティ、バイアビリティという三つの基準に基づくイノベーション・プロセスは、もともとはIDEOから生まれ、人間中心のデザインで使われた。IDEOは次を参照。*The Field Guide to Human-Centered Design*(IDEO,2015), 14; Kristann Orton, "Desirability, Feasibility, Viability; The Sweet Spot for Innovation," Innovation Sweet Spot (March 28,2017). https://medium.com/innovation-sweet-spot/desirability-feasibility-viability-the-sweet-spot-for-innvation-d7946de2183c
6 競合、顧客、自社の三要素は、大前研一が*The Mind of the Strategist: The Art of Japanese Business*(McGraw-Hill,1982)(邦訳『ストラテジック・マインド』)で打ち出したコンセプトに言及したもの
7 https://www.ariston.com/en-sg/the-comfort-way/news/ariston-launches-singapores-first-ever-wifi-enabled-smart-water-heater-with-app-controls-the-andris2-range/
8 https://www.autocarpro.in/news-international/fl-legend-niki-lauda-dies-aged-70-43064
9 https://martinroll.com/resources/articles/strategy/uniqlo-the-strategy-behind-the-global-japanese-fast-fashion-retail.brand/; https://www.fastretailing.com/eng/group/strategy/uniqlobusiness.html
10 市場ドリブン企業と市場ドライビング企業の違いをさらによく理解するためには、次の論文を参照してほしい。Nirmalya Kumar, Lisa Scheer, and Philip Kotler, "From Market Driven to Market Driving," *European Management Journal* 18,no.2 (2000):129-142. https://ink.

第6章◉諸機能の統合

1 https://www.investopedia.com/terms/s/silo-mentality.asp#:~:text=In%20business%2C%20organizational%20silos%20refer,shared%20because%20of%20system%20limitations(2021年3月取得)
2 https://www.adb.org/sites/default/files/publication/27562/bridging-organizational-silos.pdf(2021年3月取得)
3 https://www.forbes.com/sites/brentgleeson/2013/10/02/the-silo-mentality-how-to-break-down-the-barriers/?sh=2921022d8c7e(2021年3月取得)
4 https://www.investopedia.com/terms/s/silo-mentality.asp#:~:text=In%20business%2C%20organizational%20silos%20refer,shared%20because%20of%20system%20limitations(2021年3月取得)
5 https://www.managingamericans.com/Accounting/Success/Breaking-Down-Departmental-Silos-Finance-394.htm(2021年3月取得)
6 https://hbr.org/2019/05/cross-silo-leadership(2021年3月取得)
7 https://www.ericsson.com/en/blog/2021/5/technology-for-good-how-tech-is-helping-us-restore-planet-earth
8 https://www.businessmodelsinc.com/machines/(2021年3月取得)
9 https://smallbusiness.chron.com/strategic-flexibility-rigidity-barriers-development-management-65298.html(2021年3月取得)
10 https://www.linkedin.com/pulse/process-rigidity-leads-organizational-entropy-milton-mattox(2021年3月取得)
11 https://blog.lowersrisk.com/culprits-complacency/(2022年2月取得)
12 https://www.businessnewsdaily.com/8122-oldest-companies-in-america.html
13 https://delawarebusinesstimes.com/news/features/dupont-creates-new-digital-center/*
14 https://www.aei.org/carpe-diem/fortune-500-firms-1955-v-2017-only-12-remain-thanks-to-the-creative-destruction-that-fuels-economic-prosperity/
15 https://www.nationalbusinesscapital.com/blog/2019-small-business-failure-rate-startup-statistics-industry/
16 https://www2.deloitte.com/us/en/insights/topics/digital-transformation/digital-transformation-survey.html
17 https://www.gartner.com/en/human-resources/insights/organizational-change-management

第7章◉創造性と生産性の融合

1 企業が何かを創造するのを止めたら、創造性は減少し、やがてきわめて乏しくなる。次を参照。https://bettermarketing.pub/the-problem-with-creativity-3fdf7c061803
2 https://www.anastasiashch.com/business-creativity
3 https://hbr.org/2002/08/creativity-is-not-enough
4 https://www.forbes.com/sites/work-in-progress/2010/04/15/are-you-a-pragmatic-or-idealist-leader/?sh=72b90bbf3e67; https://hbr.org/2012/01/the-power-of-idealistic-realis
5 https://www.linkedin.com/pulse/problem-creativity-its-free-tom-goodwin
6 https://www.irwinmitchell.com/news-and-insights/newsletters/focus-on-manufacturing/edition-6-industry-40-and-property
7 https://hbr.org/2012/09/are-you-solving-the-right-problem
8 https://www.mantu.com/blog/business-insights/status-quo-vs-productivity/
9 https://krisp.ai/blog/why-do-people-hate-productivity-heres-how-to-embrace-it/
10 https://www.bbc.com/worklife/article/20180904-why-time-management-so-often-fails
11 https://happilyrose.com/2021/01/10/productivity-culture/
12 https://www2.deloitte.com/us/en/insights/topics/innovation/unshackling-creativity-in-business.html

6 https://hbr.org/2017/02/how-spotify-balances-employee-autonomy-and-accountability(2021年3月取得)
7 同上
8 https://divante.com/blog/tribes-model-helps-build-agile-organization-divante/(2021年3月取得)*
9 https://achardypm.medium.com/agile-team-organisation-squads-chapters-tribes-and-guilds-80932ace0fdc(2021年3月取得)
10 https://corporate-rebels.com/spotify-1/(2021年3月取得)
11 https://www.reuters.com/article/us-spotify-employees-idUSKBN2AC1O7(2021年3月取得)
12 https://corporate-rebels.com/spotify-1/(2021年3月取得)
13 https://www.linkedin.com/pulse/thinking-using-spotifys-agile-tribe-model-your-company-schiffer/(2021年3月取得)
14 Cambridge Assessment International Education, "Developing the Cambridge Learner-attributes"より。Cambridge Assessment International Education（ケンブリッジ国際教育）は160カ国以上で使われている。https://www.cambridgeinternational.org/support-and-training-for-schools/teaching-cambridge-at-your-school/cambridge-learner-attributes/
15 Tatiana de Cassia Nakano and Solange Muglia Wechsler, "Creativity and Innovation: Skills for the 21st Century," *Estudos de Psicologia* 35,no.3(2018):237-246. https://doi.org/10.1590/1982-02752018000300002
16 O.C.Ribeiro and M.C.Moraes, *Criatividade em uma perspectiva transdisciplinar: Rompendo crenças, mitos e concepções*(Liber Livro,2014). Tatiana de Cassia Nakano and Solange Muglia Wechsler, "Creativity and Innovation: Skills for the 21st Century," *Estudos de Psicologia* 35, no.3(2018)に引用されている。https://www.scielo.br/j/estpsi/a/vrTxJGjGnYFLqQGcTzFgfcp/?lang=en&format=html
17 L.Zeng, P.R.W.Proctor, and G.Salvendy, "Can Traditional Divergent Thinking Tests Be Trusted in Measuring and Predicting Real-World Creativity?" *Creativity Research Journal* 23, no.1(2011):24-37. Tatiana de Cassia Nakano and Solange Muglia Wechsler, "Creativity and Innovation: Skills for the 21st Century," *Estudos de Psicologia* 35, no.3(2018)に引用されている。https://www.scielo.br/j/estpsi/a/vrTxJGjGnYFLqQGeTzFgfcp/?lang=en&format=html*
18 https://www.mindtools.com/pages/article/professionalism.htm(2021年3月取得)
19 https://graduate.auburn.edu/wp-content/uploads/2016/08/What-is-PROFESSIONALISM.pdf(2021年3月取得)
20 https://blogs.lse.ac.uk/management/2018/04/03/breaking-promises-is-bad-for-business/(2022年2月取得)
21 Brandman University, "Professionalism in the Workplace: A Guide for Effective Etiquette." https://www.experd.com/en/whitepapers/2021/03/1583/professionalism-in-the-workplace.html(2021年3月取得)
22 Jillian de Araugoa and Richard Beal, "Professionalism as Reputation Capital: The Moral Imperative in the Global Financial Crisis," *Social and Behavioral Sciences* 99(2013):351-362.
23 Johanna Westbrook et al., "The Prevalence and Impact of Unprofessional Behaviour Among Hospital Workers: A Survey in Seven Australian Hospitals," *Medical Journal of Australia* 214, no.1(2021):31-37. doi:10.5694.mja2.50849
24 https://www.teamwork.com/project-management-guide/why-is-project-management-important/(2022年2月取得)
25 https://www.pmi.org/-/media/pmi/documents/public/pdf/learning/thought-leadership/why-good-strategies-fail-report.pdf/
26 https://www.fastcompany.com/3054547/six-companies-that-are-redefining-performance-management(2022年2月取得)

16 https://segment.com/2030-today/
17 https://jcirera.files.wordpress.com/2012/02/bcg.pdf(2021年3月取得)
18 https://firsthand.co/blogs/career-readiness/jobs-that-will-likely-be-automated-in-the-near-future
19 https://www2.deloitte.com/content/dam/Deloitte/ch/Documents/innovation/ch-en-innovation-automation-competencies.pdf(2021年3月取得)*
20 https://www.fintalent.com/future-enabled-digital-banking-skill-sets/より要約*
21 https://www.mckinsey.com/business-functions/marketing-and-sales/our-insights/the-big-reset-data-driven-marketing-in-the-next-normal(2021年3月取得)
22 https://thinkwithgoogle.com/future-of-marketing/creativity/marketing-in-2030(2021年3月取得)
23 https://www.ignytebrands.com/adaptive-brand-positioning/(2021年3月取得)
24 Xóchitl Austria, "13 Marketing Trends for 2030." https://www.studocu.com/es-ar/document/instituto-educativo-siglo-xxi/comercializacion-en-marketing/13-tendencias-de-marketing-para-2030/19069461(2022年11月取得)
25 Peter Weill and Stephanie Woerner, *What's Your Digital Business Model? Six Questions to Help You Build the Next-Generation Enterprise*(Cambridge,MA: Harvard Business Review Press,2018)(邦訳『デジタル・ビジネスモデル』)
26 https://www.mckinsey.com/~/media/McKinsey/Business%20Functions/McKinsey%20Digital/Our%20Insights/How%20do%20companies%20create%20value%20from%20digital%20ecosystems/How-do-companies-create-value-from-digital-ecosystems-vF.pdf
27 https://hbr.org/2012/02/why-porters-model-no-longer-wo
28 https://theconversation.com/wordle-how-a-simple-game-of-letters-became-part-of-the-new-york-times-business-plan-176299; https://www.forbes.com/sites/mikevorhaus/2020/11/05/digital-subscriptions-boost-new-york-times-revenue-and-profits/
29 https://cissokomamady.com/2019/04/02/debunking-the-myth-of-competitive-strategy-forces-disrupting-porter-five-forces/*
30 https://www.aicpa-cima.com/resources/download/the-extended-value-chain
31 https://www.forbes.com/advisor/banking/capital-one-360-bank-review/
32 Bernard Jaworski, Ajay K. Kohli, and Arvind Sahay, "Market-Driven Versus Driving Markets," *Journal of the Academy of Marketing Science* no.28(2000):45-54.
33 このような企業は「エコシステム・ドライバー」と呼ばれる。Weill and Woerner(2018)を改めて参照してほしい
34 https://backlinko.com/tiktok-users
35 https://www.theverge.com/2021/7/1/22558856/tiktok-videos-three-minutes-length
36 https://www.kompas.com/properti/read/2021/04/10/135228821/membaca-peta-persaingan-cloud-kitchen-di-jakarta-ini-7-pemainnya?page=all
37 https://knowledge.insead.edu/blog/insead-blog/how-dbs-became-the-worlds-best-bank-17671; https://www.reuters.com/world/asia-pacific/singapore-lender-dbs-q2-profit-jumps-37-beats-market-estimates-2021-08-04/
38 Ray Kurzweil, *The Singularity Is Near*(New York: Penguin,2005)(邦訳『ポスト・ヒューマン誕生』)

第5章◉ケイパビリティの統合

1 https://www.spotify.com/id/about-us/contact/(2021年3月取得)
2 https://en.wikipedia.org/wiki/Spotify(2021年3月取得)
3 https://www.macrotrends.net/stocks/charts/SPOT/spotify-technology/number-of-employees#:~:text=Interactive%20chart%20of%20Spotify%20Technology,a%20 17.12%25%20decline%20from%202019
4 https://corporate-rebels.com/spotify-2(2021年3月取得)
5 https://corporate-rebels.com/spotify-1(2021年3月取得)

29 https://www.forbes.com/sites/briannegarrett/2019/09/19/why-collaborating-with-your-competition-can-be-a-great-idea/?sh=451bd432df86
30 https://www.mdpi.com/2071-1050/10/8/2688/pdf
31 同上
32 https://hbr.org/2021/01/when-should-you-collaborate-with-the-competition
33 https://www.americanexpress.com/en-us/business/trends-and-insights/articles/what-are-the-advantages-and-disadvantages-of-a-partnership/
34 同上
35 https://www.valuer.ai/blog/examples-of-successful-companies-who-embraced-new-business-models
36 https://www.3deo.co/strategy/additive-manufacturing-delivers-economies-of-scale-and-scope/
37 https://sloanreview.mit.edu/article/why-your-company-needs-more-collaboration/
38 https://www.bangkokpost.com/thailand/pr/2078987/marhen-j-brand-collaborates-with-samsung-in-in-store-launch-showcase
39 レイモンド・ノーダが賛同した、1990年代の有名な考えを指している
40 Dorothe Kossyva, Katerina Sarri, and Nikolaos Georgopoulos, "Co-opetition: A Business Strategy for SMEs in Times of Economic Crisis," *South-Eastern Europe Journal of Economics* no.1(January 2014): 89-106.
41 https://myassignmenthelp.com/free-samples/challenges-ikea-faced-in-the-global-market*

第４章◉顧客のナビゲート

1 https://en.wikipedia.org/wiki/Airbnb(2021年3月取得)
2 https://econsultancy.com/airbnb-how-its-customer-experience-is-revolutionising-the-travel-industry/(2021年3月取得)*
3 https://www.airbnb.com/luxury; https://www.airbnb.com/plus(2021年3月取得)
4 https://www.wired.co.uk/article/liechtenstein-airbnb(2021年3月取得)
5 https://www.mycustomer.com/customer-experience/loyalty/four-customer-experience-lessons-from-the-airbnb-way(2021年3月取得)*
6 https://hbr.org/2014/11/what-airbnb-gets-about-culture-that-uber-doesnt(2021年3月取得)
7 https://techcrunch.com/2021/02/24/airbnb-plans-for-a-new-kind-of-travel-post-covid-with-flexible-search/(2021年3月取得)
8 https://www.thinkwithgoogle.com/marketing-strategies/search/informeddecisionmaking/(2021年3月取得)
9 https://www.inriver.com/resources/inside-the-mind-of-an-online-shopper/#resource-gated-content; https://www.ge.com/news/press-releases/ge-capital-retail-banks-second-annual-shopper-study-outlines-digital-path-major; https://insights.sirclo.com/
10 https://www2.deloitte.com/content/dam/Deloitte/uk/Documents/consumer-business/consumer-review-8-the-growing-power-of-consumers.pdf(2021年3月取得)*
11 https://www.inriver.com/resources/inside-the-mind-of-an-online-shopper/#resource-gated-content; https://www.ipsos.com/en-nl/exceeding-customer-expectations-around-data-privacy-will-be-key-marketers-success-new-studies-find
12 https://www.businesswire.com/news/home/20211021005687/en/TruRating-Announce-the-Release-of-New-Report-Investigating-Consumer-Loyalty-in-2021-Following-Survey-of-180000-US-Consumers
13 https://nielseniq.com/global/en/insights/analysis/2019/battle-of-the-brands-consumer-disloyalty-is-sweeping-the-globe/(2021年3月取得)
14 https://hbr.org/2017/01/customer-loyalty-is-overrated(2021年3月取得)
15 Philip Kotler, Hermawan Kartajaya, and Den Huan Hooi, *Marketing for Competitiveness: Asia to the World; In the Age of Digital Consumers*(Singapore: World Scientific,2017)(邦訳『コトラー 競争力を高めるマーケティング』)

13 https://hbr.org/2020/11/innovation-for-impact?registration=success

第３章◉競争に関する再考

1 https://www.euronews.com/next/2022/06/20/demand-for-evs-is-soaring-is-europes-charging-station-network-up-to-speed#:~:text=The%20EU%20has%20more%20than,in%20a%20report%20last%20year
2 https://www.press.bmwgroup.com/global/article/detail/T0275763EN/bmw-group-daimler-ag-ford-motor-company-and-the-volkswagen-group-with-audi-and-porsche-form-joint-venture?language=en
3 https://ctb.ku.edu/en/table-of-contents/implement/changing-policies/overview/main
4 https://www.bbc.com/news/business-59946302
5 パーシー・ビッシュ・シェリーが述べた格言。https://en.wikipedia.org/wiki/The_rich_get_richer_and_the_poor_get_poorer
6 https://www.oecd.org/trade/understanding-the-global-trading-system/why-open-markets-matter/*
7 https://www.channelnewsasia.com/cna-insider/how-fujifilm-survived-digital-age-unexpected-makeover-1026656
8 https://www.doughroller.net/banking/largest-banks-in-the-world/; https://www.chinadaily.com.cn/china/2007-07/24/content_5442270.htm
9 https://daveni.tuck.dartmouth.edu/research-and-ideas/hypercompetition
10 Adam Brandenburger and Barry Nalebuff, "The Rules of Co-opetition," *Harvard Business Review*(January-February 2021).
11 独自のコンピテンシーというテーマについては、1980年代半ばにヒットとアイルランドによって詳しく論じられている。Michael A. Hitt and R. Duane Ireland, "Corporate Distinctive Competence, Strategy, Industry and Performance," *Strategic Management Journal* 6, no.3(273-293).
12 このコンピテンシーに関連するテーマは経営科学の2人の高名な人物、すなわち「コアコンピテンシー」という言葉を生み出したプラハラードとハメルによって詳しく論じられてきた。C. K. Prahalad and Gary Hamel, "The Core Competence of the Corporation," *Harvard Business Review*(1990). https://hbr.org/1990/05/the-core-competence-of-the-corporation; https://en.wikipedia.org/wiki/Core_competency
13 https://hbr.org/2003/11/coming-up-short-on-nonfinancial-performance-measurement
14 Peter Weill and Stephanie L. Woerner, *What's Your Digital Business Model?*(Cambridge,MA:Harvard Business Review Press,2018)を指す
15 https://www.bbc.com/news/technology-56592913; https://medium.com/@TheWEIV/how-social-media-has-impacted-the-modeling-industry-a25721549b65; https://www.youtube.com/watch?v=6OKDa9h4lDo
16 Wiboon Kittilaksanawong and Elise Perrin, "All Nippon Airways: Are Dual Business Model Sustainable?" *Harvard Business Review*(January 29,2016)
17 https://bizfluent.com/info-8455003-advantages-disadvantages-economic-competition.html
18 https://www.autoritedelaconcurrence.fr/en/the-benefits-of-competition
19 https://www.marketing91.com/5-advantages-of-market-competition/
20 https://opentextbc.ca/strategicmanagement/chapter/advantages-and-disadvantages-of-competing-in-international-market/
21 https://www.entrepreneur.com/article/311359
22 https://bizfluent.com/info-8455003-advantages-disadvantages-economic-competition.html
23 同上
24 https://www.thebalancesmb.com/what-is-competition-oriented-pricing-2295452*
25 https://www.mdpi.com/2071-1050/10/8/2688/pdf
26 https://hbr.org/2021/01/the-rules-of-co-opetition
27 同上
28 https://www.mdpi.com/2071-1050/10/8/2688/pdf

参考文献

※URLは原書執筆時点のため、現在は参照できないページもあります。また、末尾に＊が付いているURLは、2025年2月時点で確認できませんでした

プロローグ

1 https://www.marketing-schools.org/types-of-marketing/entrepreneurial-marketing/(2022年8月20日取得)*

2 Robert D. Hisrich and Veland Ramadani, "Entrepreneurial Marketing: Entrepreneurship and Marketing Interface," *Entrepreneurial Marketing*(Elgar, 2018)で説明されているいくつかの定義に基づく

第1章◉オムニハウス・モデル

1 アクセンチュアによれば、この経験上の概念は、顧客体験という考えを超えて、企業全体を格別の経験を届けることを中心に組織するように進化を遂げており、「ビジネス・オブ・エクスペリエンス(BX)」と呼ばれている。次を参照。Baiju Shah, "An Experience Renaissance to Reignite Growth." https://www.forbes.com/sites/paultalbot/2020/12/07/accenture-interactive-advocates-the-business-of-experience/?sh=78c54bb22ca4(2021年1月取得)

第2章◉オムニハウス・モデルのコア要素

1 Nina Toren, "Bureaucracy and Professionalism: A Reconsideration of Webster's Thesis," *The Academy of Management Review* 1,no.3(1976):36-46. https://doi.org/10.2307/257271

2 https://www.statista.com/statistics/273883/netflixs-quarterly-revenue/; https://www.hollywoodreporter.com/business/digital/netflix-q4-23021-earnings-1235078237/

3 https://www.forbes.com/sites/forbestechcouncil/2021/06/15/13-industry-experts-share-reasons-companies-fail-at-digital-transformation/; https://www.forbes.com/sites/forbesdallascouncil/2019/08/23/how-modern-organizations-can-adapt-to-change/

4 https://www.weforum.org/stories/2014/12/8-ways-negative-people-affect-your-workplace/

5 https://hbr.org/2021/09/every-leader-has-flaws-dont-let-yours-derail-your-strategy; https://hbr.org/2021/08/leaders-dont-be-afraid-to-talk-about-your-fears-and-anxieties

6 https://globalnews.ca/news/771537/target-starbucks-partnership-brews-up-perfect-blend/

7 https://foundr.com/articles/leadership/personal-growth/4-startup-case-studies-failure

8 https://www.forbes.com/sites/georgedeeb/2016/02/18/big-companies-must-embrace-intrapreneurship-to-survive/?sh=6b51f30348ab; https://www.fm-magazine.com/issues/2021/sep/boost-your-career-with-intrapreneurship.html; https://www.cnbc.com/2021/12/16/google-20-percent-rule-shows-exactly-how-much-time-you-should-spend-learning-new-skills.html?&qsearchterm=google%2020%20percent%20rule%20shows; https://www.inc.com/bill-murphy-jr/google-says-it-still-uses-20-percent-rule-you-should-totally-copy-it.html

9 https://www.linkedin.com/business/talent/blog/talent-engagement/how-pwc-successfully-built-culture-of-work-flexibility; https://www.pwc.com/vn/en/careers/experienced-jobs/pwc-professional.html

10 https://hbr.org/amp/2013/10/the-hidden-dangers-of-playing-it-safe

11 https://www.linkedin.com/pulse/bureaucracy-hindering-your-organisations-agility-adapting-sean-huang/?trk=public_profile_article_view

12 https://www.investopedia.com/terms/i/intrapreneurship.asp

【サ行】

【タ行・ナ行】

【ハ行】

【マ行・ラ行】

索引

【英数】

【ア行】

【カ行】

◉著者・訳者紹介

フィリップ・コトラー（Philip Kotler）

ノースウェスタン大学ケロッグ経営大学院マーケティング学名誉教授。同大学院S・C・ジョンソン＆サン国際マーケティング講座教授。マーケティングに関する世界の第一人者のひとりであり、「近代マーケティングの父」と広くみなされている。世界各地の大学から多くの賞や名誉学位を授与されており、2022年には「マネジメントのトップ30グル」の第1位に選ばれた。ウォールストリート・ジャーナル紙のもっとも影響力のあるビジネス思想家ランキングで、上位6人の一角を占めている。シカゴ大学で修士号を、マサチューセッツ工科大学で博士号をどちらも経済学で取得している。きわめて大きな国際的存在感を示しており、世界各地でたびたび講演しているほか、著書は25以上の言語で翻訳されている。

ヘルマワン・カルタジャヤ（Hermawan Kartajaya）

マークプラス社の創業者であり、会長。イギリス公認のマーケティング協会から、「マーケティングの未来を形づくった50人のリーダー」の1人に選ばれた。ネブラスカ大学リンカーン校汎太平洋ビジネス連合からディスティンギッシュト・グローバル・リーダーシップ賞を授与されている。中小企業研究アジア協議会の会長で、アジア・マーケティング連盟の共同創設者。

ホイ・デンフアン（Hooi Den Huan）

南洋理工大学（NTU）（シンガポール）南洋ビジネススクール、マーケティング・国際ビジネス学科准教授で、元学科長。同ビジネススクール副学部長。ブラッドフォード大学で学士号を、マンチェスター大学で博士号を取得。NTUの経営学学士プログラムを立ち上げた経営学学士カリキュラム委員会の委員長を務めた。同大学南洋テクノプレナーシップ・センターのディレクターでもあった。

ジャッキー・マセリー（Jacky Mussry）

マークプラス社の副会長兼CEO。同社で多くの企業の企業戦略、マーケティング戦略、および研修プログラムの設計を手助けしている。インドネシアの複数の有名大学で教えているほか、著述・講演活動も活発に行っている。インドネシア大学経済・ビジネス学部でマーケティング・マネジメントの修士号と戦略的マネジメントの博士号を取得している。

恩藏直人（おんぞう・なおと）

早稲田大学商学学術院教授。博士（商学）。1982年早稲田大学商学部卒業後、同大学大学院商学研究科を経て、96年より教授。専門はマーケティング戦略。著書には『コトラー、アームストロング、恩藏のマーケティング原理』（共著、丸善出版）、『マーケティングに強くなる』（ちくま新書）、監修には『コトラー＆ケラーのマーケティング・マネジメント』（丸善出版）などがある。

藤井清美（ふじい・きよみ）

京都大学文学部卒業。1988年より翻訳に従事。訳書には『スティグリッツ教授の経済教室』（ダイヤモンド社）、『コトラーのマーケティング5.0』『いますぐ金を買いなさい』（共に朝日新聞出版）などがある。

コトラーの起《き》業《ぎょう》家《か》的《てき》マーケティング
伝統的手法《でんとうてきしゅほう》から脱《だつ》して創造性《そうぞうせい》とリーダーシップ重視型《じゅうしがた》アプローチへ

2025年4月30日　第1刷発行

著者　フィリップ・コトラー＋ヘルマワン・カルタジャヤ＋ホイ・デンフアン＋ジャッキー・マセリー
監訳者　恩藏直人
訳者　藤井清美
発行者　宇都宮健太朗
発行所　朝日新聞出版
〒104-8011　東京都中央区築地5-3-2
電話　03-5541-8832（編集）
03-5540-7793（販売）
印刷所　大日本印刷株式会社

Published in Japan by Asahi Shimbun Publications Inc.
ISBN 978-4-02-251986-3